读
行
者

从阅读走进现实
knowledge·power

knowledge-power

读 行 者

*The End of World War II
and the Remaking of Europe*

1945

大国博弈下的世界秩序新格局

Michael Neiberg

［美］迈克尔·内伯格————著

宋世锋————译

民主与建设出版社 博集天卷 CS-BOOKY

·北京·

目 录
CONTENTS

目 录
CONTENTS

引　子

对于世界大多数地方来说，《凡尔赛和约》于 1919 年 6 月 28 日签订，标志着第一次世界大战正式结束。就在那一天，一位美军上尉漫步在家乡教堂的走廊里，与心爱的姑娘永结连理。尽管他在战争中表现突出，证明了自己作为战场领袖的能力，不过他并不想以军事作为职业。此时此刻，他也没有对进入世界政坛表现出任何特别的渴望。他和另一位参战老兵签下一份租约，准备开一家男装店。战争已经结束，他希望未来能把时间放在家人和事业上，而不是用于战争。在这个非同寻常的一天，他考虑的不会是战争和结束战争的那个和平条约。

那一天在大西洋对岸，一位很有争议的英国政治家正在享受东山再起的欢愉。就在前几年，他蒙受羞辱，被排挤出政府，如今他身兼陆军大臣和空军大臣两个要职，对英国的国防政策拥有显著影响。他对战后世界感到焦虑，并且担心苏联式的布尔什维克主义扩散，因此鼓吹英国、美国和日本军队采取联合行动，在俄罗斯北部登陆，在俄罗斯的内战中支持亲沙皇的"白俄"。他不喜欢《凡尔赛和约》，称它是"荒唐和畸形"的，主要原因是认为这个和约对德国削弱太多。他担心一个遭到肢解的德国会在欧洲造成权力真空，布尔什维克可能寻机填充。他想把布尔什维克主义"扼杀在摇篮里"，认为签订《凡尔赛和约》错失了重塑战后世界的机会。早在20世纪20年代，他就开始呼吁对这个和约进行重大修订，以维护德国的利益，因为它对德国提出了"不切实际的要求"，而在欧洲大陆上，只有德国才有可能制衡更为危险的俄罗斯。当他获得拟定战后和约的机会时，将主张不能把《凡尔赛和约》当成典范。

当时正在血腥的俄罗斯内战中搏斗的布尔什维克基本上没有注意到《凡尔赛和约》。布尔什维克的革命热情已经受到英国人、法国人和美国人的诅咒，他们在1918年3月与德国签订《布列斯特－立托夫斯克和约》，向其屈服，在外交上进一步受到隔离。布尔什维克向德国投降后，德国获得在法国发动春季攻势的资源，几乎在那一年赢得战争。因此在德国投降后，战胜者们认为没有必要邀请布尔什维克政权到巴黎参加和谈。对于布尔什维克领袖们来说——包括新获任命的民族事务人民委员——《凡尔赛和约》的相关问题和他们正与保皇派白军进行的生死斗争相比无足轻重，和约中只有组建新的波兰直接影响到他们。然而，这位野心勃勃的民族事务人民委员对西方协约国支持白军的动作极为关注，他特别提到西方领袖们曾经说过的"扼杀在摇篮里"的威胁。多年以后，在新的战争造就的完全不同的环境中，他将有机会与说出这一话语的那个人见面，并且斩钉截铁地表达出自己的看法。

在这三个人中，有两人分别是英国陆军和空军大臣温斯顿·丘吉尔、苏联民族事务人民委员约瑟夫·斯大林，他们很可能已经预见到自己有一天将在战争与和平期间领导自己的国家。这两个人都认识到在巴黎谈判出来的新和平很脆弱，预言欧洲的和平不可能维持太长时间。丘吉尔和斯大林都极具雄心，而且与本国的权力中枢极为接近，他们知道仅凭一个和约，解决不了自 1914 年那个不幸的夏天开始的致命的全球冲突所存在的核心问题。他们在 1919 年可能都认为，在下一场战争中他们将结成肩并肩的盟友共同作战的想法是滑稽的，尽管他们有生以来已经见惯了极端的变化，或许没有能再吓到他们。

第三个人是哈里·杜鲁门上尉，他做梦也想不到他的国家在终结下一场战争时，他将统领的不是一支炮兵部队，而是整个国家。"到底谁是哈里·杜鲁门？"富兰克林·罗斯福的参谋长威廉·莱希（William Leahy）海军上将听到民主党在 1944 年召开的代表大会把这个名不见经传的密苏里州联邦参议员选为罗斯福的副总统候选人后这样问道。杜鲁门只拿过高中文凭，在外交方面没有经验，他从一个失败的商人一跃而成美国总统，在美国政治史上留下一道最奇异的轨迹。此外，当杜鲁门于 1945 年 7 月在柏林美丽的郊区波茨坦首次会见丘吉尔和斯大林时，知道他必须替代被自己形容为"不可替代"的那个人。他也知道，在处理战时政策的大多数关键问题时，富兰克林·罗斯福几乎都将他完全撇开。杜鲁门的政治生涯到了最重要的时刻，不幸且令人惊讶的是，他对即将遇到的艰巨任务毫无准备。他甚至自 1919 年从法国战场上回国后，还没有再次离开过美国。

这三位同盟国领袖及其幕僚面对的任务就是让欧洲恢复和平和稳定，自从 1914 年的灾变以来，它们已经成为奢望。这三个人及其顾问的世界观都形成于 1914—1918 年的战争考验中。对斯大林来说，俄国革命和血腥的内战直接发源于第一次世界大战，它们进一步证明，从战争转向和平所遇到的挑战不比战场上的挑战少。如果波茨坦三巨头像凡尔赛三巨头一样遇到失败，那么欧洲未来无法得到和平，只能收获新的冲突、死亡和更多的战争。

　　这三个人从战略利益和本国在 20 世纪前半叶的历史经验出发，对于战后的看法各有不同。那些年月，见惯了令人震惊的革命性变化。第一次世界大战消灭了欧洲最强大的王朝，致使民主、法西斯主义和共产主义为了控制欧洲大陆的政治和经济未来而争斗不息。第二次世界大战除掉了法西斯主义，不过也使德国、意大利和法国等传统强国濒临崩溃。英国虽然名义上也是战争的伟大胜利者之一，也处在破产的边缘，即刻面临着失去维持其大国地位的帝国的危险。如今美国和苏联取代了欧洲传统列强，前者自 1919 年以后曾经在相当程度上疏离了欧洲，1945 年时还存在着这样做的可能性；后者作为一个刚刚从血腥的战争中凯旋的革命政权，对一些国家来说是可怕的噩梦，对另一些国家来说则带来了诱人的未来。不论发生什么情况，欧洲的未来都不再专属于西欧国家掌握，他们甚至连主角也当不了。

　　这些人在 1945 年 7 月聚集到波茨坦，要把破碎的世界拼凑起来，在他们心中，1945 年终结的这场战争并非开始于 1939 年，而是源自 1914 年。英国外交大臣安东尼·艾登勋爵（Sir Anthony Eden）和法国哲学家阿尔贝·加缪（Albert Camus）等人都说，两场世界大战不是独立的，而是一场"三十年战争"（Thirty Years' War）。这种观念有着悠久传统，英国著名战地记者查尔斯·雷平顿（Charles Repington）恰当地把他在 1920 年出版的畅销书命名为《第一次世界大战》（The First World War），他在该书中提出，始自 1914 年的全球性纠葛不会因《凡尔赛和约》而消失；和同时代的很多人一样，他完全预料到会有第二次世界性大战。美国军人亚历山大·克莱（Alexander Clay）也与雷平顿有着共鸣，当他在战后代表两方军人发表评论时说："我老实不客气地说，我们第一次世界大战的军人预言，在 25 到 50 年内，这场战争会再次打响。因为我们预感到，它没有完全得到应有的处置。"

这场 30 年战争不仅包含了两次列强之间的世界大战，随着旧秩序在 1914 年解体，还涉及很多国内战争和地区性战争。正如波茨坦会议结束后威廉·莱希海军上将在日记中所说，"这意味着世界大战彻底终结，这场战争自 1914 年开始，1918 年到 1939 年只是为了进行深入备战而暂时休战，如今终于结束了"。由于发生了俄波战争（1919—1921）和西班牙内战（1936—1939），欧洲人不像莱希那样认为中间 20 年是休战，然而波茨坦的政治家们仔细研究了他们的历史，知道 1945 年面对的灾难并非源于德国 1939 年入侵波兰，而是始自 1914 年在波斯尼亚一个偏僻城市的街角上发生的刺杀一个相对不甚重要的大公的行动。

代表们汇聚到风景如画的波茨坦采琪莲霍夫宫（Cecilienhof Palace），与宫中游荡的幽灵共处一室。这座宫殿建于第一次世界大战期间，本来是德国王储及其王妃的度假地，战后时刻提醒着政治家不要忘记以前的失败。德国人坚信很快就能取胜，他们在建造这座宫殿的同时，还投入巨大资源打了一场关乎生死存亡的世界大战。王储在战前是最为肆无忌惮的军国主义分子之一，曾在西线战场领导一个集团军群。他从未有机会入住这座宫殿，在致命 1914 年夏季之前，这个曾经强大无比的政权看上去坚不可摧，似乎能永传万代，如今该宫殿只是让人们回忆起它的傲慢。30 年过去了，现在德国根本没有了政府，只能听凭从前的敌人发落。

与凡尔赛宫里的幽灵相比，采琪莲霍夫宫的幽灵是小巫见大巫。每一个到波茨坦参加会议的人都把《凡尔赛和约》视为未能缔结和平的恐怖的历史警告。他们都相信，1919 年的失败直接导致了战争在 20 年后爆发。美国总统哈里·杜鲁门极为敬仰这个和约的创造者伍德罗·威尔逊，杜鲁门就站在威尔逊的画像下面宣誓就职。然而，杜鲁门认为这个和约是威尔逊的最大失败，他在波茨坦会议开幕时提醒其他政治家们说，《凡尔赛和约》制造出"很多漏洞"，警告与会代表们要吸取那些经验教训，否则就可能重复历史。对于杜鲁门的这一观点，没有人表示异议；这位总统不需要提醒，其他两位领袖也都明白，如果他们不多做一些工作，以后必须付出无尽的代价才能防止凡尔赛的灾难重演。

当几代人商讨终结灾难性的世界大战时，欧洲的政治家们第二次聚集到一起，这足以证明《凡尔赛和约》毫无作用。在那个夏天，来到波茨坦的每个人似乎都批评过该和约及媾和的程序。在一些人看来，问题出在程序本身。《凡尔赛和约》是在一系列尴尬的妥协、交易和误解中产生的，不过一旦落实到纸面上，就成为具有效力的国际协议，甚至大多数观察家和与会者都能看到这个和约与生俱来的缺点。因此，很多政治家 1945 年来到波茨坦时，希望会议的作用不是制定有着具体政策的最终条约，因为这样的条约以后还是得由他们或他们的继承者负责，他们希望会议能成为"三巨头"团结一致共同努力、创造一个更为公平与和平的未来的象征。

此外，《凡尔赛和约》的数个原则到 1945 年已经破产，其中最重要的就是威尔逊主义的民族自决原则。1919 年，列强为了使政治和种族边界相适应而做出的努力基本上是无效的，他们调整边界没有收获和平，反而刺激出新一轮的领土收复主义和极端民族主义，在 20 世纪 20 年代和 30 年代一再引发危机。早在 1939 年 9 月 9 日，即欧洲开始进入战争之前一个星期，英国的《新政治家》（*New Statesman*）杂志就认为，民族自决原则"是一个错误"，英国获得编辑们已经预言的胜利之后，无法利用它来指导和平进程。一般来说，他们的立场反映的是已经存在的看法；因此，民族自决原则在 1919 年的和谈时虽然是一个基石，在 1945 年却发挥不了太大作用。

英国外交部在 1943 年所写的一份评估对《凡尔赛和约》的另一个基石——即国际联盟——也提出质疑。该文件没有对建立国际组织本身提出异议，但它断定未来成立的任何组织都不应该追随国联的民主模式。相反，大国应该进行直接掌管。按英国外交部的估计，既然只有三到四个大国能幸存到战争结束（美国、英国、苏联，或许还有中国），设计新的国际机构应该反映出他们的利益。因此，"不能再允许"法国、意大利、德国和日本"进入大国行列"。这几个国家和其他小的地区强国一样，只能通过大国牢牢掌握的国际机构确保未来的安全需要。斯大林对此表示同意，他向美国特使哈里·霍普金斯（Harry Hopkins）说，"两次世界大战都始于小国"。除了后来破例提升了法国的地位，这里可以看到以后变为联合国安理会的核心观念。

波茨坦会议的美国代表们基本上都忘记了参议院在 1919 年拒绝《凡尔赛和约》时陈述的理由，当时美国的参议员们关心的是美国外交活动的自由会受到威胁。到 1945 年，美国人几乎都不记得或关心那些显然已经久远的争议。在波茨坦的美国外交官看来，那个和约的最大漏洞出现在财政方面，迫使美国不情愿地背上德国赔偿的负担，却得不到任何有价值的回报，也无法为持久的和平提供任何有意义的帮助。相反，那些决定为全球性经济萧条创造了条件，由此导致纳粹党的崛起和战争在 1939 年爆发。

然而，少数 1919 年的思想的确延续了下来。比如条约应由胜利者书写，失败者不直接参与，就反映了凡尔赛会议的思想，这在波茨坦会议的安排中很明显。被占领的德国没有代表；意大利也没有；法国和波兰虽然有异议，认为自己处在胜利的一方，理应派出代表，但也是这样的待遇，因为三巨头不同意。波茨坦会议和凡尔赛会议一样，是胜利者的和平，再次由大国书写。

英国外交部的那份文件也包含了一个在 1943 年中期传阅的一个调查报告，内容是关于凡尔赛和会所犯的错误。这个很有见解的评估警告说，战争结束后的情况"与 1918 年时会有极大不同"。它预计德国受到的敌意要比 1918 年时还要强烈得多，并注意到这一次俄国人肯定会在设定和平条件方面扮演重要角色，而法国不太有这个可能。与 1919 年时不同，同盟国在 1945 年需要占领整个德国，并与德国官员一道工作，哪怕——或者特别因为——这个国家不再存在政府。尽管纳粹政权投降了，会议的策划者们也不能保证德国游击队不会继续抵抗。此外，战争在欧洲结束后，与日本的战争还在持续，这意味着同盟国在长期占领和重建德国方面肯定只能投入有限的资源。最后，这份文件提到，对德国立刻进行救济和长期提供人道主义援助这两项任务可能会比 1918—1919 年时艰巨很多倍。

尽管英国外交部注意到，"想预测事件如何演变是不可能的，因为未知因素太多了"，它的分析非同一般，指出了未来将要面对的挑战。他们批评凡尔赛和会时，指出其失败的经济机制恰恰摧毁了大国在 1919 年努力想重建的欧洲经济。他们也批评了大卫·劳合·乔治（David Lloyd George）迎合反复无常的英国舆论，对于德国的处置太过严厉，而美国没有批准和约，"对其执行造成致命影响"。这一次，英国外交部认为，英国政府必须至少确保得到美国的合作，为此要不惜一切代价；必须逼迫德国人承认他们的彻底失败；能把俄国人往东挡多远就挡多远。

参加波茨坦会议的西方政治家们竭尽全力，避免陷入回顾 1919 年时都看到的那场灾难。那时的人们没能为持久和平创造出条件，1945年的与会者想建立一个稳定与繁荣的欧洲。然而他们无法躲避凡尔赛会议留下的长长的阴影。他们不管在波茨坦是成功还是失败，都可以放心地告诉他们自己及其民众，他们没再重复 1919 年的错误。

然而，还有第三个幽灵在 1945 年夏季回荡于波茨坦的别墅和宫殿里，那就是 1938 年慕尼黑会议的绥靖幽灵。很多美国和英国外交官已经开始认为苏联的行为是在重复 1930 年代德国的侵略性行径，苏联极度有选择地执行 1945 年 2 月的雅尔塔会议所达成的协议更让他们感到警觉。他们以慕尼黑为前例，反对向俄国人（或者就此而言还有日本人）做出让步，立即让人想起 1933 年到 1939 年那段时间的恐怖和失败。慕尼黑的例子是一个有力的提醒，使人意识到绥靖的代价，对于相信这种类比的人来说，它意味着战争刚一结束，美国人与英国人在与俄罗斯人的交往中，就要使用更强硬的手段。

不管这些幽灵对于世界在 1945 年面对的问题是否有关联，波茨坦的与会者们都无法回避。政治家们在 1945 年做出的几乎每个决定都映照着 1919 年的巴黎和会与 1938 年的慕尼黑协议所象征的绥靖等事件。而这些事件并不久远。1919 年时的那些人有时候利用对 1815 年维也纳会议模糊的历史理解作为粗略指导，而在波茨坦参加会议、出席正式晚宴和社交活动的每个人与先前那些人都不一样，他们都亲眼看见了1914—1939 年间发生的残酷事件，有些人还在其中扮演了重要角色。当然，温斯顿·丘吉尔曾在 20 世纪 30 年代末强烈反对其政策的绥靖倾向，到波茨坦参加会议的英国代表团其他成员也是如此。在他们看来，慕尼黑的幽灵尤其萦绕于波茨坦的会堂中，和布尔什维克俄国的扩张幽灵并无二致。

　　新任美国国务卿詹姆斯·伯恩斯（James Byrnes）曾经在 1919 年作为威尔逊总统的低级顾问参加过巴黎和会，他或许就是说服威尔逊去巴黎开会的那个人。伯恩斯也觉察到过去的幽灵压在来到波茨坦的人们心中。伯恩斯断定，美国代表团犯了两个致命错误。首先，威尔逊总统拒绝任何共和党参议员随同他一起参加巴黎和会，因此导致和约在参议院遇阻。伯恩斯在众议院服务了 14 年，在参议院工作了 10 年，他向国会两院保证会及时通报波茨坦会议遇到的问题和正在进行的讨论。其次，他认为美国为了在战后解决欧洲的经济问题做出太多的承诺，实质上是对德国赔偿进行经济支持。他相信，这个错误促使经济和政治陷入动荡，导致大萧条的发生。

　　因此，萦绕在波茨坦会议各代表团心头的幽灵似乎不像是来自遥远过去的警告，而是他们在有生之年现时决定的结果。俄国人也感觉到了它们，尽管他们没有参加过巴黎和会。于是在波茨坦会议开始的两个月之前，即 1945 年 5 月，斯大林警告杜鲁门的特使哈里·霍普金斯说，他希望在即将与杜鲁门和丘吉尔一同召开的会议上避免凡尔赛模式，尽管他没有详细说明他在那个模式中看到的具体问题。然而，斯大林在其他场合曾向另一位美国人表示，不管三巨头在波茨坦达成了什么协议，他都担心美国参议院会予以拒绝，就像 1920 年拒绝《凡尔赛和约》那样。约瑟夫·斯大林不了解美国参议院，不管他与杜鲁门达成什么协议，该机构的活动都使这位苏联领袖疑惑是否靠得住。

　　本书的目的远非叙述政治家们在波茨坦会议期间互相说了什么话，与此前关于这次会议的两种历史不同，本书有意避免"当时杜鲁门对斯大林说"之类的波茨坦会议日常活动记述。实际上，我利用在波茨坦举行的会议探索至少三大类主题。第一，尽管很多学者已经把波茨坦会议作为制造"冷战"的"第一枪"进行了详细研究，本书并不认为波茨坦会议开启了历史新篇章，而是终结了另一个时代。尽管波茨坦会议的参与者都知道超级大国之间的紧张关系可能还会上升，然而他们还是把赌注压到美国和苏联会携手处理欧洲的问题上来。他们离开波茨坦时，并不确定超级大国之间的冲突会马上到来或者不可避免。

不管波茨坦会议在助长"冷战"起初的发展方面应负什么责任（而这种责任在我看来实际上不大），与会者更为关心的是会议在结束1914年到1945年间的全面战争时代能起什么作用。因此，本书追随他们的脚步，研究世界上最有权力的几位领袖如何理解那个时代，以及他们如何设法解决未来世界将面临的问题，换句话说，它通过理解与会领袖们心目中的世界，来尽可能理解波茨坦会议。

第二，本书研究的是历史远见如何对波茨坦的与会者发挥作用。凡尔赛和慕尼黑作为两个最重要的历史范例，徘徊在会场周围。一些与会者比其他人更了解历史，一些与会者更加热衷于政治目的，而非学术研究，但是，他们都清楚地感受到了历史的重担。当然，俄国人的历史观与美国和英国极为不同，对他们来说，大多数美国和英国观察家们在理解俄罗斯历史方面做得很不够，不知道斯大林及其臣民为何不能接受某些选择。政治家们对过去的理解无可避免地会影响到他们看待眼前和未来的方式。

第三，尽管在那一年有名望的人肯定会在本书中占据显著篇章，不过战略环境和历史理解限制和影响了可供这些所谓"伟人"利用的选项。《纽约时报》记者安妮·奥黑尔·麦考米克（Anne O'Hare McCormick）在会议的第一天写道，"此时我们这个时代的戏剧性场合似乎关注到单一事件"。她相信，波茨坦就是那些事件中的一个，因为三巨头"掌握着世界上大多数的权力"。但是，她也注意到，这三个人会面处附近的柏林曾经是世界强权的象征，而如今只是一片"坟地"。那片坟地及它对 1945 年的男男女女所意味的一切，对政治家们所能达成的结果设定了重要界限。总之，本书论证了一些关于所谓"伟人"的历史理论的界限，尽管很多有力而重要的人多次出现在其中。那片坟地和有责任对它进行重建的人同样重要。

在探索第三个主题的过程中，我们会发现波茨坦会议提供了多种有吸引力的研究方向。1945 年 4 月，富兰克林·罗斯福去世，在美国对外政策方面留下一个巨大的真空。美国战时外交的大部分关键决策都是罗斯福自己进行决断的，经常把他的国务院撇到一边。他还把新搭档的副总统哈里·杜鲁门蒙在鼓里，而杜鲁门急需罗斯福倾心帮助。在对外政策领域，这两个人相差十万八千里。罗斯福习惯于在大多数重要决策方面专断独行，他对国际事务有着深刻的洞察，而且更重要的是广受各国政治家们的尊敬。与之相比，杜鲁门在外交方面完全是个新手，就连那些渐渐喜欢和尊重他的观察家们也替他揪心。陪同杜鲁门去波茨坦并在那里承担了很多协助责任的威廉·莱希认为，杜鲁门对于自己的新角色毫无准备，"战争与和平的问题既复杂又重要"，他无法"预料一位在国际事务方面如此生疏的新总统如何做出决策"。

英国政府也经历着类似情况。英国大选结果在波茨坦会议期间出炉，温斯顿·丘吉尔的保守党以大比分落败，老对手工党上台。丘吉尔和罗斯福一样，对很多关键问题有着深刻理解，并且作为世界上最有力和最有影响的人物之一，享有很高的声望。会议还没开完他就不得不退出，不大起眼的克莱门特·艾德礼（Clement Attlee）留了下来，艾德礼曾在丘吉尔的联合政府中担任过副首相，但很少参与关键性的战略决策。丘吉尔喜欢以他惯用的诙谐方式嘲弄艾德礼，比如称他是"披着羊皮的羊"。艾德礼和杜鲁门一样，参加波茨坦会议时在外交政策方面的声望远低于他的光芒耀眼的前任，他以维护贫民和工人阶级的权益而闻名。艾德礼的口号是"除非都有面包吃，才能考虑做蛋糕"，这与丘吉尔的风格一点也不一样。杜鲁门带了一位新的国务卿参加波茨坦会议，艾德礼也有新外长陪同，这意味着美英两国代表团的外交团队几乎都经历了彻底变化。

虽然美国和英国在人员方面发生了根本性的改变，但在政策方面受到的影响微乎其微。杜鲁门和艾德礼在做出决策时，只在可发挥的范围内与其前任存在一些差别，他们两人都没有对本国的立场做过重大改变。对于这种令人惊异的稳定，不能用体制的惯性或他们本人的经验不足来解释。实际上，政策的延续只是凸显出战略和历史在决策方面所发挥的作用。当然，杜鲁门、艾德礼和波茨坦会议的其他代表团成员都经历过和他们的同代人一样的噩梦，即第一次世界大战、失败的《凡尔赛和约》、大萧条、法西斯主义的崛起和第二次世界大战的爆发。

苏联的最高领导层当然没有出现类似变化，约瑟夫·斯大林自1922年出任苏联共产党中央委员会总书记，苏联驻波兰大使于1927年遇刺以后，他急剧强化了控制力。那场刺杀使斯大林更加陷于偏执，使他不仅关心自己对权力的掌控，也担心自己会死亡。自1913年起到1943年参加德黑兰会议之前，斯大林没有离开过苏联，部分原因就是安全上有顾虑。俄罗斯的体制直到今天依然神秘莫测，而且其体制内部存在着高度的妄想，斯大林和俄国人是波茨坦会议上最困难的因素。

最后，本书不想评价谁是波茨坦会议胜利者和失败者，也不为后来所导致的事件而赞赏或谴责谁。本书不做事后诸葛亮，不想对这些领袖们应该如何如何指手画脚。实际上，它不仅把这次会议置于 1945 年的环境中进行解释，还考虑到从 1914 年到 1945 年的整个战争时代。因此，最后我希望本书能超越波茨坦会议的那几个星期，深入洞察战争结束的方式、历史和战略环境在影响决策方面发挥的作用，以及单纯的历史能对现在起到何种影响。尽管波茨坦会议在我们这个时代大都已经被遗忘，但如温斯顿·丘吉尔向哈里·杜鲁门所说，它肯定是"世界上最重要的事件"，我们依然能够从中获得很多经验教训。

第一章

走出富兰克林·罗斯福的阴影

　　埃莉诺·罗斯福也在那里，她迎上前去，用手抓着杜鲁门的胳膊，轻轻说道，"哈里，总统去世了。""我能为你做什么吗？"他问道。"我们能为你做什么吗？"她回答说，"因为现在麻烦都转给你了。"

1945 年的春天，美国、欧洲和世界历史都发生了重大转变。其中像纳粹德国最终失败这类转变是人们早已预料到的，其他一些转变，如富兰克林·罗斯福的去世，使世人感到震惊。还有一些转变，如同恐怖的先兆一样，表明世界上的问题可能还没终结。这几个关键性的月份改变了那年夏天到波茨坦参加会议的领袖们面对的全球战略环境。由于在这么短的时间里集中发生了这么多变化，仅仅数星期之前的理解和设想显然已过时。战争结束在欧洲终于变成现实，领袖们开始面对重建的巨大挑战。然而，他们着手这些工作时所处的环境与他们曾经期望的已经不一样了。

德国即将战败，这一事实构成随后发生的一切事件的背景，但是，重建欧洲和世界的进程早已经开始启动。1945 年 4 月 25 日，联合国国际组织会议在旧金山开幕，为期两个月的议程就此启动。50 多个国家派出代表，制定新的《联合国宪章》的细节。与之前的国际联盟不同，联合国起步非常坚实，其主要原因在于美国倾力相助，盛大的开幕会议在加利福尼亚召开就是象征。这一次，美国领袖们一再许诺，美国不会重陷孤立主义，而要在制定世界性问题的国际解决方案中扮演重要角色，而和平与重建是最优先考虑的议程。此外，世界各国在战争结束之前举行会议，希望能够从战争平稳过渡到和平，而1918年和1919年间的过渡太过混乱了。

同一天在数千英里外的东方，苏联军队集结了有史以来可能最为强大的兵力，完成了对柏林的包围。德国首都已经消耗掉了最后的配给，每天都有成千上万的人因为对国家被占领后的前景感到绝望而自杀。尽管极为艰苦的战争还在持续，但对德国首都进行的围攻开始收紧了。所存在的疑问只是纳粹政权何时投降，而不是会不会投降，还有一个疑问是苏联军队在战斗中会对这座城市造成多大的破坏。

与此同时，在莱比锡东北部的易北河小镇托尔高（Torgau）附近，美军和苏军终于会师，这一重大事件成为世界各地媒体的头条，它似乎象征着战争就要结束。军人们进行欢庆，一位美国军官描述场面就像艾奥瓦（Iowa）野餐会，人们享用美食，互相拥抱，甚至有人开枪庆祝。军人们笑着握手的照片登上报纸的头版，对于很多人来说，那一天标志着老欧洲彻底终结，新欧洲正式诞生——在新的欧洲，德国人已被击败，权力的中心转移了。值得注意的是，这些照片和与它们有关的报道中没有法国人和英国人。1914年时期的大国不再掌握欧洲的命运，如今主要得看两个新的超级大国了。

但是，如果说第二次世界大战的结束似乎终于指日可待（至少在欧洲是这样），塑造新欧洲却不那么容易。虽然雅尔塔会议刚刚在两个月之前结束，但是情况已经发生了急剧转变。此外，对于在雅尔塔会议上达成什么样的协议，大国之间并没有真正的共识。而且那次会议是在战争期间召开的，目的主要是商讨最终摧毁德国，而非重建欧洲。雅尔塔会议的主要协议是占领德国、划定新波兰的边界和关于战败国的赔偿政策等，而随着地缘形势的转变，它们变得不再适宜。

雅尔塔会议之后最重要的变化或许不是在德国，而是来自大西洋对岸的佐治亚州的平静小镇沃姆斯普林斯（Warm Springs），富兰克林·罗斯福于 1945 年 4 月 12 日在那里与世长辞。罗斯福是美国和同盟国的战时决策及战后设想的灵魂人物，他的死为 4 月底的乐观进展蒙上了阴影。

罗斯福在 39 岁染上脊髓灰质炎，自从 1921 年就瘫痪了。他和他的幕僚极力向公众隐瞒瘫痪的事实，尽管这在华盛顿根本称不上秘密。罗斯福与国会的摩擦越来越多，不过他已掌权 12 年，因此能够集中权力，能够对行政部门进行有效管理，而且支持率一直居高不下。由于他成功向公众隐瞒了自己的瘫痪问题，美国人眼中的罗斯福依然是强壮有力的。然而，夺走他生命的不是脊髓灰质炎，而是心脏病。

对于那些留心的人来说，罗斯福之死并非完全是意料之外。罗斯福当年是 62 岁，但看上去要老得多。他迟迟没有正式宣布在 1944 年参加第四次总统竞选，更加让人担心他可能因为身体原因无法再担任 4 年的行政领导。在 1944 年的竞选过程中，罗斯福的健康越来越成为周围人关心的问题。8 月，他在华盛顿州的布雷默顿（Bremerton）发表演讲时，经历了一次严重的胸痛。但他还是完成了讲话，事后进行了检查，没有发现有什么不正常之处。

不过自布雷默顿事件发生后，罗斯福经常表现出明显的疲倦。他强烈希望能够击败共和党候选人托马斯·杜威（Thomas Dewey），这个纽约老乡长期为他所鄙视，不过他公开露面的次数更少了。总统的体重下降多达 20 磅，而且用《华盛顿邮报》的话说，他似乎与人们"失去了联系"。邮报推测杜威的年轻（他在 1944 年才 42 岁）在大选最后几周将给他带来巨大的优势，有可能引发美国历史上最令人震惊的选举翻盘。

研究者们此后发现很多关于罗斯福心脏问题的细节，还有一些医生不准确的诊断。他在 1944 年 2 月已经变得很容易疲劳，此时距布雷默顿事件还有好几个月。他莫名其妙地发烧，血压急剧升高。罗斯福的医生隐瞒了他的健康的严重问题，不仅公众不知道实情，就连那些最接近总统的人也被蒙在鼓里。一些在 1944 年见过罗斯福的人注意到他的身体情况的变化。道格拉斯·麦克阿瑟将军在 1944 年 7 月与罗斯福会面后告诉妻子说，他觉得罗斯福看上去就像自己曾经见过的"人干"。"不出 6 个月，"麦克阿瑟预言道，"他就会躺入坟墓。"

流言四散传播，说总统参加会议时开始打瞌睡，圈内人担心他可能没有能力完成第四次任期。然而总统的医生公开宣布他的身体条件良好，把他的健康问题归因于近期患过一次感冒。9 月份，为了减缓自己的健康状况所受到的关切，罗斯福发表了一次热烈的演讲，拉开总统竞选最后阶段的序幕。然后到 10 月底，他冒着严寒天气，乘坐敞篷车在纽约市的四个行政区巡游了 4 个小时，在布鲁克林的埃贝茨球场（Ebbets Field）顶着刺骨的暴风雨，在 1 万人面前发表政治巡回演说。

罗斯福在纽约市的表现暂时平息了人们对他的健康问题的担心，轻松赢得 1944 年的连任选举。罗斯福的医生再次公开表示总统的身体很好，媒体似乎更愿意把他先前的病情归因于感冒和他在指挥战争的同时还要参加大选造成的压力和紧张。考虑到罗斯福的工作存在的无数困难，面相老态和更容易疲倦并不使人惊讶。然而，周围人对罗斯福的血压持续攀升还是很关心。他的心脏开始萎缩。为他做检查的医生们对于诊断结果和什么是正确的治疗方案争执不休。

接近罗斯福的人能够看到他的身体在衰弱，但似乎不愿想象一个没有罗斯福的世界。他担任美国总统的时间比任何一个人都要长，而且对世界各地的人来说好像是无可替代的。几乎没有人知道，他的血压已经上升到260/150，不过很多见到他的人，都与麦克阿瑟有着一样的感觉。最为不祥的可能是伍德罗·威尔逊的遗孀伊蒂丝告诉劳工部长弗朗西斯·帕金斯（Frances Perkins）的话："他看上去和我丈夫走的时候一模一样。"

伊蒂丝把罗斯福与威尔逊进行了令人担心的比较之后两天，他离开美国，走上参加雅尔塔三巨头会议的艰苦旅程。罗斯福曾经在1919年参加了一部分凡尔赛会议，他对威尔逊极为敬仰，想恢复威尔逊关于创建国际性国家间组织，并依靠它来管理条约和解决冲突，从而消除战争的梦想。威尔逊在将《凡尔赛和约》提交给美国参议院时犯下策略失误，引发政治冲突，他在1919年秋季直接向美国人民寻求支持。日程安排过于繁忙，再加上疲劳和健康状况不佳，使威尔逊不堪重负。他在科罗拉多州的普艾布罗（Pueblo）中了风，一个星期之后在华盛顿又中了一次风，而且情况比第一次严重得多，实际上宣告了他的公职生涯终结。

罗斯福曾经在威尔逊政府担任过助理海军部长，他用过非常多的时间考虑威尔逊的得失。他喜欢坐在白宫里挂的威尔逊画像之下，思考联合国的设计方案，希望用它圆威尔逊的国际主义梦想。罗斯福孜孜不倦为联合国打造基础，这场战争证明孤立主义无法在战后世界中保证美国的安全。部分源于罗斯福的努力，1945年创建的联合国远比1919年成立的国际联盟受欢迎。罗斯福也比威尔逊更为努力地争取参议院和美国人民的支持，以便让美国全面参与这个新生的国际组织。罗斯福不想让参议院拒绝美国加入国际联盟的历史再次上演。

威尔逊中风后导致偏瘫，罗斯福周围的人对此不能释怀。威尔逊的亲密顾问们——特别是他的妻子和医生——努力避免让媒体和很多高级政府官员得知他的身体情况。但是，1945 年与 1919 年不一样，罗斯福的公众活动远多于威尔逊，他如果闭门不出，美国人肯定会注意到。如果罗斯福像威尔逊那样陷入瘫痪，1945 年的媒体肯定会进行报道。罗斯福已经显露出身体衰弱的迹象，比以前更需要休息。如果他像威尔逊那样中风，会造成空前严重和政治上难以维持的后果。

在雅尔塔，一些很了解罗斯福的观察家们都提到过他的健康状况有危险。罗斯福的儿子詹姆斯觉得他父亲在会场上"看上去气色很差"，丘吉尔的医生莫兰勋爵（Lord Moran）发现"总统的身体真的垮了"。莫兰的想法与麦克阿瑟数月前的话不约而同，认为罗斯福可能只有几个月的生命了。从雅尔塔回国时，罗斯福和儿子谈起关于葬礼的安排。以前他从来没有提起过这个话题，而且就在私下里也从来没有人说过这些事。

不管是否承认，或者只是希望老总统会安然无事，大多数人依然期待罗斯福有时间休息以后，身体状况能得到改善。医生命令他少工作、少抽烟、改变饮食，给一个一眼就能看出状态的人提出这些比较小的建议，可能使其顾问有了安心的错觉。在雅尔塔给罗斯福当翻译的查尔斯·波伦（Charles Bohlen）注意到总统的"疲倦"状态，但是他却说："尽管罗斯福看上去气色不好，不过那时候没有一个人觉得他已重病在身，我想不起有谁这样说过。"即使回到华盛顿以后，波伦也没有见到什么严重警告。"我一直担心罗斯福的病容，现在很多人显然都认为他生病了，”波伦回忆雅尔塔会议之后那几个星期时说，“但我从来没有想过他就要死了……要是说罗斯福身边的人考虑过如何处理总统的病情的话，也没有人跟我提过。”

其他接近罗斯福的人与波伦看法一致，认为总统的身体虽然明显衰弱，但并不是一个大问题。乔治·M.埃尔西（George M. Elsey）是罗斯福的一位军事助手，每天都要与其见面，他忆起自己注意到总统的健康状况在下降，但直到罗斯福去世前一个星期，都没有太过担心。詹姆斯·伯恩斯作为罗斯福的顾问，与其会面的机会很多，在罗斯福去世前不久还和他讲过话，并认为总统已经从雅尔塔的劳累中康复。伯恩斯觉得他“像以前的很多时候一样，正在‘复原’”。

参谋长威廉·莱希称罗斯福为“队长”，这位总统周围的人不能想象没有他的世界是什么样子，似乎也没有费神思索过万一最坏的情况发生，谁会出来替代他。当民主党在1944年开始选择罗斯福的竞选搭档时，总统的健康不是一个决定性因素。大多数政治内行都认为罗斯福会获胜，但他们不想在这个历史转折关头冒任何风险，而罗斯福对杜威极为厌恶，所以他的竞选团队使用的力度更为猛烈。

民主党的策士们关心的不是罗斯福的健康问题，党内更为保守的势力对副总统亨利·华莱士（Henry Wallace）越来越厌倦，因为他支持工会、支持民权运动。保守派在1940年反对提名华莱士未果，现在又打算更换新人，达到既踢开华莱士又为选举增添新活力的目的。但是，呼声比较高的替代人选都存在严重的缺陷。

詹姆斯·伯恩斯长期浸淫于华盛顿的政治圈内，担任罗斯福的顾问已有多年，他是一个可能性的人选。伯恩斯出身南卡罗莱纳贫苦家庭，先后当过众议员、参议员和最高法院大法官，1942年应罗斯福之邀离开最高法院，担任新成立的战争动员局（Office of War Mobilization）局长。这个机构虽然名气不响亮，但对价格、工资和美国总体经济拥有巨大的影响力。罗斯福给予伯恩斯极大的自由，极少质疑他的决策，由此也使伯恩斯成为美国最有权力的人物之一。罗斯福把伯恩斯称为他的"助理总统"，依靠他在国会中的经验帮助推进立法进程。伯恩斯的权力比华莱士大得多，对罗斯福的影响也大得多。在很多民主党保守派看来，伯恩斯显然是副总统候选人的不二之选，尽管对伯恩斯支持度最高的南方各州已经被民主党掌握，不再摇摆。

伯恩斯也自信会得到提名，虽然罗斯福没有向他表示过这样的意愿。尽管副总统的权力实际上比伯恩斯先前的职位小，但其荣誉是无可比拟的，能让他获得卓越成就，并补偿 1940 年民主党代表大会时的遭遇，当时他也以为自己会得到副总统提名，但是代表们却选择了华莱士。伯恩斯的朋友哈里·杜鲁门是密苏里州的联邦参议员，民主党代表大会于 1944 年在芝加哥召开后，他提名伯恩斯担任罗斯福的搭档，部分原因是出于感谢伯恩斯为他竞选参议员时帮忙筹款。杜鲁门在 1940 年参选时，几乎陷于破产，伯恩斯说服金融家伯纳德·巴鲁克（Bernard Baruch）向杜鲁门提供急需的资金。随着反华莱士的势力发威，伯恩斯看来定要志得意满。

但是，伯恩斯也有很多反对者。民主党要是在 1944 年的大选中再次挑一个南方人与罗斯福搭档，这个南方人对于争取纽约、新泽西、宾夕法尼亚、伊利诺斯和加利福尼亚等预料为摇摆州地区的支持加不了分，更何况此人是支持罗斯福新政的。伯恩斯坚定支持种族隔离，曾反对草拟出的反私刑法，这些立场使他在上述摇摆州中不受欢迎，罗斯福内部圈子中的自由派也不喜欢他，这些人想让华莱士继续干下去，或者再用一个自由派来替代。公然用这种种族隔离主义分子，不仅会给大选平添困难，也让罗斯福在战争结束后更难向世界兜售美国的原则。此外，伯恩斯在战争动员局所做的很多决策冒犯了劳工组织，他们的领袖涌到芝加哥，表达反对提名伯恩斯为副总统候选人的意义，显示对华莱士的支持。

然而，如果罗斯福及其顾问出于对总统健康问题的担心，寻找一位能够入主白宫并可立即承担起责任的副总统，那么伯恩斯可能是明显的选择，或许还是不二之选。尽管他有着自己的缺点，但他在政府的三大部门都工作过，参加过巴黎和会，几乎与华盛顿的所有官方头面人物关系都很密切。的确，伯恩斯的保守主义立场让一些民主党领袖感到不快，但他们并没有完全把他排除在考虑范围之外。没有选择他，表明民主党大佬们并没有真正相信本届副总统将会是下一任总统。相反，他们相信这次的选择就像其他大多数副总统一样，注定又将被历史埋没，其中包括罗斯福的第一位副总统约翰·南斯·加纳（John Nance Garner，1933—1941）和第二位副总统亨利·华莱士（1941—1945）。

当民主党代表大会在芝加哥开幕时，副总统候选人还没定下来。罗斯福为本党两极分化所苦，不愿意由自己来挑选，使得其顾问和党内大佬搞不清他的意见。罗斯福一副漠不关心的样子，也传达出谁和他搭档都无所谓的微妙信息。与其他人一样，罗斯福似乎也没想到大会是在为他选择继承人。更让人不解的是当罗斯福最终决定换掉华莱士时，这位副总统还不知道此事。即使在大会召开后，罗斯福依然避开讨论副总统人选的问题，实际上把这个决定推给了其他民主党领袖。会议形势混乱，引发激烈的内斗，政治风向虽然对伯恩斯和华莱士都不利，但他们两人都自信会得到提名。"罗斯福和伯恩斯"的标语出现在大会上，同时反伯恩斯的代表们也加强了另找人选的活动。美联社驻参议院的记者称这次大会为"大佬之战",直到最后一分钟,他也不知道民主党领袖们可能选谁。伯恩斯显得太保守了,而华莱士又太自由。

因为需要第三个选择,民主党大佬们把目光转向了哈里·杜鲁门,这个默默无闻的密苏里人虽然没什么优势,却也不会得罪哪一方。虽然杜鲁门只比罗斯福小两岁,不过仍能透射出年轻、有活力和精神昂扬的形象,这些都是罗斯福不再拥有的。杜鲁门只读过高中,不是罗斯福喜欢的东海岸常春藤联盟出身,但他也没有伯恩斯和华莱士的那些短板。在讨论副总统人选时,早就有人提过他了,但之后又销声匿迹,因为他既缺乏经验,对这个职位也没有表现出明显的兴趣。

在选择杜鲁门时,民主党大佬们也没有把罗斯福的健康问题考虑在内,他们不觉得是在挑选下一任总统。来自布朗克斯(Bronx)的民主党要人爱德华·J.弗林(Edward J. Flynn)注意到,没有人真心支持杜鲁门,只是因为其他选择在火热喧嚣的党代会上被放弃,他"才被推举出来"。杜鲁门当时准备支持伯恩斯为副总统人选,几乎不相信党内大佬们以他取而代之,而且罗斯福也同意了。"哦,妈的,"杜鲁门听到罗斯福很快就会请他出来担任副总统候选人以后说道,"为什么他不先和我说一声?"杜鲁门对此没有思想准备,他发表了一分钟的接受提名讲话,完全没有谈及政策问题。伯恩斯带着对罗斯福和杜鲁门的一肚子怨气离开了芝加哥。

尽管杜鲁门可能没赢取多少支持票,但罗斯福还是轻松击败对手,获得史无前例的第四次任期。选举人票从来没有出现问题,罗斯福的票数比1936年时的523张要少,不过1944年还是获得了432票,而杜威只有99票。后来杜鲁门回忆那次竞选时,认为是他政治生涯中最容易取胜的一次。在竞选过程中，杜鲁门小心谨慎，基本遵循民主党的路线，发表演说敦促美国人支持政府的战争政策，反对在战争结束后重归孤立主义。杜鲁门果然没有为罗斯福和民主党拖后腿。

民主党在国会选举中也表现很好，其中拿到 20 个众议院席位，使得总席位达到 242 个，而共和党只有 191 个；在参议院，民主党失去一个席位，不过还是以 57 ∶ 38 占据着压倒性优势。这些结果表明，罗斯福不会遇到威尔逊在 1918 年国会选举中面临的那些问题，那次选举恰好在停火前一个星期举行，结果共和党在参众两院都翻了盘。民主党在 1945 年不仅在参议院掌握了批准和平协议所需要的三分之二多数，罗斯福也不用像威尔逊那样不得不与公开持敌对立场的参议院外交委员会打交道。

选举结果对罗斯福和民主党来说一片大好。不过用杜鲁门的目的是在拉锯战中平衡选票，要是罗斯福去世或重病，他不太像入主白宫的人。他也不是罗斯福的心腹，实际上，在得到副总统提名之前，他已有一年多没见过总统了。1945 年 1 月 22 日，罗斯福给新任副总统送了一张便条，要求他只能就"特别紧急"的事情与自己联系。罗斯福还要杜鲁门给他传递信息时"尽可能简短，以防阻碍通讯"。罗斯福的意思很清楚，他没有在自己因病不能视事时准备让杜鲁门接管政府的想法。

杜鲁门在各方面都急切需要帮助，他在参议院服务的十余年间，对外交政策没有太多关注。他与国务卿爱德华·斯特丁纽斯（Edward Stettinius）从来没见过面，虽然他曾经主持过一些重要的参议院委员会，监督联邦政府战争计划的资金花费，但对美国外交政策的了解比伯恩斯少得多——在这方面他甚至比不上华莱士。

1943 年，杜鲁门还是发现了一笔神秘经费，它是为一个被称为"S—

1"的大规模计划——也被称为曼哈顿计划——拨出的。当他向陆军部长亨利·史汀生（Henry Stimson）询问这笔款项时，史汀生只是告诉他用于"非常重要的秘密研究"，细节就连美国参议员也无权得知。杜鲁门相信了他的话，他们的交谈只持续了几秒钟。当杜鲁门后来询问有关在华盛顿州的汉福德（Hanford）附近建造的一处设施所花的款项时，在汉福德担任主管的将军告诉史汀生说，杜鲁门"令人讨厌，完全不值得信任"。他们决定不向杜鲁门透露在汉福德进行的钚研究，尽管杜鲁门在一些重要的参议院委员会中担任主席。杜鲁门无意中参与了建造原子弹的计划，不过他并不知道。

即使当上了副总统，杜鲁门对军事和外交方面的大事了解的也不多。他任副总统期间，只与罗斯福单独见过两次面，而且期间都没有什么实质性交谈。杜鲁门注意到总统的健康状况在恶化，有一次看到罗斯福参加完会议后手抖得厉害，以至于不能把奶油倒进咖啡里。不过杜鲁门还是没想过自己可能很快就要接替罗斯福的工作，他也没要求罗斯福的顾问们向他通报每天的重要问题。杜鲁门和以前的副总统们一样，从公众的视线中淡出了，隐藏到白宫里的那位伟人身后。

罗斯福的核心圈子也不觉得有让杜鲁门了解局势的需要，他们在每天的简报中把他撇开，而且不让他进入白宫绝密的地图室，那里是战争信息的神经中枢。罗斯福的助手们没有与杜鲁门分享机密信息，除了少数例行内阁会议，没有邀请他参加过机密会议。罗斯福的俄语翻译查尔斯·波伦注意到，杜鲁门是"一位隐形副总统，和罗斯福见面的机会比我少多了，对美国外交关系的了解也没有我多"。罗斯福和斯特丁纽斯参加完雅尔塔会议回国后，都没有向杜鲁门通报有关情况。实际上，罗斯福内阁中没有人觉得有必要告诉副总统美国在雅尔塔达成过什么协议。

杜鲁门在总统决策中受到的隔绝令人惊讶，对此难以轻易解释，尤其是当罗斯福的健康出现问题，本应该认真按计划进行一些准备。一位驻白宫记者叹息道，"杜鲁门不了解发生的事情，罗斯福什么也不告诉他"。杜鲁门显然需要一切帮助，然而他就连雅尔塔谈判的秘密会议记录也看不到，史汀生也不认为杜鲁门当上副总统就意味着应该知晓曼哈顿计划。

杜鲁门受到孤立，再加上国务院的问题，对椭圆形办公室外交政策的进一步集权造成影响。与伍德罗·威尔逊一样，罗斯福喜欢亲自处理外交事务。1944 年底，他用平庸的爱德华·斯特丁纽斯接替疾病缠身的科德尔·赫尔（Cordell Hull）担任国务卿。一系列丑闻动摇了这位总统对国务院的信任。在 1943 年与英国领导人举行的魁北克会议期间，赫尔与副国务卿萨姆纳·韦尔斯（Sumner Welles）的矛盾发展到不可调和的地步，赫尔指责韦尔斯在重要问题上越过他直接去找罗斯福。他们两人已经斗争了好几个月，赫尔在魁北克决定再也不能容忍这名下属的行为。为了想办法把韦尔斯踢出国务院，赫尔和美国驻苏联首任大使、罗斯福的心腹威廉·蒲立德（William Bullitt）开始在国会传播流言说，韦尔斯和两名非裔美国铁路搬运工有同性恋关系。赫尔知道罗斯福会尽一切努力防止这个丑闻被报界知道，于是要求他将韦尔斯解职；赫尔告诉罗斯福，如果不赶走韦尔斯，自己就辞职，并威胁要向媒体透露这个丑闻。罗斯福被赫尔气疯了，但他知道，不能让这样的大丑闻曝光。他提出让韦尔斯去一个拉美国家当大使以示安慰，但是韦尔斯拒绝了。他在辞职信中宣称，离开政府是为了照顾生病的妻子。美国的杂志和报纸暗示，这件事的背后原因没有那么简单，但没有进行追踪。这件事使罗斯福和国务院之间的裂痕进一步加大，他与丘吉尔和斯大林通信不再让国务院经手，在大国会议上除了做记录和翻译，基本上不再依靠国务院的工作人员。

这一切混乱，以及罗斯福处理对外政策的个人风格，使美国确定战后世界目标的进程更为复杂。伍德罗·威尔逊把国务院孤立起来，依靠的是个人密使爱德华·豪斯（Edward House），罗斯福与他不一样，倚重的是没有政府职务的顾问，如新政和租借法案的设计师哈里·霍普金斯（Harry Hopkins）。罗斯福用霍普金斯作为他的个人代表去英国，并让他扮演一种非正式大使角色，从而绕开国务院。霍普金斯与罗斯福会面的次数比其他任何顾问都多，他甚至住在白宫，直到1943年发生一次丑闻后，罗斯福才不得不要求与他保持一点距离，那场丑闻与霍普金斯的妻子收受了英国媒体巨头们的奢华礼品有关。虽然有丑闻困扰，而且霍普金斯因患上胃癌而身体衰弱，他在对外政策方面仍然是罗斯福最亲密的顾问。

此外，罗斯福和伍德罗·威尔逊一样，也为美国对外政策镀上他的个人色彩，他依靠自己的说服能力，并且几乎垄断着敏感信息。例如，查尔斯·波伦就发现这种风格在确定对外政策时是"一个严重缺陷"。罗斯福缺乏国务院的专家们进行指导，对很多世界热点地区没有深入的直接了解，他其实需要更多帮助，虽然他不愿意接受。"如果历史知识深厚，并对外国人的反应确实有着更好的理解，对总统来说会非常有用。"波伦说道。他试图引导罗斯福解决一些迷宫般的问题，威尔逊曾在1919年被类似问题所折磨。但是，罗斯福还是反对国务院的建议，就连苏联问题专家查尔斯·波伦和乔治·凯南（George Kennan）这类地区研究专业人士的话也不听。

虽然波伦崇拜和尊敬罗斯福，但他越来越不赞同这位总统的外交决策。"要是对美国专家提交的意见书进行更多研究，对细节更加注意，对于美国人所持的大家都是'好人'，只要投之以桃就会报之以李的信念不寄太大希望，"他后来写道，"也会有帮助的。"波伦相信罗斯福与俄国人打交道时存在致命弱点：他对"布尔什维克和非布尔什维克——特别是和美国人——在思想上存在的巨大鸿沟缺少真正的理解。"罗斯福拒绝了蒲立德，使他失去了一个最重要的俄罗斯问题专家。其结果是美国代表团在罗斯福的带领下进入大国会议室时，和威尔逊当年在巴黎时一样，对关键问题了解得不够。

然而，罗斯福确实既有能力又有原则来引导他。到易北河会师的时候，美国已经对自己的经济力量和如何在世界舞台上进行运用有了理解。美国的经济实力远超世界其余国家，这使美国领导人获得有利时机，而他们也毫不犹豫地抓住了它，与1919年时截然不同。1944年7月，美国在新罕布什尔州的布雷顿森林（Bretton Woods）举行了一场会议，共有44个国家参加，其中包括苏联。美国人明显掌握着决定权，这次会议使国际经济在世界历史上发生了最彻底的转变。

布雷顿森林会议创建的全球经济体系反映出美国的战后目标——最显著的是全球自由贸易和创建全球市场。为了稳定国际货币，布雷顿森林体系使用固定的全球汇率，将它们与美元挂钩，美元以战前35美元一盎司的汇率与黄金挂钩，其结果使得汇率体系和交易变得更能预测。并非巧合的是，协议也把国际储备货币从英镑转为唯一由黄金支持的美元。

布雷顿森林体系是新的全球性机制，目的是为了应对经济危机，它与解决政治问题的联合国相对应。这个体系包括国际货币基金组织

（IMF）和国际复兴开发银行（IBRD），现在称为世界银行。每个成员国都要以自身经济规模为基础按比例向这些基金交纳经费，这意味着美国将在这两个组织中占主导地位。

各国领导人都知道，布雷顿森林体系代表着全球力量向着美国发生重大转变，此后用于全球发展的资金无论如何都将由华盛顿和纽约占大头。英国经济学家约翰·梅纳德·凯恩斯（John Maynard Keynes）参加了布雷顿森林会议，他认为新体系的组成机构——尤其是银行方面的创新——对"短视的敲诈"进行了重要改进，那种"敲诈"以第一次世界大战之后灾难性的经济安排为典型。他曾在1920年出版的畅销书《和平的经济后果》中对一战后的协议提出过有名的批评。此外，新体系通过将信贷和金融国际化，使欧洲重建的责任不再由濒临破产的英国来负担。这样确实也终结了英国拥有的世界经济的金融中心地位。

英国官员对这一变化感到伤痛，但他们知道本国对美国的财政支持是多么需要，因而难以抗拒。英格兰高级银行的官员称布雷顿森林体系是"欺诈"和"英国受到的仅次于战争的最大打击"。一位美国财政官员注意到，"布雷顿森林体系宣告了伦敦失去世界金融中心地位这一事实"。愤怒的英国官员对美国的强势策略极为不满，但凯恩斯知道，为了让英国这条船不致沉没，他必须请求美国提供更多的租借法案援助，因而没有抱怨。凯恩斯离开布雷顿森林后去了渥太华，劝说加拿大政府向英国提供高达6.55亿美元的经济援助，这也反映出英国财政状况的恶劣程度。

布雷顿森林会议表明美国与1919年时已经远为不同，威尔逊的理想主义依然是美国的世界观的基石，但美国一战后的经历让理想主义已经被消磨。1945年，美国人又有了自己的新力量，他们想用这种力量赋予的新手段将其理想推广至更大范围。在罗斯福的领导下，美国创造了一个充满美国信念的新世界，但是这一次和1919年时不一样，美国拥有了对以前的敌人和盟友施加其意志的能力。

但是，罗斯福和美国人虽然在行动时意识到了自己日益增长的力量，却不了解美式理想主义在其他国家支持度有多么低。很少有西方人懂得，苏联对美国的原则及美国坚持用它们来解决欧洲的问题有多么的不信任。伍德罗·威尔逊曾在1918年宣布了他的民族自决信念，然而在俄国人看来，他用这一套的目的没有多高尚，实际上是想制约苏俄的发展。威尔逊还曾以民族自决为手段，创建了一个更强大的波兰，使之成为在俄罗斯边界安置强国的大战略的一部分。威尔逊对布尔什维克所称的在俄罗斯发动的民族和反独裁革命没有张开双手欢迎，反而派遣美军进入俄罗斯北部，明显是想保护协约国的补给。而布尔什维克认为西方和日本军队进入俄罗斯领土是一个军事计划的组成部分，意图夺走布尔什维克在俄罗斯内战中获得的胜利。

威尔逊的理想主义没有对世界各地一视同仁，实际上，威尔逊——更广泛地说是美国人——曾明白表示，他向世界其他地区推广的理念不适用于美国的后院拉丁美洲。实际上，它们也对法国和英国的殖民帝国无效，因为民族自决原则受到巴黎和伦敦的强烈反对。即使在东亚，西方大国还是把德国以前在山东占据的殖民地给了日本，无视那里的居民几乎全都是中国人这一事实。

此外，英国和法国利用1918年击败奥斯曼帝国的机会，为他们已有的帝国增添了更多殖民地。英国夺取了外约旦、巴勒斯坦、阿拉伯半岛的很多地方和美索不达米亚，而法国以1916年与英国秘密签订的"赛克斯—皮科协定"（Sykes–Picot Agreement）为依据，把叙利亚、黎巴嫩据为己有。协定曾得到沙皇俄国赞同，作为交换条件，英、法同意俄国吞并东安那托利亚。布尔什维克在 1917 年掌权后，将这些协议公之于众，英国和法国政府大为尴尬，因为他们赤裸裸的权力掠夺被曝光了。

在巴黎和会上，南非的扬·史末资（Jan Smuts）将军建议把战胜国攫取的这些新领土称为"托管"，而非"殖民地"。理论上，欧洲国家不把这些领土吞并进自己的帝国，而要为他们独立做准备。然而，托管制度不过是块遮羞布，谁也哄不住，更不用说布尔什维克了，他们批判西方帝国主义，以传播西方表面上反殖民主义，实际上却是无耻的资本主义的意识形态。在非洲，英国和法国自行瓜分了德国殖民地，就连假惺惺的托管制度也不要了。在列宁和约瑟夫·斯大林等俄罗斯革命家看来，西方理念虚伪透顶。他们相信一切这类安排都不过是帝国主义和资本主义制度的权力掠夺。对俄国人来说，美国在拉丁美洲搞半殖民化控制，使其公开反对帝国主义的论调更显无力。

西方在第二次世界大战中的所作所为，在俄罗斯看来根本没有什么原则，都是强权协议。1941 年 8 月，罗斯福和丘吉尔发表了充满理想主义的《大西洋宪章》，似乎完全遵循了威尔逊主义的传统。尽管这个宪章誓言支持民族自决，消除国际贸易障碍，美国领导人却明白表示，它对美国根据门罗主义干预拉丁美洲的权利没有约束力。丘吉尔也同样宣称，宪章不适用于英帝国。美英都有保留条件，使俄国人不可能严肃看待这个宪章及其理想；这样导致的结果是俄罗斯在东欧或其他任何地方活动时，从未将该宪章视为典范。

同盟国的战时政策也在削弱西方原则。如果西方想对俄罗斯强迫迁移鞑靼和车臣等涉嫌支持德国的民族进行说教，俄国人就能用美国囚禁日裔美国人的例子反唇相讥。如果英国想谴责俄罗斯的乌克兰政策，俄国人就能举出英国涉嫌在孟加拉执行的非人措施，那里有300万印度人因饥荒被饿死——尤其是英国不顾印度的粮食危机越来越严重，强迫将印度的粮食出口到英国本土，使灾情更为严重。

斯大林实际上极少批评西方的政策，相信其他大国和他一样，正在进行战争时期有权按自己的意志行事，特别是在他们自己的势力范围内。俄国人对日裔美国或孟加拉人的命运也不是真关心。但是，西方冠冕堂皇的理念和自私自利的行为之间存在的明显的落差，使得俄国人对宣言中引述的西方原则极为警觉，他们认为那不是西方的真正信仰，而是疯狂的伪善。俄国人对理想主义一点也不感兴趣，再加上它源自虚伪的威尔逊传统思想，更让他们不以为然。

苏联人断定，两次世界大战都是邪恶的帝国主义制造的，因此，西方意识形态对欧洲未来的和平与稳定构成威胁。俄国人没有兴趣以西方兜售的原则为基础打造战后世界，即使在战略问题上，俄国人也很快指出西方国家存在双重标准。例如，当西方领袖们表示不愿意修改使土耳其有权控制达达尼尔海峡的国际协议时，斯大林表示反对。他进一步指出西方立场的虚伪，如美国对巴拿马运河和英国对苏伊士运河的控制。斯大林认为，这三条通道性质相同，都是对大国具有重要意义但处于另一个主权国家境内的国际水道。美国和英国不愿考虑修改有关达达尼尔海峡的国际公约，更让俄国人相信这是西方虚伪的最为卑鄙的明证。它还进一步让俄国人认为，西方理念除非和西方利益有重叠时，西方国家才会遵循那些理念。

所有这些问题——以及其他更多问题——很快就会砸到这位几乎可以是说偶然才当上副总统的人的头上。1945年4月12日，杜鲁门去参议院听一个与墨西哥水权有关的条约辩论之前，来到参议院中被称为"教育委员会"（Board of Education）的密室，众议院议长萨姆·雷伯恩（Sam Rayburn）经常在一天结束时与同事在那里喝一杯。当杜鲁门走进来，雷伯恩告诉他说，白宫新闻秘书正在找他。杜鲁门给新闻秘书打电话问有什么事，然后屋里其他人都注意到，他脸上的血色一下都消失了。"耶稣基督和杰克逊将军。"他一边挂电话一边说。杜鲁门没再多说什么，以最快的速度从国会跑向白宫。白宫新闻秘书正在等着他，杜鲁门刚刚和她通过电话。埃莉诺·罗斯福（Eleanor Roosevelt）也在那里，她迎上前去，用手抓着杜鲁门的胳膊，轻轻说道，"哈里，总统去世了。""我能为你做什么吗？"他问道。"我们能为你做什么吗？"她回答说，"因为现在麻烦都转给你了。"

尽管罗斯福身体状况下降的迹象很明显，但他的死还是让世界各地的人们感到震惊。据美国驻苏联大使阿福瑞尔·哈里曼（Averill Harriman）说，俄罗斯外交部长维亚切斯拉夫·莫洛托夫（Vyacheslav Molotov）看上去"极为动情和不安"。斯大林抓住哈里曼的手握了30秒，似乎要流出眼泪。英国外交大臣安东尼·艾登从伦敦给英国驻华盛顿大使写信说，"我还是很难相信我们那位英勇的朋友走了"。第二天，丘吉尔告诉英国内阁说，罗斯福的死让他感到"极度震惊，未来一下变得不可预测"。尽管英美关系及罗斯福与丘吉尔的个人关系在最近几个月里冷淡下来，但是丘吉尔知道，罗斯福去世之后，他——更确切地说是英国——失去了最重要的盟友。

就连那些与罗斯福关系最密切的人似乎也不能相信他去世了。总统助手乔治·埃尔西（George Elsey）说，虽然一些人注意到罗斯福的身体在衰退，但他的死"没有一点前兆"。詹姆斯·伯恩斯回忆说，自己被这个消息"吓呆"了，他肯定会想到如果芝加哥的民主党大会是另外一种结果，他离下一任总统职位该有多么近。他记得自己想到杜鲁门，想着"没有哪位新总统像他这位密苏里朋友一样需要面对如此迅速涌现的大事件"。罗斯福难以理解地把杜鲁门雪藏起来，只能使其责任变得更为艰巨。罗斯福的参谋长、海军上将威廉·莱希在日记中既表达了对失去长期为之服务的总统的痛苦，又担心新总统可能无力迎接面临的挑战：

> 当保卫文明的战争正在加速结束，这场世界性悲剧夺走了我国领导人的生命，当缔造和维护世界和平的工作极度需要强有力的领导人时，富兰克林·罗斯福的去世使其受到严重打击，他是一位无与伦比的世界英雄……我们都无所适从，新领袖应对战争与和平的如山般的重担时，不知道谁能向他提供明智的建议和忠告。

震动和惊骇弥漫到华盛顿和整个美国。美联社驻参议院记者艾伦·德鲁里（Allen Drury）写道，他和同事驻在华盛顿已有多年，"我们依然不能相信"。回头看来，富兰克林·罗斯福的衰弱是很明显的，但在当时却完全出乎人们的意料，让人极度悲痛。德鲁里和美国首都的很多人一样，不知道"老实单纯"的杜鲁门怎么可能处理好一个"黑暗、病态的世纪"积累下来的那么多挑战。

杜鲁门的确进入了一个奇异的白宫，自1933年以来就住在里面的那个人突然消失了。当罗斯福去世的消息传来时，乔治·埃尔西正在白宫地图室值班，他看到一种超现实景象。一位高级海军助手刚刚打完高尔夫球，他像风一般跑进当时还禁止杜鲁门进入的地图室，并且问道，"我们知道怎样联系到总统吗？"埃尔西和同事茫然对视，"直到我们认识到他问的是哈里·杜鲁门"。第二天，杜鲁门在白宫东厅首次履行总统职务，埃尔西也在那里。出于习惯，当罗斯福夫人进来时，屋里人全都起立致意，而数分钟后当杜鲁门进来时，却没有人这样做。埃尔西注意到，白宫职员并非有意不敬。"哈里·杜鲁门，"他写道，"还没有被在场的人觉得是总统，富兰克林·德拉诺·罗斯福在他们心中的印象太深了。"走出富兰克林·罗斯福的阴影，只是这位来自密苏里州的默默无闻的前男装店主面临的诸多挑战之一。

第二章

打出一个二连击，直中俄国人下颚

　　布痕瓦尔德的发现迫使同盟国面对忽视纳粹屠杀机器的战略所招致的后果。同盟国在布痕瓦尔德见到成千上万骨瘦如柴的囚徒和死去的受害者，首次得到无可辩驳的证据，证明精密的大屠杀系统的存在。

1945 年 4 月 12 日晚，不大为人所知的哈里·杜鲁门站在白宫内阁室悬挂的伍德罗·威尔逊画像下宣誓就任美国总统，失败的国际联盟缔造者在这间屋子俯视着他，富兰克林·罗斯福也曾在这间屋子里筹划未来的联合国。屋里的男人们都穿着黑色服装，典礼气氛阴郁，与其说是庆祝杜鲁门就职，更不如说是为了悼念罗斯福去世——它为难以预知的未来发出明确的信号。从流传下来的照片可以看出，在场的人都没有笑容。对于出乎意料的惊人换班预示的前景，杜鲁门的脸上显露出深深的恐惧。"我觉得好像月球和几个行星都压到我身上了，"杜鲁门说，"我遇到人们所能面对的最可怕的责任。"

面临那么险恶的地缘政治形势，那些罗斯福核心圈子里的人不知道新总统如何能够着手应对。陆军部长亨利·史汀生曾经不可饶恕地对副总统杜鲁门隐瞒了曼哈顿计划等关键军事问题，如今他在日记中写道："我非常可怜总统，他刚刚承担起这项工作，被带入一个不应由他来面对的局势。"史汀生没有考虑如何能够帮助杜鲁门为执政期间必定会遇到的不测风云做好准备，以减轻他的负担。相反，他写道，"很明显，（杜鲁门）对于他正接手的任务几乎一无所知"。查尔斯·波伦与史汀生看法类似，他后来回忆说，"我们国务院的人和美国人民一样，都关心这个'密苏里来的小个子'能不能随机应变"。而眼下的局势是两场数千英里的战争急待进行战略决策，还要描绘出战后世界的蓝图。

世界似乎每一天都在更加沉沦，甚至杜鲁门刚刚就职几个小时，局势就变得更为恶劣了。杜鲁门成为总统的那一天，美国第 6 装甲师在英国和美国行动区解放了第一座大型纳粹集中营。布痕瓦尔德（Buchenwald）集中营的恐怖景象让到来的美国人惊呆了，尽管西方领袖已经获得有关纳粹罪恶的传言和一些实质证据，但是美英战略家们关心的仍然是击败德国，而不是解放这些集中营。即使苏联在 1 月 27 日解放奥斯维辛（Auschwitz）集中营以后，西方国家的态度也没有发生改变。布痕瓦尔德的发现迫使同盟国面对忽视纳粹屠杀机器的战略所招致的后果。同盟国在布痕瓦尔德见到成千上万骨瘦如柴的囚徒和死去的受害者，首次得到无可辩驳的证据，证明精密的大屠杀系统的存在。

欧洲的美国人知道，布痕瓦尔德的发现——毫无疑问，还有更多的恐怖事件会到来——会改变有关战后世界的态度，不过这个消息最先对美国造成冲击。位于欧洲的盟军最高司令德怀特·D. 艾森豪威尔（Dwight D. Eisenhower）将军同美国记者讲话，把记者们看到的"地狱集中营"写下的笔记同美国军人目睹的情况进行比较，然后敦促记者确保"每一家美国报纸都要详细报道德国的兽行"。爱德华·R. 默罗（Edward R. Murrow）在布痕瓦尔德获得解放后不久就去了那里，他确实尽了自己的责任。4 月 16 日，默罗在全国性电台哥伦比亚新闻（CBS News）中进行了其杰出的职业生涯中最为生动的报道，结尾中他说，"我祈求你们相信我报道的布痕瓦尔德集中营的消息，我报道的是我所见所闻的，但并不是全面报道。对于集中营的大部分情况，我无法用语言来形容……我对布痕瓦尔德的报道实际上可以说是温和的，如果这样还能让你们觉得受到冒犯，我不会感到一丝歉意。"

默罗提到，一些刚获得解放的囚犯们极度热情地谈起罗斯福，将其和美国等同于他们的自由。他们不知道罗斯福就在他们重获自由之前去世了，哈里·杜鲁门接替其衣钵，担起让人恐惧的责任。次月，战地记者玛莎·盖尔霍恩（Martha Gellhorn）在默罗报道过布痕瓦尔德集中营之后，在《科利尔》杂志（Collier's）上也发表了一篇关于新近发现的另一座集中营的报道。该文章的标题叫"这场战争肯定是为了消灭达豪（Dachau）"，它呼吁和平缔造者们创造出一个更好的世界，如果不能实现这个目标，就将遇到可怕的后果。"如果我们再次容忍这样的暴行，"她在文章结尾说，"我们没有权利获得和平。"在此后数周和数月时间里，更多报道见诸美国和英国媒体，每一个都比以前更为骇人。

尽管没有人能够预言解放这些集中营对战后世界可能意味着什么，他们的发现却在一夜之间改变了对于欧洲未来的论辩方向。持续达一个世代的总体战带来的恐怖虽然让整个世界感到震惊和麻木，现在也不得不面对这种发展到全新水平的暴行。对美国人来说，尤其对那些竭力想忽略以前得到的有关集中营证据的政府官员来说，对上百万人进行大屠杀，让业已把人压得透不过气来的重建战后世界的问题变得更为复杂。

特别是考虑到面临的无数挑战之后，杜鲁门对周围的事情无法拥有足够的信心。奥马尔·布雷德利（Omar Bradley）将军注意到，新总统"看上去根本不够资格"去承担前头就要遇到的艰难险阻的责任。杜鲁门终于获准进入机密的地图室，极力想搞明白局势，总统助手乔治·埃尔西对他既同情又关心。他甚至搞不清仰光（Rangoon）等地在战略地图上的位置，而且让每个人都倍感沮丧的是谁也找不到有关开罗会议、德黑兰会议和雅尔塔会议记录的正式备忘录。周围那些人慷慨相助，但他们也表达出忧虑和担心。詹姆斯·伯恩斯发现，杜鲁门理所当然地被"突然落到他身上的责任压倒了"；罗斯福的新闻秘书说，杜鲁门第一天上班时看着就像"一个坐在巨大皮革椅子上的小人儿"。前总统赫伯特·胡佛（Herbert Hoover）说起这位新总统更为直截了当，在写给一位低级官员的私人信件中称杜鲁门是"货真价实的哑巴"。

杜鲁门在自己的日记中哀叹对每天的重要问题都很陌生，特别是有关罗斯福以国家的名义与战时同盟所达成的协议。缺少正式的备忘录，使这一问题更为复杂，杜鲁门不得不依靠官员们相互矛盾的记忆来了解罗斯福同意过的事情，有时召开的闭门会议这些官员都没有亲身参加过。国务院动荡不安，使这位新总统更是两眼一抹黑。杜鲁门把以这种方式当上总统比作遭雷劈，他向一位朋友承认，"你不知道我遇到的事情有多困难，这里每个应该知道一些对外政策问题的人都不在了"。他告诉另一位朋友说，"我不够强大，不够强大到能担起这份工作"。

杜鲁门没上过大学，缺乏罗斯福及其助手那样的教育背景，因此对于很多了解罗斯福时代的白宫的华盛顿人来说，至少可以把他看成乡巴佬。他去过的地方不多，没有与哪一位美国盟邦的领袖或大使进行过实质性交谈。他只偶遇过温斯顿·丘吉尔一次，从来没有仔细考虑全球问题的动机；没有考虑过中国或波兰等其他国家；也没有考虑过经济重建等战后急待解决的问题。国务院对杜鲁门缺乏光鲜的履历和不熟悉重要的对外政策问题特别担忧。但是杜鲁门脑子很灵活，并且如饥似渴地阅读相关资料。他知道如何应付东部精英的傲慢，面对重大决策不会退缩。

并非每个人都很快对杜鲁门有了热情，不过他面对新责任的表现开始给很多观察者留下深刻印象。《堪萨斯城明星报》（*Kansas City Star*）的一位记者多年前就认识杜鲁门，他在 4 月底写给艾森豪威尔一封信，这封信中有华盛顿消息人士称杜鲁门"到目前为止还没做过什么错事"——这确实是个轻微的赞扬。这位记者还告诉艾森豪威尔说，杜鲁门小心谨慎地听从备受尊敬的陆军参谋长乔治·马歇尔（George Marshall）将军给出的建议，一旦他有机会掌握自己的新角色，会"成为一位好总统"。莱希和其他接近杜鲁门的人看到他全力以赴且正直坦率地处理很多挑战时，敬仰之情也在增长。而他能否足够快地学习成长，在很多人心中仍然是个谜。

在当上总统的前几天，杜鲁门做出必要的公开承诺，表示会坚持富兰克林·罗斯福的政策和精神。入主白宫的第二天，他向丘吉尔发出消息说："你和我们伟大的总统之间存在的忠诚和亲密的合作造福整个世界，你会相信我继续坚持下去。"实际上，杜鲁门除了发誓实现罗斯福制定的政策，并没有其他选择，哪怕他不完全了解继承了哪些政策。他的话有助于抚慰伦敦、莫斯科和其他地区的盟友，并且显示出即使发生富兰克林·罗斯福去世这样的重大事件，美国对即将在旧金山召开的联合国会议和数月前在布雷顿森林会议上达成的经济协议等关键问题也不会发生立场变化。杜鲁门没有其他的指导原则，至少在此时只能维持现状。

哈里·霍普金斯向英国领袖们保证说，杜鲁门作为"真正的乡巴佬"，会追随罗斯福的英美密切合作的政策。他宽慰英国大使哈利法克斯勋爵说，杜鲁门"完全不了解外交（事务）"，不会改弦更张。哈利法克斯于是向英国外交大臣安东尼·艾登提出建议说，他或丘吉尔都不应该去美国参加罗斯福的葬礼，因为杜鲁门对于实质性问题缺乏足够的信息，美国领导人还没做好讨论的准备。哈利法克斯警告说，杜鲁门在几个星期之内都无法讨论严肃问题。然而哈利法克斯向伦敦保证说，杜鲁门看上去"诚实、能干、有手腕"，与罗斯福相比更愿意使用官方渠道。最后一点似乎很中艾登的意，丘吉尔和罗斯福经常亲自交流沟通，使他和美国国务卿一样，都被晾在一边。

杜鲁门极为倚重罗斯福的参谋长、海军上将威廉·莱希和罗斯福的顾问詹姆斯·伯恩斯帮他快速适应节奏。伯恩斯的助手沃尔特·布朗（Walter Brown）在参加葬礼的途中与他的老板谈话，之后在日记中说，"从各种游戏规则看，现在他（伯恩斯）应该是总统，而非杜鲁门。我们都知道杜鲁门是个软弱的人。"因此，他需要伯恩斯给他各种帮助。伯恩斯和布朗都认为，伯恩斯必须找机会出任国务卿，"以拯救和平"，因为他们都认为国务卿爱德华·斯特丁纽斯在罗斯福的核心圈子里是"死木头"之一。"那里没有聪明人。"布朗回忆起罗斯福的内阁时说。伯恩斯特别不喜欢罗斯福用哈里·霍普金斯和约瑟夫·戴维斯等非正式使者代替国务院的做法。

伯恩斯迅速行动起来，巩固自己对新总统的影响。杜鲁门宣誓就职后，他们两人会面了一个小时，讨论德黑兰和雅尔塔会议的细节。然后在杜鲁门和斯特丁纽斯及俄罗斯问题专家查尔斯·波伦讨论相同话题时，伯恩斯也留了下来。第二天早上，伯恩斯返回白宫，继续讨论雅尔塔会议问题。他很快成为杜鲁门最信任的心腹，尽管他们两人的紧张关系刚刚沉下水面。就伯恩斯这方面来说，他起初像往常一样，还是叫杜鲁门为"哈里"，但很快改为"总统先生"。不管他离这个称号曾有多近，对此伯恩斯肯定会想过。

杜鲁门在国务院得不到帮助，该机构经常和他一样消息闭塞，于是这位新总统暂时倚重莱希、霍普金斯和戴维斯等罗斯福的顾问，还有美国驻苏联大使阿福瑞尔·哈里曼。杜鲁门也知道伯恩斯在罗斯福的核心圈子里评价两极，莱希毫不客气地称伯恩斯为"蠢货"。老练的哈里曼一般不用这类词语，不过对伯恩斯也极为鄙视，不信任他。

然而，在新内阁的高层中给伯恩斯安排正式职位成为杜鲁门做出的最重要的人事变动。杜鲁门私下里不知道自己和伯恩斯能够共事多长时间，但在公开场合，除了称赞伯恩斯，他别无选择。霍普金斯早在4月16日就认识到，只要杜鲁门能着手人事更迭，伯恩斯就可能成为国务卿，美国报界也开始报道即将进行人事变动的消息。大多数报纸及华盛顿的官员们都认为，这个安排是极为合适的，莱希尽管对伯恩斯这个人持否定态度，私底下也称其为"杜鲁门先生自担任总统以来做出的最佳任命"。

理论上伯恩斯确实是个优秀人选，其长处在争夺副总统候选人的斗争中已经为人所知。虽然罗斯福后来基本上冷落了他，但他曾经参加过1919年的巴黎和会，也出席过德黑兰会议和雅尔塔会议。伯恩斯在政府各部门都有丰富的经验，虽然芝加哥民主党大会时曾经发生过尴尬不安的事情，杜鲁门至少在这个时候是信任他的。更重要的是，杜鲁门需要伯恩斯掌握的有关世界局势的知识，特别是对一些重要会议缺乏具有共识的官方记录的时候。

甚至在被正式任命为国务院首脑之前，伯恩斯就开始承担起一些高级内阁官员的职责了。虽然杜鲁门起初相信自己缺乏权力或威信来逼迫得到参议院认可的官员辞职，但他敦促这位新总统换掉罗斯福的多数内阁成员。据伯恩斯的助手沃尔特·布朗回忆，杜鲁门曾向伯恩斯抱怨说，

"哪怕一条狗跑进他的办公室，在地板上拉一泡屎，他也不能把它赶出去"，伯恩斯听到这话，"情绪非常低落，因为他担心他的国家"落到这样一位意志薄弱的人手上。伯恩斯谋求为他提供坚强的意志。他修改杜鲁门的演说稿，把霍普金斯和戴维斯等非正式顾问孤立起来，敦促杜鲁门进行人事调整，甚至分别与英国外交大臣安东尼·艾登和大使哈利法克斯勋爵举行外交决策会议。虽然斯特丁纽斯仍旧是国务卿，却没有接到与会邀请。《纽约时报》报道了会议的重要意义，宣称"新内阁将会以伯恩斯为中心组建"。

伯恩斯还提供了在政府方面最需要的经验，特别是在参议院方面，该机构可能封杀或强迫修改杜鲁门达到的任何条约。伍德罗·威尔逊与参议院外交委员会主席亨利·卡伯特·洛奇（Henry Cabot Lodge）的恶斗投下了长长的阴影，使人无法忘怀。杜鲁门本人在参议院受到欢迎，但是没人知道，他还能利用这个有人缘的同侪身份优势多长时间，毕竟现在他的角色已经变了。因此，伯恩斯就成为与参议院进行幕后沟通的有用渠道。

伯恩斯的经验也为杜鲁门解决了一个机制性问题。在宪法第二十五修正案于 1967 年通过之前，如果副总统因现任总统去世而继位，空缺的副总统职位就会一直空着。考虑到这个职位的重要性（或者不具重要性），美国宪法的缔造者们留下的这一漏洞很是让人感到奇怪。万一杜鲁门执政期间发生什么不测，总统一职会由国务卿接替。几乎没有哪位华盛顿官员想让毫无生气的斯特丁纽斯担当大任，这个人虽然就在椭圆形办公室旁边办公，却无法让人信赖，而且从来没有当过民选官员。

因此，杜鲁门很早就明确表示，想让伯恩斯担任国务卿，所以如果有必要的话，也会接替他成为总统。更换国务卿也使国务院发生震动，杜鲁门和罗斯福一样不信任这个机构。国务院官员最有可能瞧不起杜鲁门的背景和教育水平，虽然杜鲁门偶尔使用他们，但认为科德尔·赫尔、哈里·霍普金斯和约瑟夫·戴维斯等最受罗斯福信任的外交顾问"既老又无能"。因此，他需要一个有作用的国务院。

杜鲁门越来越想甩掉财政部长亨利·摩根索这类老精英们，他说摩根索"除了苹果酱屁也不知道"，伯恩斯鼓励他这样做。根据1945年时的规则，财政部长是仅次于国务卿的总统继承人，由于杜鲁门和伯恩斯可能一同去欧洲，万一他们在国外发生任何意外，摩根索将成为总统，而杜鲁门说他连把这位财政部长任命为抓狗人都不情愿。伯恩斯和他的某位朋友可能是向媒体透露杜鲁门不信任摩根索的幕后人，于是摩根索私下里要求新总统向媒体公开声明信任自己。杜鲁门对此予以拒绝，摩根索提出辞呈，他松了一口气，接受下来。

杜鲁门继续寻找新顾问，特别是在国务院，因为他相信那里不大值得信任。5月初，杜鲁门在日记里承认，"很明显，国务院的一些家伙谁也不相信，就连美国总统也不例外。这不可怕吗？必须做出一些改变。"此前三天，斯大林反对美国宣布德国于5月8日投降，国务院竟然没有上报这个消息。这则日记的存在证明，杜鲁门此时已经发现了。因为在宣布这一消息时，德国只向美国和英国投降，斯大林认为美国庆祝胜利为时过早，而且将其视作更为严重的破坏协议的行为，国务院却不太当回事。斯大林试图提醒美国总统，苏联技术上与德国依然处于战争状态，而且三大国曾在1943年达成协议，对于任何德国投降的条件，都需要一致赞同。德国后来也在柏林的卡尔霍斯特区（Karlshorst）举行的仪式上向苏联正式投降，实际上只差了数小时。但是，国务院决定不把斯大林发来的信息告诉杜鲁门，还是会让白宫的一些人感到吃惊。

杜鲁门的调整自顶层开始，7月3日，伯恩斯出任国务卿，此时距他们启程前往波茨坦还有三天时间。伯恩斯的支持者们过于热情，想通过确认程序强力批准这一任命，惹恼了那些坚持应遵循正常手续的一些参议员，要不然会更早一些上任。最后参议院敷衍塞责，只是以口头表决方式批准伯恩斯担任国务卿。伯恩斯和杜鲁门一样，都出身低微，从来没有获得国务院的职业外交人员的信任，但他似乎对此并不在乎。正如一位记者所述，伯恩斯"断然决定要成为名副其实的国务卿，绝不受下属操纵——他注意到斯特丁纽斯在雅尔塔及其他地方都被下属牵着鼻子走，现在他要当老板"。

至少在他们的任期的最初几个月，伯恩斯和杜鲁门结成了一个有效率的团队。罗斯福原来的做法通常是与波伦见面，波伦再把信息传递给斯特丁纽斯，而伯恩斯结束了这个惯例。在当年年底两人的摩擦开始扩大之前，伯恩斯尽量经常与杜鲁门亲自会面。杜鲁门似乎也喜欢这种安排，他在正式任命伯恩斯四天后在日记中写道："国务院里的精明人在破坏美国的最佳利益……但他们这一次遇到难题了。伯恩斯和我将首先以我们的利益为重。"

在伯恩斯的鼓励下，杜鲁门迅速改变起先不愿意对内阁人事进行变动的态度。他几乎对罗斯福建立起来的顾问团队进行了全部革新，财政部长、罗斯福的前海德公园邻居亨利·摩根索在波茨坦会议结束后不久去职，不过杜鲁门自此前很长一段时间起就冷落他了。杜鲁门第一个想炒掉的内阁官员是斯特丁纽斯，他称其"就是个聋子"。7月底，杜鲁门还撤换了陆军部长、劳工部长和农业部长，还有总检察长。只有一位新顾问来自美东北，而且只有一位毕业于常春藤盟校。

贵族出身的英国驻美国大使哈利法克斯勋爵把杜鲁门的新团队及其

本人描述为"乡下人"，他们这个团队比罗斯福的团队更为直率，不太讲究外交手腕，他们喜欢打扑克、喝波旁酒，不爱桥牌和香槟。在一些人看来，这种转变是倒退到机械政客和民粹派的世界；而另一些人认为，杜鲁门说话不拐弯抹角，让人耳目一新。这个人把"责无旁贷"挂在嘴边，使人耳熟能详，做出决定后，经常以一名政客的最大努力进行坚守。

与内阁成员相比，杜鲁门的非正式军事顾问原封未动。他把莱希海军上将留在身边，并考虑也给他安排一个内阁职位。莱希有外交经验，曾在1941到1942年的艰难岁月里担任过极具挑战性的驻维希法国大使。他还当过波多黎各（Puerto Rico）总督，并在出任罗斯福的参谋长期间从政府官员转变为一位有影响力的顾问。他留在杜鲁门的幕僚中，直到1949年退休。杜鲁门也近乎以崇敬的态度听从陆军参谋长乔治·马歇尔的建议，极少对他的判断提出质疑。当伯恩斯终于在1947年离开国务院时，杜鲁门用马歇尔来接替他。

新顾问就位后，杜鲁门对待全新责任的态度和方法让人难以忘怀，尽管他明显还有很多东西要学。《芝加哥每日新闻报》（Chicago Daily News）的一位记者华莱士·杜尔（Wallace Deuel，他也是"中央情报局"的前身"战略情报局"的一名特工）发现他比其前任更为"有条理和有效率"。他认为杜鲁门"极有感觉"，不像罗斯福那样"说废话"，估计就是指他说话开门见山。查尔斯·波伦也发现，杜鲁门比罗斯福更为专注，注意到他"极少讲大道理"，只埋头处理手上的实际问题。然而每一位见过杜鲁门的人都认识到，他需要在短时期内学习极多东西。

杜鲁门还必须从零开始与美国的盟友建立关系。就任总统三天后，他与哈利法克斯勋爵会面，并使这位英国大使确信"他应该是我们的忠诚合作者"，他会珍视"我们两国的团结和谅解"。哈利法克斯告诉英国外交大臣安东尼·艾登，"首次会谈让他感到极为振奋"。杜鲁门或许不会带来罗斯福和丘吉尔那样的亲密个人关系，但似乎也不会受雅尔塔会议上表现出来的"特殊关系"左右。或许杜鲁门出任总统不仅有机会恢复以前那种密切的英美关系，而且也开启了一个更具创造性的新篇章。

艾登、哈利法克斯和其他人都知道，与美国保持良好关系，对英国的未来具有关键意义。因此，哈利法克斯的确在4月22日给艾登写信说，他希望说服杜鲁门尽早访问英国，或者同意参加三大国会议，德国投降不久就在欧洲举行这种会议最为理想。英国政治家们届时有机会向杜鲁门解释他们对于重要协议的理解，并亲自让他了解到英国对于战后形势的看法，后者越来越让人感到不安。伯恩斯当上国务卿以后，英国人也重获信心，认为他比斯特丁纽斯和其他传言可能担任这个职务的人——如莱希海军上将——更为亲英。

杜鲁门的新团队与他通力合作，尽可能快速使他跟上节奏。杜鲁门抱怨说，因为读了上千页备忘录和报告，眼睛累得受不了，但他工作努力，认真倾听。他愿意深入思考和阅读，表明其风格与更依靠直觉和冲动的罗斯福不同，即使不能说这是本质性变化。杜鲁门还比前任更愿意听取专家建议，尽管他明显需要关注很多领域。

在某些方面，罗斯福于1944年及杜鲁门在1945年春阐述的美国对战后世界的目标与1919年时的基本相同。在这两个历史阶段美国人都不想充当世界警察或在欧洲维持永久性军事存在。此外，美国领袖们非常清楚，他们的战后目标与欧洲盟国并不完全一致。与英国的"特殊关系"与其说是真实的，不如说是口头上的。罗斯福在雅尔塔会议上与丘吉尔保持距离，向英国表明不能期望美国永远支持英国的目标，关于对一些战后战略和英帝国政策的分歧已经清楚显示出这一点。

美国应该在世界上扮演什么角色？这个问题曾在 1919 年使威尔逊感到困扰，杜鲁门和他的团队在 1945 年同样需要面对它。两战之间美国对外政策的失败使这一问题更为复杂。第一次世界大战及其后发生在两战之间的经济问题让美国人感到不是滋味。杜鲁门的顾问们在很多对外政策设想和建议方面有分歧，但他们都一致反对重新使用 1920 年代的财政计划，当时德国赔偿英国和法国时由美国资助，以期英法能偿还所欠美国的债务。这个连环债在美国看来，削弱了国际经济体系，导致大萧条爆发。

美国自一战起就冠冕堂皇地发誓反对帝国主义，如今依然是这种态度。欧洲人经常批评美国以门罗主义为指导在拉丁美洲实行的政策也是一种准帝国主义，但是罗斯福坚持这一立场，经常发表反对帝国主义的言论。他以行动支持这一态度，在拉美推出"睦邻政策"（Good Neighbor Policy），1936 年宣布支持美国的菲律宾殖民地独立，尽管罗斯福的意图是让菲律宾在独立后坚定地留在美国的势力范围内。战争期间，美国拒绝支持那些美国认为意在扩展英帝国的力量和内聚力的英国军事行动，美国和英国之间最尖锐的分歧就源自于此。美国把英国领导的"东南亚司令部"（Southeast Asia Command，SEAC）贬称为"挽救英国亚洲殖民地"（缩写同样为 SEAC），并非出于偶然。

战争期间，罗斯福对待帝国主义的态度更为严厉，他强烈反对法国的帝国主义政策，宣布美国不会在战后协助法国重新控制印度支那，而要在该地区寻求国际托管制度。雅尔塔会议之后，他还宣布美国反对英国在印度恢复战前原状。尽管他把印度人贬称为"东方的棕色人"，却满怀同情地表示，"我们的目标必须是帮助他们实现独立，"因为印度是"由一小撮白人统治的，当地人憎恶他们"。如威尔逊在 1919 年时所做的那样，罗斯福和后来的杜鲁门以哲学、道德和经济为基础，准备抑制欧洲帝国主义在战后世界中的扩展或复活，无论欧洲列强如何反对。

杜鲁门和威尔逊及罗斯福一样，不期望美国人会支持半永久性的军事动员。他预计战争一旦结束，美国人的反应会和 1919 年时一样，要求恢复和平时期的条件，结束征兵制度，削减国防开支。杜鲁门和他的顾问们相信，美国的全球责任增加了，那么就需要制订计划，大幅减少对全球安全的承诺。

然而在其他方面，美国在第二次世界大战末期的局面与 1919 年时有了极大不同。在战略层面，美国与日本的战争还未结束。很多美国领袖认为，与袭击珍珠港的这个国家算清账，比在欧洲找到永久性外交安排重要得多。简单说来，问题主要在于德国投降后，美国能把多少军事资源从欧洲转移到亚洲。资源转移越多，美国在欧洲所具有的优势就越少，与俄国人对抗时尤其如此，他们肯定不会像美国或英国那样迅速进行复员。由于预计艰苦的对日战争将会持续到 1946 年或 1947 年，美国的战略家们几乎都不愿意把相当数量的人员、坦克和飞机留在半个世界之外的欧洲。

自 1919 年之后，美国对国家力量的非军事手段发生了态度大转变。威尔逊依靠的主要是自己的理想主义和想象力，而 1945 年时的美国人想用经济实力为理想主义当后盾。美国的决策者们知道——或者至少认为——美国的军事实力和 1919 年时一样，战争结束后就会衰落，他们的目标是以经济作为对他国施加影响的主要手段。美国在二战后将成为全球经济实力最强的国家，这一结果比一战结束时还要明显。美国的基础设施不仅没有像其他几乎所有发达经济体那样遭受到可怕的破坏，而且在经济方面投资数十亿美元，并利用战争债券增加了个人储蓄。这些储蓄再加上具有远见的《退伍军人法案》（*GI Bill*），可能为战后经济发展提供助力，或者在联邦政府停止大规模的战争支出后，至少能防止美国退回到大萧条式的环境。尽管战后经济存在风险，不过有史以来可能还没有哪个国家曾经以如此大的经济相对优势走出战争。

问题仍然在于如何最好地对其进行利用，不过不管他们做什么，美国人明显都会比 1919 年时更为坚定。他们只是想得到机会，纠正一个世代前伍德罗·威尔逊犯下的错误。这一次，他们不会错过战争胜利带来的机遇。正如国务院的高级经济专家威尔·克莱顿（Will Clayton）于1945 年 5 月在一次有影响的演讲中所说："我们国家在这一代第二次面临参与领导世界的责任和机遇，这一次衣钵已经落到我们肩上，饱受破坏和威胁的世界满怀希望地期待我们帮助他们重获和平与生活。"克莱顿后来在波茨坦会议上被任命为赔偿委员会主席，他警告说，只有民主和自由企业制度在美国力量的支持下扩展到全世界，才能阻止第三次世界大战爆发。

美国在1919 年也享有经济优势，但威尔逊既不愿意、也没有能力将经济力量转化成政治力量。即使在美国复员了其军队，对其他列强的主要影响力只剩下经济手段时，威尔逊依然不愿意把自己的政策建立在经济基础上。尽管他致力推动经济自由化，不过更倾向于使用说教和道德原则实现目标，而非利用经济优势。一个世代之后的美国领袖们誓言不会再犯这个错误，他们决心对世界经济体系进行彻底改革，既要遵守自由贸易原则，又要利用无与伦比的美国经济实力。

美国支持自由贸易观念已有数十年时间，通常形式类似在中国推行的"门户开门政策"等自利概念。伍德罗·威尔逊不止把自由贸易视为一种经济政策，还将其对国际和平的追求相联系。他的"十四点"计划中的第三条呼吁"尽一切可能消除经济障碍，在所有赞同和平及共同维护和平的国家之间建立平等贸易条件"。罗斯福和丘吉尔在1941年8月发表《大西洋宪章》，也突出强调了平等从事贸易和获取原材料。他们善意地认为，自由贸易政策要求用商业把各国联系起来，使其经济相互依赖，因此理论上能够减少战争风险。自由贸易能够使各地区的发展水平趋向一致，理论上也降低了全球市场竞争导致的摩擦。高关税和追求自给自足使大萧条的影响极度恶化，大多数美国经济学家都主张用自由贸易替代它们。

批评者——不仅包括苏联——反驳说，自由贸易体系不可避免地会让一个自战争开始以前就获得极大发展的世界经济体受益。美国企业具有利用自由贸易条件的绝佳优势，这一点在20世纪20年代就已表现出来。然而，第二次世界大战结束后有望遇到更为优越的条件，如果欧洲经济体获得充分恢复，能够满足美国对商品的需求，那就更为理想。美国人争辩说，美国的资金和自由贸易政策对于世界从30年的战争与萧条中恢复过来具有关键意义。杜鲁门的团队相信，如果世界不能恢复过来，在欧洲可能会诱发又一轮政治极端主义。但是，世界的复原无疑会让美国更为强大。

这些问题未必意味着会增加与苏联的摩擦。杜鲁门本人的经历似乎是促进两个超级大国关系发展的最大障碍，这位新总统如其所述，对外交政策几乎一无所知，需要会见关键的人物，着手塑造美国政策。因此，当苏联外交部长维亚切斯拉夫·莫洛托夫于4月底到旧金山参加联合国大会开幕式时，杜鲁门邀请他在华盛顿停留一下。杜鲁门以前从未与俄国人有过任何形式的谈话，这次是头一回。哈里曼大使警告杜鲁门，以苏联军队自东方向西进军为形式的新的"野蛮人入侵"可能发生，他敦促杜鲁门要对难缠暴躁的莫洛托夫采用强硬态度。哈里曼声称，美国人在抗衡俄国人时有优势，因为俄国人重建时需要美国人的资金。他认为俄国人相信"最粗野和最原始形式的权力政治"，担心他们不会遵守雅尔塔会议上达成的协议。他认为新总统可以利用与莫洛托夫会谈的机会显示强硬立场，向俄国人表示自己是认真的。

前大使约瑟夫·戴维斯对俄罗斯态度较为温和，他力劝杜鲁门谨慎行事。戴维斯警告说，首次见面就态度严厉，可能会向俄国人发出错误信号，而美国需要他们的帮助。他告诫杜鲁门，俄国人可能会选择不加入联合国，如果这样的话，罗斯福的梦想就要破灭了，或者取消国际协议"自己单干"。他认为，不管出现何种结果，都不符合美国利益。在此关键时刻，不仅只有戴维斯不想见到新总统刚亮相就与俄国人搞不好关系。当年 21 岁的杜鲁门女儿玛格丽特看着父亲努力应对令人恐惧的新职责，后来她说，协调哈里曼和海军部长詹姆斯·福莱斯特（James Forrestal）等强硬派和戴维斯、陆军部长亨利·史汀生及财政部长亨利·摩根索等温和派的相互冲突的建议，对杜鲁门来说非常困难。

杜鲁门选择了强硬路线，他在 4 月 23 日警告莫洛托夫说，俄罗斯没有遵守雅尔塔会议协议，因此美国才对"战后合作的共同目标产生严重怀疑"。当莫洛托夫试图解释本国立场时，杜鲁门至少三次打断他的话。会谈以杜鲁门简慢地让莫洛托夫离开结束，后来莫洛托夫站起来告诉杜鲁门，"我这一生中从来没有以这种方式和人谈过话"。杜鲁门回答说，"实现你们的协议，你就不会遇到这样的谈话了。"

美国人起初将这次会谈视为一个重要胜利，杜鲁门向戴维斯吹嘘，说他"打出一个二连击，直中俄国人下颚！"总统顾问们对杜鲁门的表演讲感到激动，莱希惊异于杜鲁门直截了当，注意到总统与莫洛托夫的谈话"没有用冗长客套的外交辞令装饰"。查尔斯·波伦当时就在杜鲁门旁边目睹整个经过，后来回忆说，"我翻译杜鲁门的话时真是太高兴了！这可能是战争期间苏联高官首次听到美国总统说出的严厉话语。"波伦注意到，杜鲁门和罗斯福实质上差别不大，但语调有着显著不同。他认为罗斯福虽然也会传达出同样的信息，但方式可能"更为外交，语气稍微平和"。甚至敦促杜鲁门采取强硬立场的哈里曼也被总统的严厉话语"吓了一跳"。

莫洛托夫也非常吃惊。对于这位俄国外交部长如何解读杜鲁门的直率，美国人并未完全进行考虑。在莫洛托夫看来，这次会谈意味着与西方合作时代的终结。他向美国人和斯大林都表示，"三国政府彼此平等，其中一方或两方不得将其意志强加于其他方面"，这是三国的"合作基础"。莫洛托夫警告说，以平等方式进行全面合作和公开对话，"是苏联政府能够接受的唯一（合作基础）"。

陪同莫洛托夫访问华盛顿的瓦连京·别里志科夫（Valentin Berezhekov）后来回忆这位美国总统的行为是"严厉"和"威胁性"的。尽管莫洛托夫讲求外交礼仪，没有向杜鲁门指出这些问题，但他告诉别里志科夫说，他知道杜鲁门曾于1941年6月在《纽约时报》上发表评论说，"如果我们觉得德国要赢了，我们就应该帮助俄罗斯，如果俄罗斯要赢了，我们就应该帮助德国，这样就能让他们尽量互相厮杀"。因此，与杜鲁门的首次会谈证实了俄罗斯代表团的看法，用莫洛托夫的话说，就是"罗斯福的政策已被抛弃"，取而代之的新政策视俄罗斯为敌人或对手，而非伙伴。苏联官员断定，美国政策已经转变，俄罗斯也应随之改变。美国外交官员事后没有安抚莫洛托夫，因此在他看来，美国人不想冲淡对盟国表现出的毫无理由的敌意。

完全可以预料，俄国人对莫洛托夫和杜鲁门会谈的反应被美国人视为有敌意。斯大林向杜鲁门表明，苏联意图对战后的波兰拥有控制力，并冷冷地指出俄国人对英美在法国、比利时和希腊的占领政策没有干预。因此他暗示，不管三巨头曾在雅尔塔会议上达成过什么协议，都希望西方不要插手波兰问题。莫洛托夫在旧金山参加会议时态度强硬，坚称只有亲苏联的卢布林代表团才能在联合国大会上代表波兰人民。美国和英国支持的是"伦敦波兰流亡政府"，但以为俄罗斯不会让这个敏感问题在旧金山会议上讨论。当时美国驻苏占奥地利、匈牙利和罗马尼亚的官员都报告说，苏联实施新的严厉措施，进一步限制他们的行动自由，如果没有苏联人陪同，他们在大多数时间里只能待在所驻的首都城市里。戴维斯的反应是敦促总统重新思考一下强硬路线，与斯大林安排一次会面，以消除隔阂。

杜鲁门面对的问题不止是苏联。美国政策和英国政策的分歧也在扩大，其中一个最重要的问题是英国和美国军队在解放后的中欧地区如何安排。根据同盟国在雅尔塔会议上谈好的条件，柏林、布拉格和维也纳明显都位于苏占区。然而由于东线战事异常激烈，英国和美国有机会推进到苏占区，占领的地区远超雅尔塔会议上所达成的协议。

丘吉尔完全支持盟军向东继续发展，希望至少能利用以后将军队撤出苏占区的问题作为与斯大林和莫洛托夫讨价还价的条件。丘吉尔认为，战争结束时盟军向东推进的距离越远，在德国、奥地利、捷克斯洛伐克、南斯拉夫及其他地区拥有的影响力就越大。罗斯福去世前一个星期，丘吉尔给他发了一份备忘录，敦促他支持英美军队重新向柏林进军，希望能赶在俄国人之前将其占领。"如果他们也拿下柏林，"丘吉尔又以富于哲理的华丽辞藻发问，"俄国人难道不会把他们作为和平的最主要缔造者而牢牢铭刻在心中吗，俄国人难道不会感觉到未来存在着难以逾越的困难吗？"

美国人无视了丘吉尔令人惊异的不情愿，他们对丘吉尔的计划不感兴趣，承认俄国人确实是为击败德国做出了最大贡献。奥马尔·布雷德利将军的集团军群还必须进行作战，他估计美国要想打下柏林，可能要伤亡10万人，"非常高昂的代价，"他断言，"而实现该目标只在名声上好听。"艾森豪威尔将军表示赞同，他在3月底告诉陆军参谋长乔治·马歇尔将军说，柏林本身"不再是一个特别重要的目标"。美国如果要遵守雅尔塔协议，即使占领柏林，以后无论如何还是必须要把它还给俄国人，尤其考虑到对日战争还没结束，艾森豪威尔反对为了这样的城市而拿美国军人的生命冒险。马歇尔肯定知道罗斯福和杜鲁门的态度，他支持布雷德利和艾森豪威尔的立场。

事实证明，布雷德利低估了攻占柏林的代价，俄国人的伤亡不是10万，而是30万。然而，即使估计数字远低于实际伤亡数，仍然让罗斯福感到害怕，因此否定了攻取柏林的想法，而陆军部和国务院对于美国的柏林政策存在分歧，更使进军柏林成为不可能。雅尔塔会议刚刚就划分德国占领区达成协议，罗斯福也不想惹恼俄国人。他既不想强力改变美国在德国北部的军事计划，也不愿有意无意制造可能导致美军和苏军交火的风险，美苏如果发生冲突，那将是最为恐怖的情况。因此，罗斯福对丘吉尔的相关备忘录简单回应说，"我不明白"。

罗斯福去世之后，丘吉尔力图与杜鲁门旧事重提。美军那时想夺取柏林存在困难，但有能力拿下另一些重要目标，该地区的美军指挥官乔治·巴顿将军似乎很愿意这样做。然而杜鲁门对这个问题连谈也不愿意谈，他的高级军事顾问对此也予以支持。杜鲁门认为，遵守雅尔塔协议远比向东推进夺取战略性存在疑问的目标重要。英国对此感到警觉，丘吉尔给杜鲁门写信说："我怀着深深的不安看到美军在中部地区向我们的占领区分界线撤退，因此把苏联势力带到西欧的心脏，在我们和东面一切地区间降下一道铁幕。如果必须进行这样的撤退，我希望能与很多重要事件的解决一道进行，这将为世界和平打下真正的基础。"

更让英国人感到担忧的是他们并非通过官方渠道得知美军自欧洲撤向亚洲的计划，而是通过报纸才了解到这一情况。撤军规模似乎远比美国人在最近的幕僚会议中暗示的大。安东尼·艾登在晨报上读到大批美军计划于 9 月初开始撤到亚洲的报道后，向哈利法克斯勋爵抱怨说，"我们该怎么办？部分复员的巨大压力很快就要降临到我们头上，我们的军队马上就要消失，但俄国人为了占据从吕贝克（Lübeck）到的里雅斯特（Trieste）的欧洲地盘，可能会部署数百个师的兵力"。他还注意到一半的美国空军要转移到太平洋，还有加拿大政府宣布会尽快把军队撤回国。

不管英国人怎样说，美国人都拒绝改变立场，杜鲁门尤其不想被人指责为第一位破坏雅尔塔协议或精神的领袖。美国的将军们对英国的动机也有看法，怀疑他们想在中欧和巴尔干地区利用美军扩大自己的影响，英国对希腊的未来有着特别的兴趣。出于这个原因，莱希拒绝了英国提出的英美在叙利亚进行联合行动的建议。这些分歧不仅显示出美英两国的想法不一样，也表明美国的政策从罗斯福政府到杜鲁门政府都保持着连续性，并且透露了美国参加波茨坦会议的目标性质。

然而杜鲁门知道，他的立场在其中一个关键又绝密的方面与雅尔塔会议时的罗斯福不同，肯定也和巴黎和会时的威尔逊相异。在赶赴波茨坦的顾问中，只有伯恩斯、莱希和史汀生对机密的曼哈顿计划了解得和杜鲁门一样多。起程参加波茨坦会议前一个月，杜鲁门在日记中说，他经历了"一些极为忙乱的日子"。少数科学家和挑选出来的高级军官就一种杀伤力可能"超乎想象"的武器向他做了简报，杜鲁门总算了解到两年前就已发现的S-1计划的细节。在波茨坦会议召开前的几个星期里，杜鲁门和慢慢增加的知情官员们不仅疑惑原子弹能否成功爆炸，也不清楚对它如何使用。

第三章

和俄国打交道，"一匹马你得买两回"

    如果美国不能保证欧洲的安全——艾登认为俄罗斯威胁着这一安全——那么英国的战略必须倚重与法国结成的新联盟，尽管他觉得法国"力量衰弱，而且难以相处"。因此他认为，不管大国在雅尔塔上达成什么协议，把西方军队尽可能向东方部署，都是适当合理的反应。

德国投降以后，三个获胜同盟国的观点进一步出现分歧。丘吉尔和英国人继续鼓动美国人将军队在欧洲驻扎下来，而非撤退到雅尔塔会议上所同意的分界线以内。撤军意味着要把西方盟国如今占据的数千平方英里的土地让给俄国人，这些地方主要位于协议线和易北河之间的德国、奥地利、捷克斯洛伐克。丘吉尔认为没有任何自愿交还土地的理由，考虑到这些地区的战略价值，更不应该撤军。1945 年 5 月 11 日，丘吉尔致信杜鲁门，慷慨激昂地表示将英美军队撤至协议线的决定将"是有史以来最为悲伤的决定"，"这样的事件在欧洲历史上从未有过先例，同盟国在漫长而危险的斗争中从来没有遇到过"。在丘吉尔看来，撤军问题代表着他的国家所拥有的唯一一个最有力的"筹码"，但是他却需要在美国人的帮助下才能利用它。

关于盟军部署的争论表明了伦敦和华盛顿对于战后世界持有不同观点，并且显示出权力已向后者倾斜。美国人继续强烈反对将军队留在易北河一线，美国外交官不理解美国如何有可能在某天让军队逾越到雅尔塔会议没有同意的地方，第二天再指责俄国人不尊重雅尔塔协议。艾森豪威尔将军赞同国务院的立场，他写道，"与俄罗斯直接交往，却拒绝执行包含有我们政府好意的协议，会在一开始的时候就把与俄罗斯的整个合作意图毁掉"。美国官员还指出，俄国人至少到目前为止还比较规矩，没有插手希腊正在酝酿的内战。很多美国人坚信，与俄罗斯保持良好关系，与良好的美英关系同样重要，说不定还更重要。

然而，美国越是反对在雅尔塔协议线外保持军队，丘吉尔越是顽固。他以历史、道德和经济方面的理由为易北河一线辩护，话语太过感情化，太过前后矛盾，以至于莱希海军上将疑惑"这位伟大的英国佬是不是健康方面出了问题"，所以才如此激动，他"在这个问题上……显然错了"。

丘吉尔不是唯一呼吁盟国在东欧保持军队的英国领导人。外交大臣安东尼·艾登认为，"在我们的力量消失之前与俄罗斯达成协议"的问题似乎"比其他一切问题都重要"，他公开质疑这个问题是否会开启另一轮"绥靖时代"，而它将和上一次一样，带来的不是和平，而是世界大战。英国人认为，把军队撤回雅尔塔协议线，使西欧的心脏地区面临俄国人更加逼近的威胁。此外，如果美国不能保证欧洲的安全——艾登认为俄罗斯威胁着这一安全——那么英国的战略必须倚重与法国结成的新联盟，尽管他觉得法国"力量衰弱，而且难以相处"。因此他认为，不管大国在雅尔塔上达成什么协议，把西方军队尽可能向东方部署，都是适当合理的反应。

最后，丘吉尔和艾登无论多么强烈地相信美国人不了解情况的严重性，都已找不到能说服他们的言辞。丘吉尔向"哈巴狗"莱昂内尔·伊斯梅（Lionel "Pug" Ismay）将军抱怨说，他的美国盟友不明白撤军怎么能变成"人类的决定性转折点"。与后来在波茨坦时一样，他或咆哮或哄骗，还动用感情呼吁，但最后只能无奈放弃。美国人向他表示不会支持向东推进并占领维也纳（那里属于雅尔塔会议上商定的俄国占领区）的英国计划之后，丘吉尔说"这在我的心中敲响了丧钟，而我除了屈从没有别的选择"。

丘吉尔尝试用其他策略把美国拉向英国一边。他向杜鲁门提出一个计划，让美国和英国空军享受同等互惠的基地权利。杜鲁门拒绝了这一建议，使丘吉尔感到让美国对这样的计划发生兴趣，宛如向一位"一直想和你当姐妹"的女人求婚。

丘吉尔认为，他如果与杜鲁门和斯大林能见面，并亲自阐述本国观点，结果可能会好一些。他希望运用自己的说服能力，在5月提议尽快举行三巨头会议，能在6月底召开最好。他指出，这场会议需要在7月5日英国议会选举开始前结束。不过这个理由没有打动美国人，他们想把会议推迟到7月或8月，这样既能让杜鲁门有更多的准备时间，还可能让新墨西哥州的曼哈顿计划科学家们有机会完成工作。丘吉尔之所以急于尽早举行会议，是因为他相信美国将军队复员或转向亚洲之后，时间对俄罗斯有利。杜鲁门接到丘吉尔要求在6月份举行会议的要求后不久，提出把日期改为7月15日，又一次让这位英国首相感到失望。

这种调情、追求和负心的爱还在继续，英国人尽管没有钱买鲜花美酒，还是想重新点燃这段浪漫史。当他们的主动攻势没有取得预期效果时，经常感到受伤和失望，想用一切手段把美国人追回来，哪怕犯罪也在所不惜。当三巨头会议计划开始成形时，丘吉尔可怜巴巴地给杜鲁门写信说，"我在报纸上看到有消息说，你打算到柏林参加会议之前，在巴黎停留并会见（法国将军和共和国临时总统）夏尔·戴高乐将军。罗斯福总统曾数次向我许诺，他在访问柏林之前不会去法国。我确信你在做出任何决定之前,都会将此牢记在心。"实际上,杜鲁门没有访问法国的想法,但他确实在没有通知英国的情况下会见了法国大使;那次会见更让丘吉尔心烦意乱。杜鲁门没有同丘吉尔说定在波茨坦会议结束后访问伦敦的事,不过会议开始后不久,一位助手就告诉杜鲁门的首席演说撰稿人不要为这一访问操心,因为总统不想去英国首都。

杜鲁门入主白宫,使英美对苏的统一政策出现动荡。罗斯福临终前,丘吉尔曾经敦促他对俄国人采取更强硬的路线,但他的回应很含糊。罗斯福在去世前数小时,曾于佐治亚州的沃姆斯林斯向丘吉尔发出最后一个消息说:"我会尽可能把一般性的苏联问题减至最少,因为这些问题似乎每天都在以各种面目出现,而大多数得到了澄清。"不过罗斯福在这个消息中还表示:"然而,我们必须坚定不移,而且我们的路线迄今为止是正确的。"对于到底走的是什么路线,以及杜鲁门是否比丘吉尔更清楚罗斯福的思想,丘吉尔如果心有疑惑也不奇怪。此外,在伦敦没有人知道杜鲁门会不会像与莫洛托夫会谈时显示的那样,继续采取较为强硬的对苏政策,或者开始听从约瑟夫·戴维斯等更为温和的顾问意见。

就丘吉尔而言,努力让美国更加偏向英国的观点时,夸大俄罗斯的威胁是另一个手段。罗斯福去世以后,丘吉尔的反俄言论更为激烈,德国投降后更是如此。这种强硬路线在国内和国际上都有作用。在国外,他希望呈给美国一种充满危险的世界观,只有继续维持英美同盟才能获得安全。在国内,他希望把英国选民的注意力从经济问题拉到全球领域,他在这方面明显比对手更具优势。

在雅尔塔,丘吉尔对俄国人的意图极具戒心,但基本上保持着克制,因为他非常清楚,英美军队在西线推进时,英国需要俄军在东线帮助牵制战场上的德军。据一位英国外交官回忆,当时他还"成桶成桶地喝高加索香槟"，与俄国伙伴打交道时靠它支撑着维持活力和焕发的精神，这样喝酒"对任何一个普通人的健康都是不利的"。雅尔塔会议召开后的数个星期里，丘吉尔继续高度赞扬斯大林；尽管英国和苏联对于战后世界的看法存在着巨大的差异，深信自己有能力与这位俄国领导人达成谅解，这让艾登深感不安。艾登相信，英国和苏联仅在波兰问题上的分歧就足以使英苏战后关系破裂，如果美国对世界的看法与英国不一样，更会如此。

到了5月，战争在欧洲已经结束，选举也在逼近，丘吉尔对未来的英俄关系越来越感觉悲观惆怅。他的酗酒问题一直受人关注，如今更明显地沉迷于杯中之物，周围很多人都开始担心。他的情绪似乎也更加反复无常。当他与苏联高级官员会面时，这些问题可能影响到他的脾气。5月18日，他滔滔不绝地向苏联大使费多尔·T.古谢夫（Fedor T. Gusev）谈起苏联对波兰、维也纳、布拉格和意大利的里雅斯特的政策，用语极不讲外交礼貌，以至于古谢夫觉得有必要向莫斯科进行投诉。他说，丘吉尔的话充满"威胁和敲诈"。他还怀疑英国媒体的反苏论调之所以越来越高，丘吉尔就是幕后黑手。"我们应该认识到，我们正在和一个冒险家打交道，他对战争最在行。"古谢夫给莫洛托夫写的信很有道理。这位大使还报告说，尽管战争已经结束，但他注意到丘吉尔会见艾森豪威尔将军和英国元帅伯纳德·蒙哥马利等军方官员的次数比见外交官还要频繁，苏联怀疑这位英国首相可能不认为欧洲的战争已经结束。

当杜鲁门的特使约瑟夫·戴维斯于6月代表总统访问英国时，丘吉尔又对他发出相似的咆哮。他告诉前美国驻苏联大使戴维斯，欧洲唯一的希望就寄托于由美国和英国领导的联合国能发挥起"联合阵线"的功能，而戴维斯知道，这样的方案是苏联最为害怕的。丘吉尔恶毒咒骂苏联，以至于戴维斯问道，他是否"现在愿意向全世界宣布，他和英国犯下错误，没有支持希特勒，押错了宝"。戴维斯报告说，丘吉尔看上去"疲倦、紧张，明显承受着巨大的工作压力"。丘吉尔依然希望戴维斯能让杜鲁门相信，美国和英国在即将召开的波茨坦会议上有着对抗苏联的共同利益，"将由极少数人，"他告诉戴维斯，"在接下来的数星期时间里决定未来几代人将要面对的生活。"

戴维斯最后一次会见丘吉尔是在首相的乡间别墅契克斯（Chequers），使得矛盾发展到顶峰。戴维斯通知丘吉尔，杜鲁门可能想在波茨坦先会见斯大林，以澄清 4 月与莫洛托夫的不快会谈，然后再与丘吉尔见面。这个消息让丘吉尔两次大发雷霆。第一次他使用"如簧的言辞"表达对于杜鲁门意图撇开自己与斯大林会谈的这个想法的愤怒。他指责戴维斯和杜鲁门想通过牺牲英国而与俄国人"做交易"。后来他给杜鲁门写信说，"你与斯大林元帅举行会议，再狗尾续貂一个会，这样的会议我不应该准备参加"。

然后丘吉尔又开始怒气冲冲发表反苏言论，使戴维斯感到既困惑又生气。"他严厉咒骂我们的俄罗斯盟友时，"戴维斯后来回忆说，"我想我听到的是戈培尔、戈林和希特勒在说话。"与几天前在伦敦时一样，戴维斯反驳丘吉尔，为自己辩护，而丘吉尔冷静了下来。但是，伤害已成事实。艾登已经因为戴维斯有亲俄倾向而对他心存蔑视。契克斯会谈结束后，这种不正常的情感蔓延到丘吉尔身上，他私下里把戴维斯称为"虚荣的半吊子"。与此同时，杜鲁门抱怨说，丘吉尔给他制造的麻烦和斯大林一样多。

值得注意的是，戴维斯也断定丘吉尔和斯大林之间存在的问题与其说是源于地缘政治或个性，不如说是起自他们在第一次世界大战之后担任的不同角色。经常在第二次世界大战期间与斯大林见面的戴维斯认为，由于丘吉尔很早就支持反苏政策，并在俄罗斯内战期间鼓动协约国支持沙皇派，在俄罗斯北部进行干涉，俄国人对他心怀怨恨。戴维斯还指出，英国需要美国甚于美国需要英国。他认为，美国与俄罗斯保持友好关系，既能避免超级大国进行摊牌，也能躲开"可能会把我们弄破产的军备竞赛"，如果有必要，美国能够——或许也应该——无视英国的愿望。如果丘吉尔想让戴维斯相信，英美两国在未来进行合作具有重要意义，那么他似乎完全达到了相反的目的。

当英国和美国进一步疏远时，英国开始反思他们在即将召开的会议中拥有的谈判地位。艾登在一份写给丘吉尔的备忘录中透露了自己的心路历程，概括出"我们与俄国人进行常规谈判时持有的牌"。艾登尽管没有明说，却让人明白他不喜欢看自己手里的牌。他认为只有四张牌有可能成为王牌，第一张是延长对苏联的金融信贷，但是英国无法独力这样做，因为英国也需要资金。他向丘吉尔坦白说，俄国人"不会对我们的信贷感兴趣，因为我们无力支撑"，只有美国人能够提供俄国人需要的庞大重建资金。英国人手里的另三张牌也很难发挥作用。英国占有了大多数德国商船，70%的德国炼钢能力也在英国占领区，但最近达成的联合占领政策曾经约定，经济资源多多少少应该进行共享。关于商船，俄国人可能想得到一部分，但德国商船除了能在对日最后作战中把俄罗斯的军事资源从欧洲运往亚洲，在俄国人的海洋战略中没有太大作用。因此，第二张牌并不比第一张更有力。

英国手里还有两张牌，相对都靠不住。艾登不知何故，觉得俄国人可能非常想拿东西交换英国夺取的纳粹档案中的秘密。他对此不抱太大希望，因为俄国人拿下了柏林，可能还获得了大多数有价值的档案。俄国人还控制了柏林地区的大多数德国科研资源，最值得注意的是位于柏林郊区达尔海姆（Dalhem）的威廉皇帝研究所（Kaiser Wilhelm Institute）。最后，艾登告诉丘吉尔，英国可以利用联合国设法封杀一切修改管理达达尼尔海峡的外交协议之企图，这个海峡位于土耳其西北部，俄罗斯长期以来视之为关键战略利益。考虑到俄罗斯军队的规模，而且它很可能保持动员状态，英国基本上吓唬不了斯大林。

艾登预计需要美国支持，但他远远不像丘吉尔那样相信美国的能力。他不怀疑德怀特·艾森豪威尔和乔治·马歇尔等人所具有的军事才能，但与丘吉尔一样，他知道随着美国将大部分兵力撤离欧洲，这种才能将会消失，权力大多由外交官掌握。艾登很看不起美国政治家，称他们"极度虚弱"，在土耳其和波兰等敏感问题上尤其如此，美国人对这类问题的理解非常不足。很多英国和美国观察家认为，最精明和最有经验的美国外交官要么现在已离开，如威廉·蒲立德和萨姆纳·韦尔斯，要么没有进入杜鲁门的核心圈子，如查尔斯·波伦和苏联问题专家乔治·凯南。在参加波茨坦会议的人员中，几乎没有让艾登感到有印象的。

美国和苏联之间的问题也在继续增多。苏联的西方观依然根植在传统的俄罗斯恐惧和怀疑中，经历过两次世界大战后，如今又被急剧放大。正如斯大林在1944年向南斯拉夫游击队员米洛凡·吉拉斯（Milovan Djilas）所说，"或许你觉得正因为我们是英国的盟友，我们就忘记了他们是什么人、丘吉尔是什么人。他们觉得什么都比不上欺骗盟友让人感到快乐。在第一次世界大战期间，他们一直愚弄俄罗斯和法国。"第二次世界大战中发生的一些事件只能加重俄国人的疑虑，如美英迟迟没有在法国开辟第二条战线，西方不愿向佛朗哥统治的西班牙施加压力，致使其向俄国前线派遣了4.7万人协同德军作战。

　　罗斯福去世以后，疑惧几乎发展为妄想症。斯大林非常尊敬罗斯福，前美国大使约瑟夫·戴维斯将总统与世长辞的消息通报给斯大林，他说"我从来没有见过他如此心态失常"。俄国人也依靠罗斯福抑制丘吉尔的某些狂想，如美英联合入侵巴尔干地区等。哈里·杜鲁门于 1941 年在《纽约时报》上发表广为人知的评论之前，俄罗斯人根本不了解他。

　　罗斯福离世，而且之后很快又发生一系列争论，加重了苏联的不安定感。德国于 5 月投降后不久，语不惊人死不休的美国将军乔治·巴顿又上了头条，他当着一群记者的面告诉一位陆军部副部长说，美国应该着手准备与俄罗斯开战。他极力主张美国首先不应该将军队复员或者向太平洋地区转移过多兵力："让我们把靴子擦亮、刺刀磨好，让那些人看到我们的军队和力量，这是他们懂得并且尊重的唯一语言。如果你做不到，那么我会告诉你，我们战胜了德国人，解除了他们的武装，但我们输掉了这场战争。"这样的言论不仅没有掌握地缘政治的现实情况，而且也加重了俄国人的恐惧，认为很快就会遭到西方的背叛或者入侵，正如上一次世界大战结束时那样。

　　美国外交官们努力平息俄国人的恐惧，把巴顿等人的言论斥为鲁莽，不代表官方意见，但是美国政府的行动却让俄罗斯的多疑有了依据。在罗斯福去世前后，苏联情报官员获知美国间谍首脑艾伦·杜勒斯（Allen Dulles）在瑞士伯尔尼（Bern）与纳粹准军事组织党卫军（SS）的一位高级将军见面，讨论投降事宜。斯大林本能地怀疑美国在玩花招。该会谈实际上得到美国国务院的支持，罗斯福和丘吉尔都知情。由于同盟国坚持要求德国一切武装力量无条件投降，会谈无果而终，无条件投降是 1943 年 1 月的卡萨布兰卡（Casablanca）会议达成的协议，部分原因是要俄国人相信盟国不会单独与德国媾和。尽管如此，丘吉尔还是支持伯尔尼会谈，想研究德国地方人员向英军和美军投降的可能性。然而，杜鲁门的团队坚持要求美国遵守无条件投降的立场，哪怕这样会使德国人抵抗到最后一刻也在所不惜。

伯尔尼事件激怒了苏联官员。苏联外交部长维亚切斯拉夫·莫洛托夫称该会谈"完全无法理解"，指责美国人与德国将军阿尔贝特·凯塞林（Albert Kesselring）策划一个阴谋，意图让德军在意大利停止抵抗盟军，以便让盟军进行重新部署，阻止苏军向德国推进。斯大林向约瑟夫·戴维斯大发脾气，称美国和英国"如果不想在友好的基础上打交道，那么苏联有足够的能力自力更生"。

美国人觉得只是简单的误会，俄国人却联想起1918—1919年的历史，从中解读出即将面临的背叛。困惑和误解在逐步扩大，斯大林直接谴责美国在意大利停止进攻，以使德国把三个师调到柏林地区抵抗俄军的攻势。在俄国人看来，伯尔尼会谈象征着他们长久以来怀疑西方的背信弃义。对于俄国人指责美国政府违背卡萨布兰卡会议的承诺，罗斯福在其生命的最后日子里很是气愤，他竭力消除俄国人的恐惧，但发现很难理解斯大林究竟为什么需要美国一再做出保证。斯大林仍然确信西方又一次背叛了俄罗斯，他告诉哈里·霍普金斯说，那起事件表明"美国人好像是说不再需要俄国人了"。这样的背叛源自斯大林唯一信任的人，使局势变得更为不安。如今他不得不与一个信任度更少的人打交道，使得未来更加难以捉摸。

部分原因出于英美战略分歧日渐扩大，西方领袖们对于如何同斯大林和俄国人打交道依然没有共识。尽管西方领袖们对于斯大林的残酷并不存在幻想，但在波茨坦会议召开前的数个星期中，公开或私下里通信时都没有详细提及这个话题。强硬派本可以利用这些信息要求对俄罗斯采取强硬措施，但他们也没有这样做。这些信息可以已经成为常识，没有提出的必要。然而，西方领袖可能仍要受困于内心的冲突，为了击败一个残暴的独裁者，只能仰赖另一个残暴的独裁者。美国和英国的媒体报道和宣传依然和往常一样，把斯大林称为"乔大叔"；在欧洲胜利的光辉照耀下，西方媒体对俄罗斯的报道正面远多于负面。查尔斯·波伦后来注意到，西方记者依旧为苏联及其在胜利的斗争中做出的惊人牺牲而着迷。报道们不想听到波伦和其他人揭露的苏联及其对于战后世界意图的负面消息，更不用说把它们发表出来了。

西方领袖们虽然没有忘掉斯大林和俄罗斯在过去犯下的罪恶，但总体来说依旧对他们持有正面看法。"我和他见面次数越多，就越喜欢他，"丘吉尔如果每周能和斯大林吃一次晚餐，他断言，"那样就根本不存在麻烦了。"这位首相自 1941 年以来历经艰难，当时他曾为援助俄罗斯抵抗德国入侵进行过著名的辩护："如果希特勒入侵地狱，"他在当时曾说，"我会在下议院为魔鬼说几句好话。"而到 1945 年 2 月，他的语气就变了，他说，"可怜的内维尔·张伯伦（Neville Chamberlain）认为他能信任希特勒，他错了。但是，我不觉得我对斯大林的看法有误。"

丘吉尔要是知道斯大林对他是多么的厌恶和鄙夷，他的想法可能会有很大不同，不过直到 5 月底，他依然相信自己有能力直接说服斯大林。就斯大林而言，当符合自己的利益时，他对丘吉尔评价很高，但他视丘吉尔为铁杆资本主义者和帝国主义者，对其极度不信任。他骂丘吉尔是个小偷，乐于听到有关丘吉尔弱点的报告，如苏联资深外交官安德烈·葛罗米柯（Andrei Gromyko）曾经向他形容丘吉尔在雅尔塔会议上被穿着"华丽制服"的俄罗斯女警卫深深迷住了，以至于手里的雪茄灰落到自己衣服上都没注意。更重要的是，斯大林把丘吉尔及整个英国代表团都视为一个不可避免走上衰亡道路的前大国。

对于斯大林，美国领导人和丘吉尔一样，都持双重态度。雅尔塔会议刚刚结束，自认为属于强硬派的哈里曼形容斯大林"比罗斯福更有见识，比丘吉尔更为现实，在某些方面是最有效力的战争领袖。当然，他同时也是一个残暴的独裁者"。正如这个粗率的评论所示，哈里曼既明白斯大林的野蛮统治，又不情愿地对他怀有钦佩。新任国务卿詹姆斯·伯恩斯在波茨坦会议即将召开前说，"真实情况在于他是一个很可爱的人"。更让人惊讶的是戴维斯曾在 1938 年评论说，"孩子愿意坐到他的腿上，狗儿会悄悄跟着他"。

尽管巴顿在战争结束后不明智地大放厥词，不过美国军人大都相信能与俄国人共同合作，制定联合占领战后德国的计划。4 月份易北河握手的消息广为传播，德怀特·艾森豪威尔和卢修斯·克雷将军都对美俄军队的合作水平有着积极评价。克雷和他的苏联同侪格奥尔基·朱可夫（Georgi Zhukov）元帅建立起良好的工作关系，他们很快就多数问题达成协议。他们在 5 月和 6 月份共同努力，就四国占领框架中的媒体、教育和煤炭配给等共同政策取得共识。占领军司令部每两个星期轮换一次，法国作为第四个占领国加入进来。每一个占领国维护本占领区的法律和秩序，不过依然要与其他几个占领国保持不间断的会商。苏联甚至允许美国使用位于其占领区的两个机场，尽管他们确实只让美国使用一条铁路进入该市。当时没有人会想到，这样的安排可能会把德国永久分裂成两个国家。

大多数美国高级军官虽然对苏联在战后时期的意图怀有疑虑，不过都非常尊重红军及其功绩。当卢修斯·克雷的副手、约翰·怀特洛（John Whitelaw）准将无意中听到两名美国军官把红军贬称为"臭名远扬的哥萨克"时，他反驳说，"当我们在田纳西耍着木头武器时，那些你们所说的臭名远扬的哥萨克用他们低劣的装备，把德军打得满地找牙"。即使原子弹有作用，艾森豪威尔和马歇尔等更多高级军官也都知道红军是多么强大，以及美国在远东是多么需要他们的力量。有鉴于此，马歇尔认为杜鲁门4月在白宫会见莫洛托夫时采取强硬立场是不明智的。他断定，与苏联人发生争执，不能证明低估他们是正确的，而且还会不必要地使他们受到刺激。

权力外围的美国人最为悲观，不过一些与俄国人密切合作、经验最丰富的人也明显持这种态度。乔治·凯南极有先见之明，他从美国驻莫斯科大使馆发出警告说，在即将召开的会议中，俄国人会用微笑和慷慨的款待，坚持合作诱惑，但最终他们不会在任何实质性问题上作出哪怕一英寸的让步。然而美国或英国要是不完全遵守承诺，他们就会进行强烈抗议。凯南警告说，美国政治家们无法用"打高尔夫或者邀请共进晚餐"赢得俄国人支持，这样的手段只对美国政治家和商人有用。哈里曼大使对罗斯福和杜鲁门都曾告诫说，和俄国打交道，"一匹马你得买两回"，因为交易条件总会在最后一分钟发生变化。

总统顾问和翻译查尔斯·波伦曾经警告罗斯福说，与俄国人谈判有难度，但却徒劳无功，他同样想尽最大努力浇灭杜鲁门、艾森豪威尔和其他人的热情。波伦告诉卢修斯·克雷说，他对俄国人的信心会消散，与苏联合作不出一年就会改变自己的调子。对于什么是美国对付俄罗斯的最佳手段，虽然波伦不完全同意凯南的意见，但这两位朋友确实对俄国人及其领袖基本上都持负面看法。"起初无论哪个人对苏联人怀有多少幻想，"波伦告诫克雷说，"最终都会完全破灭。"

猜疑在加重，这既是因为目标不同，也源于4月底和5月初乱糟糟的过渡时期所具有的混乱特质。5月11日，哈里曼大使说服杜鲁门取消美国依据租借法案向苏联提供的援助，当时杜鲁门刚刚上任不足一个月。哈里曼的这一建议有着充足的法律依据。欧洲战争在此前三天已结束，苏联不能再接受明确用于对德战争的援助。他和莱希让杜鲁门相信，这一措施会给苏联施加更多压力，以使其尽可能迅速地加入对日作战。苏联一旦在法律上再次进行战争，就能像以前那样继续提供租借法案援助。哈里曼长期以来就主张，美国应该要求苏联做出实质让步，以换取租借法案援助，他向杜鲁门提出的这个建议非常令人信服，新总统看都没看就签署了这个命令，该命令甚至要求当时已经航行到海上的船只返回美国港口。

哈里曼实际上不太明智，没有把美国政策的这种变化告知俄国人。当船只没有按期抵达时，俄国人感到既困惑又生气。斯大林称这一决定"傲慢唐突"，然而发出警告说，如果美国人意欲用这种招数威胁或软化俄国人，那么他们就犯了"一个根本性错误"，未来的大国合作危在旦夕。斯大林本人倾向于让苏联参加对日战争，但他反感把租借法案当成敲诈手段，强迫他按照美国的时间表行事的做法。

约瑟夫·戴维斯比哈里曼更同情俄国人的立场，他使杜鲁门相信，自己犯下一个大错，说服杜鲁门撤销那个命令。他认为，在这个节骨眼上对俄国人采取强硬立场，以后在更重要的问题上想取得他们的合作就会面临困难，如波兰和德国赔偿问题。他表示，苏联还有可能退出联合国，在旧金山会议上遇到的很多有关该组织细节的争议性问题上以之当作借口。由于美国支持阿根廷"法西斯"政府成为联合国创始会员国，莫洛托夫已经提出强烈抗议。华盛顿和伦敦的强硬派都对戴维斯进行炮轰，他因为持亲俄态度，早已成为明显的靶子。由于戴维斯对杜鲁门进言，艾登称他为"天生的绥靖者"，说戴维斯"会高高兴兴地放弃整个欧洲，顶多保住我们，这样美国可能就不会被卷入"未来的欧洲战争了。他认为，戴维斯犯下"纳维尔·张伯伦犯过的一切错误，只是把德国换成了俄罗斯"。

很多美国顾问都同意这种看法，他们把戴维斯在 1941 年出版的畅销书《出使莫斯科》（*Mission to Moscow*）当成他亲俄的证据，而该书两年前还被改编成电影，由沃尔特·赫斯顿（Walter Huston）主演。杜鲁门仍然觉得美国缓和语调是明智的，等到他在即将召开的三巨头会议上亲自探察俄国人的意图之后再说。美国很快恢复提供租借法案物资，杜鲁门通过哈里曼对斯大林进行安抚。杜鲁门政府表面上把租借法案中断问题归咎于官僚机构的误会，不过这个解释不能让俄国人信服，他们将之视为美国人未来不会把俄罗斯当作伙伴的又一个证据。

因此，美国对待苏联的态度在 5 月底从诱惑转向厌恶，而大多数高级领导人仍然对未来与苏联打交道感到乐观。哈里·霍普金斯在雅尔塔会议之后注意到，"（罗斯福）总统和其他所有人都坚信，我们在可以想见的未来能够与他们和平共处"。杜鲁门和莫洛托夫喧嚣的会谈、伯尔尼事件和取消租借法案援助问题对俄国人来说意义重大，而美国的新班子却没觉得是大事。大多数美国人依然相信，只要与俄国对手在谈判桌两边坐下，就能消除摩擦。

俄罗斯领袖们对未来感觉更为悲观，对美国人——尤其是他们的新总统——的印象完全不同。斯大林起初觉得杜鲁门"粗野"，他可能知道杜鲁门于 1941 年在《纽约时报》上发表的那篇文章，怀疑这位新总统有着强烈的反苏偏见。他认为杜鲁门"既没有好的教育背景也不聪明"，与罗斯福形成强烈的对比。莫洛托夫对此表示赞同，贬称这位新总统"在智力上远低于罗斯福"，尽管他的印象可能受到那次在不愉快的华盛顿争执的影响。

一些人认为，亲自会面可能有助于消除所有这些矛盾。在未来波兰的问题上发生了一次激烈冲突之后，斯大林于 5 月 23 日给丘吉尔传话，首次暗示支持举行三巨头会议。丘吉尔在其中一次这样的消息中有点冒昧地告诉"我的朋友斯大林"，举行一次会议，有助于"英语民主国家"的领袖们向俄国人解释"他们如何看待生活"。当然，这样的用语意在向斯大林描绘出英美在未来将会精诚合作的画面，不仅在波兰问题上如此，在全世界都会如此。丘吉尔强烈主张三巨头会议尽早举行。

查尔斯·波伦回忆说，一些美国人——特别是强硬派——想在战后第一次重要会议中让俄国人"过来见我们"。美国人在德黑兰和雅尔塔都是过去见斯大林，现在他们想在华盛顿举行下次会议，或者按杜鲁门的折衷想法，在阿拉斯加召开。他在 5 月底提醒总统顾问哈里·霍普金斯，雅尔塔会议结束后，他和罗斯福总统曾提议在柏林这个地方举行一场重要的战后和平会议。霍普金斯和罗斯福在乘飞机从雅尔塔飞回国途中，还进一步讨论了这个想法。因此，在柏林举行会议似乎可以满足这位已故总统的最后愿望。

在柏林地区举行会议也具有政治意义。这样不仅能让德国人认识到战败的冷酷现实，同时也使苏联在击败德国的战争中所做的贡献不再具有那么大的意义。各大国都没有忘记德国在上一次世界大战结束时拒绝承认战败的往事，现在想让德国民众明确认识到已经输掉了这场战争——德国人不仅战败，而且彻底被其敌人征服。苏联正是出于这个原因，后来在柏林建立了两座宏伟巨大的战争纪念碑，其中一座正处于著名的勃兰登堡门（Brandenburg Gate）外面，在国会大厦可以清楚看到。

这一次，德国的未来领导人无法再效仿1918年12月时的弗里德里希·艾伯特（Friedrich Ebert），当时他曾欢迎德国军人从西线返回，称他们"在战场上没有输过"。德国领袖们也无法用持续不断的"背后插刀的神话"煽动报复，刺激德国军事力量再度复活。1945年的德国人——尤其是首都柏林的人——会认识到他们的彻底失败，其象征就是前敌对国家不在奢华的巴黎或遥远的阿拉斯加，而是在受到占领和分裂的柏林决定德国的未来。

并非巧合的是，在柏林举行一次大国会议，也能迫使丘吉尔和杜鲁门亲眼见到这座城市以及整个德国被毁灭的景象。威尔逊总统曾经顽固拒绝在第一次世界大战中被德国摧毁的比利时和法国城镇里花上更多时间，因为他担心去了那些地方后，会使自己的心肠变得更为坚硬。威尔逊不想让他的原则受到玷污，特别是他追求的"没有胜利的和平"。因此，他极力拒绝法国人和英国人提出的要他参观前线的请求。斯大林不想重复这样的事情，他要确保让杜鲁门认识到战争带来的破坏。

俄国人有充分的理由相信，这样的旅程可能对美国新总统产生有益影响，数月前罗斯福在克里米亚就曾有这样的变化。罗斯福在雅尔塔及其周围看到战争破坏的情况后痛苦地表示，亲眼见到俄罗斯使他"对德国人变得更加残忍"。这种非威尔逊式的话语在俄国人听来肯定非常悦耳。"我曾经读到有关华沙（Warsaw）、利迪泽（Lidice）、鹿特丹（Rotterdam）和考文垂（Coventry）的报告，"这位总统曾表示，"但我见到萨瓦斯托波尔（Sevastopol）和雅尔塔后，就知道德国军国主义和基督教准则在地球上无法共存。"美国驻苏联大使的敏锐而聪慧的女儿凯瑟琳·哈里曼·莫蒂默（Kathleen Harriman Mortimer）后来评价从莫斯科到雅尔塔的旅程说，"我们看够了战争带来的破坏，它们会影响我一辈子。我的上帝，但是这个国家需要立即着手进行的工作是清理。"
将三巨头会议设在柏林，会强化美国新领导对战争的残酷性的认识，使
俄国人提出的德国需要进行巨额赔偿和在战后接受严厉处置的要求更具
合理性。

约瑟夫·斯大林被苏联吹嘘为"钢铁巨人"，他也不喜欢乘飞机。
他有一切理由厌恶旅行，但是尤其讨厌飞机。他曾经飞过一次，那是
1943 年参加德黑兰会议时。当时的湍流极为严重，乘客在飞行的大部
分时间里都拼命紧抓住扶手，此后一个星期里斯大林都在抱怨耳鸣。消
息迅速在西方传开，说斯大林之所以不喜欢乘飞机，是因为他不信任自
己的飞行员，他对安全存在的妄想压倒了需要进行的旅行。有传闻说，
他会把三架飞机调到一个机场，可能会选择最值得信任的机组，要是哪
个机组都不能讨他的欢心，那就取消旅程。真实情况更为简单：第一次
乘坐飞机的经历让他饱受惊吓，所以他发誓再也不坐飞机了。

斯大林升到权力顶端的时代打着政治暗杀的烙印，因此他极为疯狂
地关注自己的人身安全。在寻找下一场三巨头会议的举行地点时，斯大
林又一次表现出想在苏联控制区内召开的意愿，这样他就能够乘火车赴
会。然后，他下令为自己制作新制服，以表现出最近他被授予的苏联大
元帅身份。斯大林会去波茨坦，不过要作为征服者过去。

斯大林提议有可能的话，尽快在"剩余的柏林"举行一次会议，或
许把日子安排在 6 月中旬，丘吉尔在 5 月 29 日表示赞同。对于在其他
地方召开会议的建议，斯大林继续表示反对，他向丘吉尔暗示，只倾向
于柏林，对此丘吉尔除了接受没有别的选择。杜鲁门不同意丘吉尔提出
的时间，要求会议应在 7 月中旬之后举行。作为折衷的结果，斯大林选
择了会议召开地点，杜鲁门决定了时间。留给丘吉尔的工作是把会议代

号确定为"终点"（Terminal），其寓意是希望这次会议可以避免 1919
年时的问题，并为英国和全世界都迫切需要的稳定设好条件。白宫关于
波茨坦会议的官方历史报告恰当地提到，杜鲁门和莱希"只是为了取悦
丘吉尔的自尊心"，接受了他选定的"终点"代号。其他有关该会议的
决定由华盛顿和莫斯科确定下来。

第四章

这场战争的结束，可能会比上一次还要令人失望

西方外交官和记者广泛报告了俄国人在东普鲁士的活动，但他们大都没有理解这对东欧的未来到底意味着什么。他们也不明白，俄国人在1945年时的报复欲望远超1918年和1919年时的法国人。实际上，报复行动只是刚开始。大多数苏联军人不把他们在德国的行为视作战争犯罪，反而觉得无可非议。

会议的时间和地点决定好之后，这几个大国开始评估各自的形势，确定自己的战略。几个世代之内又一次，英国领导人遇到在毁灭性世界大战结束后缔造和平的艰巨任务。1945 年和 1919 年一样，他们相信英国参与战争的目的是为了阻止一个具有侵略性的大陆强权主导欧洲；他们也相信，其民族付出的牺牲摧毁了一个对平民犯下恐怖罪行的政权。在两次世界大战中，霸权国家都是德国，这意味着英国必须与盟友相协调，找到一种彻底解决德国问题的方法。如果不能完成这个任务，欧洲大陆可能还会发生第三次血腥的战争。

英国战略家们也和 1919 年时一样，担心他们的一个战时盟友可能因战争而获得超强地位，只不过这次是俄罗斯而非法国。雅尔塔会议结束后没几个星期，俄罗斯的实力就已变得更为强大。英国担心欧洲大陆出现如此不均衡的局面可能会导致新的战争。因此在 1945 年的和平进程中，英国所追求的政策需要同时遏制德国和俄罗斯，即便英国明白自己的实力可能比 1919 年或 1939 年时还要虚弱也必须如此。

第一次世界大战结束后，尽管英国是胜利者，但也陷入沉重的财务困境，当时的英国首相大卫·劳合·乔治不得不面对这一现实。作为胜利联盟的成员，英国实现了打破德国夺取欧洲大陆霸权的消极目标，但却没有为积极的持续和平创建出必须的条件；另外，英国除了在非洲得到一些殖民地、在中东获取一些委任统治，并没有拿到任何真正有价值的东西。而委任统治——特别是巴勒斯坦委任统治——带来的麻烦远远多于利益。此外，英国人都认识到，1919年时得到的东西一丝一毫也比不上他们在1914—1918年间所失去的。

如今26年过去了，英国人又遇到相似的情况。他们又一次阻止德国称霸欧洲，又一次击败了一个实施恐怖政策的邪恶政权。正如从集中营里传出来的照片所示，1939—1945年间的努力对人类文明的更好发展来说无疑是必要的。英国领袖能否阻止第三次世界大战，让他们付出的牺牲不至于白费，仍然是一个悬而未决的问题，巴黎和会失败的阴影更像一个恶兆。

那次和会对英国来说基本上没有什么参考价值，实际上，一些对《凡尔赛和约》持最严厉批评态度的人就来自英国，而且有几个人1945年时依然在政府中拥有重要的决策地位。最著名的是约翰·梅纳德·凯恩斯，他在1920年出版的畅销书《和平的经济后果》中批评该和约破坏了战后经济体系的稳定。大卫·劳合·乔治尽管是这个和约的主要创建者，但他本人也对其进行批评。早在1920年代和1930年代，这个和约在欧洲就开始崩溃，英国面临着遏制德国或者通过修改凡尔赛体系来绥靖德国这一挑战。英国决策者们犹豫不决，直到1939年才下决心不再迎合德国，而要进行斗争。当然，丘吉尔领导了这场斗争。如今这场他倾注了全身心精力领导的战争已经结束，有责任以有利于英国的条件给它画上句号。

因此，英国决策者们在 1945 年知道，他们又一次面临要对其人民的牺牲做出补偿的挑战。英国于 1945 年结束战争后，在财政方面感觉更为虚弱，基础设施受到的破坏更为严重，最让人不安的，是在战略目标上更加依赖一个更强大的伙伴，即美国。在很多英国人看来，英国的另一个战争中的战略伙伴俄罗斯可能是下一个对手和欧洲霸主。然而，1945 年时的英国比 1919 年时回旋余地更少，而挑战似乎更为艰巨。

1919 年，英国至少可以在全球的棋盘上找到一些有吸引力的东西作为补偿。而第二次世界大战结束后，帝国局势提供的选择非常少。伍德罗·威尔逊只是从理想主义出发反对帝国扩张，而 1945 年时的杜鲁门及其顾问可以利用砍掉英国迫切需要的贷款的手法，使其即使想重返以前的殖民地也成为不可能。

即使美国确实提供一些经济支持，或者对其帝国问题袖手旁观，1919 年以来大多数英国人在殖民问题上的态度也发生了急剧变化，英国如果想回复原状，在国内也面临障碍。英国在远东面临重返香港、缅甸和新加坡等地的重要任务，英国在那些地方曾遭日军羞辱。战争也削弱了英国在埃及的声誉和权力，当地人——尤其是军队——已被证明对德国人有好感。这些发展使英国对苏伊士运河的控制变得复杂化，而它是英国决策者掌握的世界上最具战略价值的场所之一。

在印度，英国同时面临两个而非一个战争运动，运动的目的在于逼迫英国退出这个为时已久的殖民地。印度是英国最关键的财富资源之一，然而，战争期间英国在印度的所作所为却使这两场运动火上浇油，特别是在东部的孟加拉地区。英国人认为，至少在战争期间，最让人担心的两个运动是苏巴斯·钱德拉·鲍斯（Subhas Chandra Bose）领导的"印度国民军"（Indian National Army）和"自由印度"（Azad Hind）政治运动。日本把在新加坡和东亚其他地方抓获的在英军中服役的印度战俘组成一支军队，在日本人的帮助下，鲍斯成为其灵魂人物。鲍斯希望率领这支军队返回印度，用武力取得独立，或者直到煽起一场反英起义。鲍斯的计划尽管失败了，但他在印度人中间依然有着很大的影响力和名望，是一个关键人物。即使他在 1945 年 8 月 18 日因飞机失事去世后，这种声望也并未消失。

对于英国领导人来说，印度好像是一个无解的难题。他们中几乎没有人认为印度已经做好了独立的准备，也不觉得英国的财政地位允许把印度放走。鲍斯领导的运动取得成功，成千上万集结在他周围的印度人迸发出的热情，都向英国领导人发出令人恐惧的信号。战时副首相克莱门特·艾德礼（Clement Attlee）后来回忆说，鲍斯的运动表明，英国在印度的整个统治结构都受到"沉重打击"，而且永远也无法完全恢复。尽管艾德礼领导的工党在很多国内问题上都与保守党有分歧，但在帝国问题方面双同立场极为相似。关于印度，艾德礼曾在 1944 年 10 月说，他只要一想到要把印度交给一些"棕色寡头"，就禁不住"毛骨悚然"。

鲍斯的活动使英国在印度的声誉和权力受到打击，或许还是无可弥补的。莫汉达斯·甘地（Mohandas Gandhi）领导的"退出印度"（Quit India）运动也是如此。"退出印度"肇始于 1942 年，是对英国在印度执行的日益残忍的战时政策做出的反应，丘吉尔和其他英国领导人认为，这一运动已对英国本土的健康构成危害。丘吉尔把它视为日本第五纵队的阴谋，目的在于尽早把印度交给日本。英国的回应是进行大逮捕，甘地也被投入监狱，英国还在印度实施更为严厉的政策，结果在一定程度上引发 20 世纪最严重的饥荒。

战争即将结束时，英国不得不对印度政策进行反思。1945 年 6 月，英国把很多"退出印度"运动的领袖人物释放出来，这些人已经在监狱中苦捱了三年。然而，还有成千上万的印度人因触犯战时紧急措施而被关押着；战争结束后，这些人也需要被放出来，同时军事管制法也得取消。从 1942 年到 1945 年，饥荒和英国日益残酷的统治只能让印度人的敌意变得更深。贾瓦哈拉尔·尼赫鲁（Jawaharlal Nehru）和其他"退出印度"运动的领袖们出狱后，决心领导反英罢工、示威和抗议，彻底结束令人作呕的殖民统治。他们并非全都支持甘地主张的非暴力手段。

1919 年的幽灵又在这里出现。那年 4 月，一支英国军队用恐怖的暴力手段镇压在贾良瓦那花园（Jallianwala Bagh）举行的一次和平抗议，尽管死亡人数有争议，但大多数学者都接受 400 人丧生、1100 人受伤的估算，其中很多伤亡者是聚集到贾良瓦那花园参加光明节（Vaisakhi）的妇女和儿童。第一次世界大战刚结束，这起屠杀就使英国在印度的控制力和声誉大受影响。如今在"退出印度"运动和鲍斯追随者继续进行的激进活动影响下，反抗的规模可能发展到极其庞大的地步。英国战略家们在考虑第二次世界大战结束后英国的全球角色时，印度紧张的宗教关系及穆斯林的独立建国要求也成为难题。

因此，英国人在 1945 年面临的地缘战略环境远比 1919 年时更为动荡，而且他们赖以应付局势的资源更为不足。如果永久失去新加坡、埃及甚至部分印度，都将对英国经济及英国的国际地位造成严重的或许是无法弥补的损害。对于这一点，保守党和工党都持相同看法。1919 年时的世界对英国曾经是个挑战，而 1945 年时的世界要说有什么区别的话，那就是有着更大的不确定性，全球各地在未来发生冲突的凶兆更为明显。

　　因此，英国高级将领之一莱昂内尔·"普格"·伊斯梅将军回忆德国在 5 月份宣布投降后英国却一片沉默时说："1918 年 11 月 11 日曾经迸发出的那种无法抑制的热情在这时一点也看不到，总体的情绪似乎是极大的安慰和无尽的感激，不过还认识到日本仍然没有被征服，并感到我们的麻烦可能还没有结束。"伊斯梅勋爵说出了英国领导人在战争结束后的普遍感觉，那就是还有最大的挑战在等待着英国。他发现温斯顿·丘吉尔和其他大多数英国领导人一样，"对未来满怀不祥的预感"。1945 年 1 月，丘吉尔在一封郁闷的信中向罗斯福坦白了心中的恐惧，信中说，"这场战争的结束可能会比上一次还要令人失望。"外交大臣安东尼·艾登在波茨坦会议就要召开前给丘吉尔写信，同样表达他对世界及英国在其中的地位的"忧郁"观点。对于英国能在波茨坦获得什么东西，艾登不抱太大期望，因为英国掌握的资源少得可怜，也无法据此提出多少要求。英国也没有幻想美国会帮他们解决战后的帝国问题，即使在苏伊士、新加坡和印度等对英国有至关重要的战略作用的地区，获得美国援助的可能性也不大。

　　当哈里·杜鲁门的特使约瑟夫·戴维斯在1945年6月会见丘吉尔时，他发现这位首相情绪消沉、精神紧张，并且疲惫不堪。丘吉尔大声咒骂夏尔·戴高乐，为巴尔干问题焦躁不已，而且似乎因为无力解决本国的问题而感到绝望。戴维斯报告说，丘吉尔看来"由于意识到他的政府在世界上不再拥有权力地位和支配性优势，因此感到痛苦"。丘吉尔也认识到英国和美国的战后目标并不相同，从而有可能使两国的任何特殊关系都走向终结。英国为了赢得这两次世界大战，必须付出沦为二等国际地位的代价，这使丘吉尔大受冲击。"挥之不去的印象，"戴维斯告诉杜鲁门，"就是他本质上更关心的是维持英国在欧洲的地位，而非维持和平。"

　　陷入这种绝望心情的不只是丘吉尔。约翰·梅纳德·凯恩斯在 1919 年巴黎和会中任英国首席经济学家，后来他对该会议持最严厉批评态度，如今他也是最悲观的英国官员之一。凯恩斯曾经无助地亲眼看见失败的 1919 年和会金融措施使世界滑向衰退，现在又看到那种不稳定从 1945 年的经济安排中显现出来。美国租借法案援助带有财政附加条件，他为了眼前需要不愿意地接受了，那些附加条件对英国经济的长期健康发展特别有害。他指出，美国尽管总体上对英国展现出好意，但却在提供任何援助之前，利用租借法案"让英国尽可能濒于破产"。伦敦的一些强硬派认为，美国有意想把战前的一个贸易竞争对手搞穷，凯恩斯对此并不认同，不过对于美国的战时财政政策对其国家的累积影响，他看得比大多数官员都透彻。

　　凯恩斯相信，租借法案根本不是丘吉尔曾经的"最无私的善举"，而是一个最终会导致英国近乎完全依赖美国的慷慨的机制。他注意到，美国对待英国的态度"比我们曾想到的更为恶劣，待遇还不如最卑下和最不负责的巴尔干国家"。美国财政部在整个战争期间都一直想利用租借法案控制英国的货币储备，特别是将成为美国货币及全球贸易体系基础的黄金。美国国务院也利用货币政策和租借法案援助作为杠杆，以撬开"帝国优先体系"，因为这个体系使美国企业在英帝国内部的贸易中处于不利的竞争地位。

　　凯恩斯认为布雷顿森林的安排是对英国权力的又一次打击。尽管他在 1944 年参加了布雷顿森林谈判，基于迫切的需要而同意了会议安排，但他知道那是让英国进一步依赖美国的又一步骤，对此只能"盲目相信"。他知道，全球贸易此后将以美元结算；甚至英帝国的两个成员也可能使

用美元，而非英国货币。因此，伦敦城拥有的全球金融市场主导地位将
迅速终结，阻拦美国及其他国家企业进入帝国的贸易壁垒也将如此。

用凯恩斯的话说，战争结束后，英国"在财政上要仰仗"更强大的
伙伴。丘吉尔也注意到这个问题，但由于英国几乎破产，其领袖觉得没
有其他选择。他们不仅被迫接受了美国提出的一切条件，而且脸上还必
须挂着微笑，力图让美国人在未来想提出任何条件时都要带有好意。当
美国人威胁削减租借法案援助时，丘吉尔曾经怒气冲冲地告诉美国财政
部长亨利·摩根索说，"你想让我做什么？像法拉（Fala）那样蜷缩着后腿，
跪下来乞求吗？"拿罗斯福忠诚的苏格兰牧羊犬来比可能触及了痛处，
不过丘吉尔也知道，这种比较基本上也很贴切。

英国需要依赖美国，减少了其在参加三巨头会议时的战略选择，英
国领袖们对此都非常清楚。英国政治家们发现自己应该主张美国免除英
国的债务或进行再一次融资，因为英国人民为了追求共同胜利付出了血
的代价。法国政治家在 1919 年曾经说出一模一样的话，一个世代前的
英国领袖对此大加嘲讽，而如今英国所处的战略环境和当年的法国差不
多，唯一能说的也只是这些。英国政治家们知道，如果债务不能得到一
定程度的免除或重组，大不列颠的一等强国地位就会遇到极大威胁。尽
管丘吉尔曾在 1942 年宣布，"我不会成为陛下委任的主持清算大英帝
国的首席大臣"，但他现在完全面临着这种可能性。

英国如果得不到华盛顿的一些帮助，第二次世界大战结束后所欠的
债务将超过 200 亿美元，如此沉重的负担将让这个胜利者难以承受。凯
恩斯曾经风趣地说，英国不能在管辖一半世界的同时，在另一半世界欠
下巨额债务。他以半理论半幻想的方式提出，从纯金融角度看，最符合
英国利益的是迅速结束对德战争，但要延长对日战争。英国对日作战所

花费成本远低于欧洲战场，只要战争在某个地方继续进行，英国就能确保获得所需的租借法案援助。如果亚洲的和平来得太快英国就不得不低声下气求美国人帮忙。因此他半是挖苦地写出一个希望，即他希望"日本人不要投降太快，那会让我们失望"。英国两党领袖面对着这一切挑战，赶赴波茨坦时心中怀着一丝不祥的预感。

约瑟夫·斯大林却不是这样，他的政治生涯始于严酷的第一次世界大战时期。斯大林为波茨坦会议做准备时，相信西方既要依赖俄罗斯的牺牲，又低估这种牺牲，这种态度是西方赢得两世界大战的战略的一部分。他相信，意识形态分歧没有那么重要，西方更重视的是俄罗斯军队的实力——起初是沙皇尼古拉斯二世的军队，现在是共产党的军队——还有俄军消灭绝大部分德国武装力量的能力。斯大林和以前的俄罗斯领袖一样，都对西方的意图保持着高度警惕，如俗话所说，认为西方想让俄罗斯在战争中流尽最后一滴血。在俄国人看来，美国人和英国人迟迟没有在法国开辟第二战线，很大一部分原因就是想迫使俄罗斯付出更多的生命代价。丘吉尔曾在 1942 年冒险去莫斯科亲自与斯大林会议，解释英美选择北非而不是法国登陆的原因。"我也打保票，这个令人失望的消息只能由我亲自转达，才不会导致严重的分裂，"丘吉尔在信中向罗斯福夸耀说。不过要是丘吉尔真的相信自己的游说言辞功夫能说服斯大林，那么他就是自欺欺人了。

1944 年 6 月的诺曼底大登陆尽管在西方受到广泛称颂，但却无法获得俄罗斯的完全信任。俄国人表面上对"霸王行动"表示欢迎，斯大林的官方说法是"一场辉煌的成功"。然而在私下里，斯大林曾当着碰巧正在克里姆林宫的南斯拉夫游击队员米洛凡·吉拉斯的面嘲讽这一行动。美国驻苏联的军事联络官约翰·R. 迪恩（John R. Deane）注意到，他在莫斯科街头遇到的俄罗斯官员和民众虽然对这一登陆行动表示赞许和支持，但基本上都持鄙视态度。迪恩的英国同僚也有同样的感觉。或许俄罗斯官员觉得这场行动规模太小了，因为他们比照的是他们自己准备对德国敌人采取的行动。

1944 年 6 月 22 日，即德国入侵苏联三周年的这一天，俄国人发动了自己的攻势。该行动代号"巴格拉季昂"（Bagration），动用了 1,254 万兵力，并得到 4,000 辆坦克和将近 6,000 架飞机的支援，让"霸王行动"相形见绌。"巴格拉季昂"估计歼灭了 50 万德军，俄军至 7 月底推进到华沙的大门口。因此，尽管俄国人对美国通过租借法案计划提供的物质援助表示感谢，但他们觉得没有理由将击败德国的功劳安到美国人、英国人或者其他任何人头上。

英国或美国政治家无须同情苏联的布尔什维克意识形态，不必忽视其对本国公民施行的残酷手段，也能明白战争给俄国人带来了多么严重的创伤。即使对历史所知不多的观察家也能看出，刚刚结束的这场战争是在一个半世纪里俄罗斯遇到的源自西方的第三次入侵。在此背景下，俄国人不计代价追求安全的举动虽然不太受欢迎，不过英国人和美国人应该将其视为理性的。同样在这一背景下，俄罗斯批评西方领袖持有敌意或怀疑，艾登和丘吉尔本不应该感到惊讶，这些西方领袖包括丘吉尔，他曾说过想把布尔什维克主义"扼杀在摇篮里"，还有杜鲁门，莫斯科很清楚他于 1941 年在《纽约时报》上发表的那篇评论。只有最天真的政治家才会相信俄国人会原谅或忘记那些话。

或许更值得注意的是英国（和一些美国的）政治家暗示，主要战斗结束后，俄罗斯的安全地位会出现改变。他们严重低估了俄国人要对德国人进行报复的意愿，尽管伦敦和华盛顿已经熟知来自俄罗斯的这类话语。例如，《红星报》（Red Star）记者、俄国犹太裔作家瓦西里·格罗斯曼（Vasily Grossman）战争期间在西方拥有很多读者，他的全部亲人都死于德国的灭绝营。他在 1944 年发表的《特雷布林卡（Treblinka）地狱》是西方读到的最早以亲身经历记述集中营真相的文章。他在文中呼吁进行报复，后来在纽伦堡成为指控德国官员的部分证据。

　　苏联著名作家伊利亚·爱伦堡（Ilya Ehrenburg）是第一次世界大战的老兵，也是美国驻莫斯科大使的常客，他注意到普遍存在的思想就是"直到我们抵达德国边界，我们才是解放者。现在我们应该是法官。"他们变成了法官。格罗斯曼发现，红军一来到德国的土地上，"就变得更坏了"，他们把刻骨铭心的仇恨带到德国，这种感情在西方是不存在的。伊万·切尔尼亚霍夫斯基（Ivan Chernyakovsky）将军告诉开赴德国的手下说，红军士兵应该"怀着仇恨和报复的渴望"进行焚烧，"必须把法西斯的土地烧成荒漠，就像他们毁灭我们的土地一样。法西斯分子必须死，就像我们的士兵死去一样。"或者如爱伦堡所说："我们不应再说什么，我们应该屠杀。如果你一天不杀掉至少一个德国人，你就虚度了那一天。"《红星报》在 1945 年 1 月评论说，柏林将要为"列宁格勒遭遇的痛苦"付出代价。

　　没有人会以为这种感情会随着枪炮声的消失而消失，丘吉尔大声疾呼的"胜利时宽宏大量"在 1945 年 6 月对俄国人起不到一点作用。苏联在占领地上表现出来的不是宽大，而是复仇。1944 年 10 月，俄国人进入德国传统的心脏地带东普鲁士，把内莫斯多夫（Nemmersdorf）夷为平地。俄国人一夜之间在这个小镇屠杀了 72 位妇女，他们把其中一些受害者钉死在教堂的门上，另一些人受到强奸，年龄从 12 岁到 84 岁不等。俄国人还杀掉儿童，连婴儿也不放过，一些受害者的脑袋在这个令人震惊的残暴之夜据说被打得粉碎。

内莫斯多夫并非是孤立的血腥事件，而是残酷报复模式启动的冰山一角。随着俄军向前推进，他们继续发泄恐怖的复仇欲望，在波罗的海击沉了 200 多艘非武装的德国民用运输船，并在此过程中屠杀了数千难民。他们还使用大炮轰开河流的冰面，以阻止其他平民逃亡。俄国人的可怖行为，以及一些俄罗斯军官非但不约束其手下，反而进行鼓励甚至加入到报复行列的流言迅速传播开来。西方外交官和记者广泛报告了俄国人在东普鲁士的活动，但他们大都没有理解这对东欧的未来到底意味着什么。他们也不明白，俄国人在 1945 年时的报复欲望远超 1918 年和 1919 年时的法国人。

实际上，报复行动只是刚开始。大多数苏联军人不把他们在德国的行为视作战争犯罪，反而觉得无可非议。为死去的亲人报仇，是苏联军人的首要动机之一。"我狂怒不已，" 1945 年初进入德国的苏联战地摄影师叶夫根尼·哈尔德伊（Yevgeni Khaldei）说，"法西斯分子杀害了我的父亲和三个姐妹，而且不是枪决或绞死……这些恶棍把他们扔进一个矿井，有 75,000 人被活活扔进去。我怎么能忘记那种事情？"另一位俄罗斯士兵宣称，把柏林夷为平地"在道德上和法律上都是正确的"，都是让德国为过去犯下的罪恶付出代价，并让俄罗斯为前途未卜的实际未来做准备。

4 月中旬，两个实力雄厚的俄罗斯集团军在柏林会合，集结了可能是有史以来最强大的火力：41,600 门火炮、6,250 辆坦克和 7,500 架飞机支援 250 万苏军攻城作战。红军专门挑选出 7 万名军人组成"战利品旅"，在德国首都进行劫掠，为了拿下这座城市，苏联付出了阵亡 81,000 人的代价。俄国人大力宣扬这场胜利，一面巨大的镰刀斧头苏联旗帜飘扬在烟雾缭绕的国会大厦废墟之上的标志性照片使其更显不朽。苏联丝毫没有隐瞒他们打算在柏林实行的计划。当丘吉尔的私人医生莫兰勋爵 1945 年 7 月来到那里时，看到一幅巨大的标语写道："为了斯大林格勒、列宁格勒和所有被摧毁的俄罗斯城市，我们将仇恨回赠给德国。"

苏联官员的行为鼓励了滥用暴力。只要一个苏联军人能讲述出自己的亲人受过德国人折磨，苏联军事法庭就极少会宣判其犯有强奸罪，而每个苏联军人都有这样的故事。斯大林本人也不把估计多达 200 万起的强奸活动视为值得起诉的犯罪，认为那是战争环境下的自然反应："想象一个男人从斯大林格勒打到贝尔格莱德（Belgrade）——从他的被战火毁灭的故乡出来作战几千公里，跨过阵亡战友最爱的亲人的遗体，这样的男人怎么能有正常反应？有过那么多恐怖经历，拿一个女人取乐又能有什么大不了的？"尽管苏联军官发现手下人强奸德国妇女时，在法律上有权将其枪毙，但大多数军官的反应都和叶夫根尼·哈尔德伊一样，认为指控受到苏联军人强奸的妇女实际上是有意献身，以换取食物、香烟或金钱。在柏林的美国军人亲眼看见强奸的证据后，知道事实并非如此。英国军官 J.E. 里斯（J. E. Rhys）也有过相同经历，他曾遇到各个年龄段的妇女把"面粉和谷物碎粒"混合起来抹到脸上，希望能伪装成可怕的创伤，从而使到处寻觅女人的苏联军人不太有胃口。

苏联军事法庭也不会就财产犯罪起诉本国军人。相反，俄罗斯军官鼓励手下人把能搜到的都拿走，这样既能让德国陷于贫困，也能使俄罗斯更富有。从腕表、钢笔和电灯泡，到发电厂和整个工厂，所有的东西都消失了。里斯曾看到俄罗斯军官从被吓坏的德国人那里偷自行车，这种交通工具他们以前极少见过，他们不会骑，却因此而狂怒不已，认为德国人是有意让他们出洋相。还有俄国人从来没有见过室内卫生间，把德国的抽水马桶当成了洗衣机，用它来洗衣服。美国军人惊讶地看到俄国人偷肥皂，觉得那是食物，并且吃掉。德国显而易见的富裕和俄罗斯的极度贫穷形成对比，使俄国人更为愤怒。一位俄国人回忆说："我们的军人看到郊外的两层楼房里有供电、燃气、浴室和精心照料的美丽花园，我们的人在柏林看到富有的资产阶级的别墅，还有奢侈得难以置信的城堡、庄园和大厦。成千上万的士兵在德国各地参观时，重复着这些愤怒的问题：'但他们为什么把战争引到我们那里？他们想要什么？'"

安东尼·艾登和其他很多将要参加波茨坦会议的经验丰富且聪明睿智的外交官一样，不认为俄罗斯的行为是对真实痛苦的回应，而是用20世纪30年代曾给德国留下印象的那类行为进行示威。这些外交家用最熟知的历史案例来比照俄罗斯的行为，没有将其视为是具体历史环境下发生的现象，在认知上存在偏差。艾登和其他很多人也出于自私的原因，无视俄国人的痛苦，或者对其轻描淡写，想以此在即将召开的会议上对冲俄国人的要求。要是承认俄国人遭受的苦痛，也需要承认俄军在获得胜利的过程中所起的超出比例的作用，这样就会使俄国人在提要求时更为理直气壮。

艾登和其他人认为有必要制止他们认为的新一轮绥靖，这一次进行侵略的是俄罗斯。艾登没有忘记由于俄罗斯在1939年签署纳粹—苏联互不侵犯条约，英国几乎孤身与德国打了两年仗。"如今俄罗斯的政策，"艾登在会议即将开始之前告诉丘吉尔说，"是一种扩张。这是千真万确的。"艾登怀疑苏联对波斯、摩洛哥的丹吉尔港（Tangier）、土耳其、黎巴嫩（"恰恰是我们想要得到的最后一块土地，"艾登提到）都有野心，他通过淡化俄罗斯为胜利做出的人员牺牲的贡献，同时扩大英国自己的胜利成果，立场变得强硬起来，并敦促丘吉尔不要让步。艾登警告说，只要在波茨坦会议上提及俄罗斯进入地中海的权力，就会使俄国人得寸进尺。因此，俄国人尽管在战争中付出了难以估量的损失，但是艾登对于重复慕尼黑会议的错误怀有条件反射式的恐惧，他的态度由此决定。

艾登和其他人确实觉得俄国人有扩张意识，关于这一点，艾登只是说出了美国和英国外交圈子的共识。他们几乎都不怀疑俄国人会设法在东欧保持一定程度的力量，可能是通过部署军队，或者在波兰、匈牙利和罗马尼亚建立傀儡政权。大多数外交官也预料俄国人会要求修改 1936 年的《蒙特勒公约》（*Convention of Montreux*），该公约把达达尼斯海峡控制权交给了土耳其。因此，艾登担心俄罗斯势力延伸到黎巴嫩。第一次世界大战期间，英国在 1915 年部分出于支援俄罗斯的考虑，曾经派军队在加里波利（Gallipoli）半岛登陆，使得这一问题更为敏感。加里波利登陆行动及其灾难性后果如同一个幽灵，萦绕在波茨坦——它使丘吉尔无法忘记自己的最大失败。

西方在 1945 年解读俄罗斯的意图和 1939 年时一样困难，用丘吉尔当时的名言来说，就是"谜中之谜"。乔治·凯南为了理解俄罗斯，所花的时间比任何西方人都多，他也在 1944 年的一份评估中使用了"谜"这个词，说明哪怕是专业研究人员，也无法完全解开俄罗斯的所有谜团。俄罗斯的世界观、政治意识形态及其历史（或许这是最重要的）与西方存在极大差异，西方领袖对俄罗斯的经验既无法理解，也难以感受。美国新任国务卿詹姆斯·伯恩斯和其他人都是使用自己理解的政治经验进行肤浅的类比。"我知道如何跟俄国人打交道，"伯恩斯走马上任时说，"它很像美国参议院，你在他们国家设一个邮局，他们也会在我们国家开个邮局。"伯恩斯与美国政治家们打过 15 年交道，他很快了解到，苏联领导人的动机和优先目标与那些人截然不同，他们想要的远远不止是邮局，甚至用邮局比喻也不恰当。

发现难以理解苏联制度本质——特别是其领导人心态——不只是西方领袖。南斯拉夫游击队员米洛凡·吉拉斯是极少数处在苏联核心圈子之外，却能一窥斯大林想法的人之一，他注意到斯大林"只对掌握在手心里的东西感到放心"。这位苏联领导人及其高级顾问受 30 年的斗争和阅读卡尔·马克思著作的影响，形成了一种世界观，认为世界在"各方面都进行着连绵不绝的可怕斗争，一切都是赤裸裸的冲突，只在形式上有所变化，只有更强大和更机敏才能生存"。吉拉斯说，在苏联的思想中，"要么胜利，要么死亡，没有其他选择"。吉拉斯在雅尔塔会议之后见到斯大林，没有听到他对这场战争即将获胜表示快乐，听到的是他相信另一场大国战争将在未来 15 到 20 年无可避免地爆发。

波茨坦会议开幕之前，西方通过四种截然不同的方式来理解俄罗斯人，有时这四种方式也有交叠。杜鲁门最初本能地以为，西方盟国与俄罗斯之间存在的问题源于罗斯福去世和德国投降的那段混乱日子里出现的外交人员的误会。一切重新开始后，美国方面任用新的外交官——杜鲁门本人再重申美国对美俄关系的重视———一切问题将会得到解决。

杜鲁门希望与斯大林打交道就像和对待堪萨斯城的彭德格斯特（Pendergast）政治机器的成员一样，只要直视着他们的眼睛，达成符合双方利益的协议就行。他宣誓就职总统不久，就派"新政"老将和租借法案设计师哈里·霍普金斯去莫斯科与斯大林举行会谈，为这种交易打基础。霍普金斯曾在内政和外交方面充当罗斯福的顾问，尽管杜鲁门不想让他加入内阁，但却看到派出受斯大林信任的人开启谈判的价值。杜鲁门认为，与俄国领导人打交道，就像对付其他任何政治家一样。

即使西方和苏联的分歧比杜鲁门所想的更为深刻的情况已经变得很

清楚，他还是坚信与斯大林面对面交流时能够轻易将其克服。杜鲁门的日记和私人文件里都写满了有关人类堕落本性的历史案例，不过他也有一种乐观主义精神，相信人类能够克服自己的缺陷。杜鲁门作为一名狂热的扑克玩家，把赌注压到与斯大林这样的人面对面交流并将其说服的能力上。

准备参加波茨坦会议的西方外交官极少和美国总统一样乐观。第二类观点把苏联的行为视为俄国沙皇传统行为的扩展。杜鲁门本人也对这类观点有些相信，提到苏联对达达尼尔海峡的欲望与"之前所有的沙皇"一模一样，苏联帝国主义与"沙俄帝国主义并没有太大不同"。在另外一些时候，他注意到"莫斯科共产党对待一般人的方法和行为与沙皇和俄罗斯贵族比起来没有什么两样"。从这种角度来看，西方盟国能够预计苏联会对与俄罗斯传统欲望相关的东西提出要求——最重要的是控制波兰，然后还有重获 1905 年在东方被日本夺走的土地，以及得到某种通过达达尼尔海峡的保证。然而，持这种立场的人对艾登害怕苏联势力会插手南波斯、丹吉尔港或黎巴嫩的看法不以为然。

对于俄罗斯的行为，英国官员最常想到的是第三种解释：他们热切想传播共产主义。艾登之所以担心俄罗斯渗入中东地区，部分原因在于他认为那里"有着富有的帕夏和穷困的农夫"，"早已受到共产主义的折磨"。丘吉尔对此表示同意，认为俄罗斯的威胁是全球性的，而西方的立场每一天都在变得更为虚弱。帝国总参谋长、陆军元帅阿兰·布鲁克（Alan Brooke）勋爵说，丘吉尔在 6 月 11 日会见其军事顾问时，对战略形势做了一次"又长又悲观"的评估。"俄国人向欧洲西部扩展的程度比他们自己预期的还要深，"丘吉尔说，而且"他们的势力遍及欧洲"，影响到希腊、意大利、法国、德国及所有地方。为了入侵中国，俄国人已经从欧洲调了20个师去亚洲,其目的要么是为了将日本赶走,要么是想在国民党和毛泽东领导的共产党继续进行的战争中充当王牌。丘吉尔在会议结束时"说他一生中从来没有像现在那样对欧洲局势如此担心过",而此时大多数英国人都沉浸在他们国家获得的大胜利中。

对于俄罗斯的威胁有多大,美国人的看法尽管还有分歧,不过华盛顿的强硬派大都和艾登与丘吉尔意见相同。海军上将威廉·莱希等强硬派认为,罗斯福在雅尔塔会议上对俄国人让步太多。莱希在日记中说,他和脾气暴躁的海军作战部长欧尼斯特·J.金(Ernest J.King)海军上将,以及经验丰富的美国外交官如查尔斯·波伦、国务卿爱德华·斯特丁纽斯,还有陆军部长亨利·史汀生等人一样,都相信"美国对苏联持强硬立场"为时未晚。

强硬派认为,俄罗斯迅速取代德国成为新的威胁,其布尔什维克意识形态或者比纳粹主义的危险还要大。在他们看来,德国如今虽已被击败,但慕尼黑会议的教训从来没有像现在这样真实。他们结成团体,要求对俄罗斯采取强硬立场,要把他们当作未来的潜在敌手,而非伙伴。西方没能在战后阻止俄罗斯控制波兰或者掠夺德国,不过要是向俄国人展示出勇气,并明确表示西方会以有意义的方式对俄罗斯在任何地方进行的侵略行径做出回应,哪怕是遥远的波斯和黎巴嫩,会从中获得好处。

第四种态度是以俄罗斯的历史来分析苏联的行为,特别是过去30年的革命和总体战带来的震荡。这个派别最具思想性的宣传者是美国敏锐的苏联问题专家乔治·凯南,他认为战争使俄罗斯最邪恶的方面得到强化,最显然的是其妄想症、不安全感和为了确保安全而乐意残酷对待他人。凯南在1945年6月的一份备忘录中把苏联这个国家描述成"一个前所未见的冷酷而多疑的政权",产生自31年几乎从未间断的斗争中。

苏联如今对于以其自身的力量决定自己的未来更为自信，不过同时更害怕再次受到侵略。苏联"决心不让外界影响再次触碰到他们"，把波兰等地区视为生存的绝对必需。凯南警告说，现在苏联控制这些地区后，英国或美国想在东欧削弱他们的控制力时可能需要付出高昂的代价。然而，苏联不会寻求吞并波兰或其他新的"难以消化"的领土，因为这样做会使他们早已陷于麻烦的民族问题更加难以控制。

凯南指出，其结果是美国和英国除了接受苏联在战后主导已被他们控制的地区，没有其他选择。他主张接受欧洲在事实上分成两个势力范围，其中美国和英国在一边，苏联在另一边，各方可以在自己的影响区内随心所欲。凯南认为，苏联会接受这样的安排，因为那会允许他们"掌握已投降的占领区"，并在此过程中进行掠夺。东欧此后将在安全和经济发展方面依赖苏联。

凯南指出，西方向苏联的任何核心范围进行直接挑战，都会招致迅速反应。美国必须认识到，除非形势出现变化，否则对东欧将爱莫能助。他认为，更好的对策是"在政治上表现出男子气概"，在美国已控制的地区进行强化，在可能控制的地区要态度坚决。如果找不到与俄国人的妥协办法，下一场世界大战将"不可避免"，到那时"文明会遇到彻底的灾难"。凯南对杜鲁门所信奉的个人关系不以为然，他认为那不过是俄国人制造的"一系列假象"，目的是安抚西方领袖，并在西方观念中伪装成苏联利益。凯南的观点没有在美国和苏联政策中成为主流，不过越来越使其同僚感兴趣，并成为他在 1946 年 2 月发出的部分所谓"长电报"（Long Telegram）的基本思想。

随着波茨坦会议日期逐渐接近，难以解读俄罗斯的意图只能让西方越来越不安。苏联开始对驻东欧的美国官员限制行动自由，他们由此也减少了收集和报告给伦敦和华盛顿的情报。丘吉尔在 5 月 12 日发给杜鲁门的一份备忘录中已经使用了"铁幕"这个词语，他指的不是欧洲大陆上的政治分界线，而是苏联为防止西方获得有关苏联控制区形势情报而进行的信息封锁。

尽管凯南可能最为了解苏联，不过这四种观点都没有看透苏联领导人的心态。大多数俄罗斯领袖都认为时间对他们有利，他们深受布尔什维克世界观影响，认为资本主义国家为了争夺殖民地和战后市场，很快会陷入内斗。欧洲工人阶级在今后数十年中将会醒悟，所以会自愿支持共产主义。战争结束时斯大林说："美国的社会冲突越来越明显。英国工党对英国工人做出了太多社会主义性质的许诺，很难再回头。他们不仅很快会和本国的资产阶级发生冲突，而且也会与美国帝国主义者产生矛盾。"按照这种逻辑，苏联要是与西方对抗，或者在欧洲积极煽动革命，那将得不偿失。

此外，随着三巨头会议临近，因为红军在将东欧从德国的占领中解放出来发挥了重要作用，俄罗斯的声望在上升。在这种声望影响下，再加上大多数纳粹领导人被抓或死亡，共产主义未来在东欧似乎前途一片光明。苏联领导人推断，无论发生何种情况，俄罗斯都需要 20 到 30 年的和平与恢复，才有可能考虑下一场战争。即将召开的会议给了他们争取这些时间的机会，只要他们能把手里的牌打好。

第五章

走向波茨坦

当战争还未结束时，他们能够将现实问题延后处理，而如今和平已经到来，那些问题开始凸显在他们面前。1945年时的这些人必须面对他们自己——以及一个世代之前的政治家们——的行为带来的后果。

　　这几个大国的政治家们竭力为这次会议做好准备之后，开始在柏林南郊的波茨坦会合。将理想变成现实的时间已到，代表们没有忘记从1918 年 11 月 11 日第一次世界大战停火，到 1919 年 6 月 28 日《凡尔赛和约》签字，中间隔了 7 个月。他们知道在那几个月，充斥着流行性感冒、东欧地区的战争和德国城市街头发生的准军事暴乱。他们希望这种错误不再重演，首先要对欧洲的未来做出重要决定，然后迅速将其落实。看到满目疮痍的德国，他们确信最为迫切的工作是立即开始重建进程；他们还相信，前面有着极其艰巨的任务。当战争还未结束时，他们能够将现实问题延后处理，而如今和平已经到来，那些问题开始凸显在他们面前。1945 年时的这些人必须面对他们自己——以及一个世代之前的政治家们——的行为带来的后果。

　　就在启程参加波茨坦会议前数天，英国外交大臣安东尼·艾登勋爵向首相温斯顿·丘吉尔提交了一份非常能说明问题的备忘录。他告诉丘吉尔，波茨坦会议将在与前两次大国会议截然不同的气氛下召开。自德国于 5 月 8 日投降以来，情况已经有了急剧变化："在之前的德黑兰会议（1943 年 11 月 28 日—12 月 1 日）和雅尔塔会议（1945 年 2 月 4 日—11 日）上，我们进行商谈时承认俄罗斯在战争中肩负重担，承认其人员牺牲和其国家受到的破坏远超我们或美国，但是现在一切已经结束，俄罗斯当前没有损失一个人，她没有与日本开战。"

艾登的评估显示出他对苏联的战争存在着令人惊讶的无知，对于这个在战争期间担任英国外交大臣的人来说尤其不该如此。艾登承认俄罗斯的"沉重负担"，然而他在同时想进行淡化处理，他本不该如此。尽管统计是不精确和不客观的手段，而且有人对苏联方面提供的数字心存疑虑，不过苏联和西方盟国就战争伤亡数字存在的差异值得深思。当代估计的是英国战死者为 383,800，美国为 416,800，这些数字尽管从其时间和地点等历史标准来看很惊人，但与俄罗斯方面的数字相比微不足道，目前的估计是俄罗斯在这场战争期间的阵亡人数为 880 万到 1,070 万之间。即便是这些数字之间的有确定统计的（大约 190 万人被杀），也要超出英国和美国战死总数（800,600）的两倍半。换句话说，苏联在 1945 年 1 月 12 日到 2 月 4 日的三个星期激烈战斗中阵亡的人数，比美国在整个战争期间两条战线上的全部牺牲者还要多。

平民遇难数量的差异使这一问题更为突出。英国在战争期间共有 67,100 名平民丧生，美国的数字仅为 1,700。英国继续使平民死亡人数与他们对战争的理解相符合，闪电战（Blitz）中牺牲的平民人数反映出这一点，英国人对不列颠之战（Battle of Britain）具有的无法磨灭的印象也说明这一问题，当时丘吉尔曾发出著名的呼吁，称英国已经到了"最后时刻"。然而与之相比，苏联平民丧生总数估计达 1,460 万。艾登正确注意到俄罗斯的牺牲"比我们或美国人的痛苦严重很多"，但他没有全面理解苏联所付出的代价。第二次世界大战使俄罗斯战前人口损失了13.9%，与之相比，英国的损失是0.94%，而美国为0.32%。这些庞大的数字不能完全说明其意义，或者只被其长长的数字所误导。斯大林曾经说过，"一个人死是场悲剧——一百万人死是个统计数字"。有时，比较小的数字能够更好地说明本质。这里有一个痛切的例子，斯大林格勒在战争开始前有85万人，而到战争结束后，双亲依然幸存的儿童只有9个。

其他数字也远超想象。在四年战争期间，苏联损失了1,710个城镇、70,000个村庄、32,000座工厂、65,000公里铁路、100,000个农场，估计还有30%的国民财富。战争还使大约2,500万俄国人无家可归。苏联在1947年的一份报告中提到，其公民的平均生活水平"低到不可想象"。

艾登在准备参加波茨坦会议时的态度很能说明问题，其他很多西方领袖都持这种观点。艾登没能理解苏联民众及其领袖负担的如此沉重的损失，人们或许可以原谅，因为其真实情况已经超出想象。但是，他认识不到这种负担会在战争结束之后继续存在，或者不知道如此惊人的人员牺牲会对苏联在波茨坦会议上的行为起到极为深远的影响，就需要一些解释了。艾登和其他持这种观点的人知道，苏联与英国和美国不同，受到全面侵略和种族灭绝，那是德国有意推行的部分"种族斗争"（Rassenkampf）政策。成千上万的苏联民众并非死于战火中，仅仅因为是斯拉夫人或犹太人而被杀。此外，第二次世界大战始于残忍的30年未间断的战争时代的末期，俄罗斯在这段时间里先后遇到俄日战争、第一次世界大战、俄罗斯内战和乌克兰及其他地方遇到的近乎种族灭绝政策的斯大林残暴统治。然而，艾登在评估俄罗斯人或者他们在即将展开的会议中可能采取的立场时，依然无视这些事实。

艾登对最近和比较遥远的历史进行有选择地解读，很能反映那些美国人和英国人的态度。他们尽管大体知道俄罗斯的损失误差，但基本上不完全了解战争以及 1914 年到 1945 年间的历史对俄国人的心理和态度造成多大影响。正如波兰诗人切斯瓦夫·米沃什（Czeslaw Milosz）在战争结束时所写的，"东方人不能拿美国人当真，"因为"他们从来没有体验过这种能让他们了解到判断和思维习惯多么具有相关性的经历"。米沃什断定，由于美国人和英国人都没有像东欧那样承受过如此深重的痛苦，"他们不可思议地缺乏想象"。

对丘吉尔和艾登来说，在即将到来的会议中，选举的压力也为确定战略带来问题。整个战争期间，英国处于紧急状态，由一个联合政府领导。丘吉尔邀请工党领袖克莱门特·艾德礼加入内阁，让他充分了解情况，并参与很多重要决策。不过这种制度与任何政治联盟一样，依然存在缺陷。丘吉尔逐渐开始轻视艾德礼，频频使用他那典型的俏皮话嘲弄这位工党领袖。最刻薄的是他曾经肆意评论说，艾德礼是一位非常羞怯的人，因为这个人有很多需要羞怯之处。他至少也有一次曾经说过，指挥这些战争打击的是两个敌人，即希特勒和"艾德勒"。

和 1918 年时一样，战争结束意味着英国政府要提出选举。极少有人能预料到，丘吉尔和他的保守党成功领导了一场战争后，会遇到很多困难。丘吉尔作为一个全国知名人物，有着磁铁般的个人魅力，而且精通国际事务，并成功担任了战时首相，艾德礼身上并不具备丘吉尔的那么多特质。就连艾德礼似乎也只是希望他的政党能比上一次选举表现好一些，或许能在议会得到几个席位。他料想到了 8 月，保守党就不再需要他了，他甚至已在海边租好了一栋小屋。

政府把选举日期定在 7 月 5 日，不过为了收集在海外服役的军人选票，直到 7 月 26 日才开始进行计票工作。这是自 1935 年以来举行的首次大选，丘吉尔承诺将巩固他的保守党所坚持的英国政策。工党在 386 个下议院席位中拥有 154 席（自由党占有 21 席），保守党有着绝对优势地位，他们希望扩大这一优势，或者至少要保持不变。保守党如果在 1945 年的选举中获得成功，那么就不再需要组织联合政府，丘吉尔对英国的国内外政策也会有更大的发言权。大卫·劳合·乔治曾经成功利用 1918 年 12 月的"卡其布"（Khaki）选举——之所以叫这个名字，是因为投票和参加竞选的军人数量非常多——在第一次世界大战后扩大了自己的权力。然后他在参加巴黎和会时，能够夸耀自己有着代表英国人民说话的明确权力。

因此，1945 年的选举对英国的未来意义重大，尽管它在一个敏感的历史关头也不幸地让丘吉尔及其政府分了心。丘吉尔周围的一些人认为，在对德政策方面，这种情况似乎迫使首相比其政府中的很多人更为强硬。丘吉尔像他以前的朋友兼导师大卫·劳合·乔治在 1918 年时一样，对德国人夸大英国人的怒火，并许诺会用德国的资金补偿英国的损失，尽管英国决策者们仍旧没有最终决定赔偿政策。丘吉尔公开支持要对德国实施的严厉的经济措施，在选举开始前的几个星期中，凯恩斯等很多人对此强烈表示反对。

包括美国人约瑟夫·戴维斯在内的几个观察家认为，丘吉尔夸大对苏联的恐惧，意图是想把选举议题集中于对外政策上，在这方面他比艾德礼强得多。然而，他的选战议论可能在波茨坦会议就要开幕时加剧英俄紧张关系，况且俄国人此时正在特别关注联合国问题，并对伯尔尼会谈等所谓的密室交易愤怒不已。此外，把焦点对准俄罗斯，也可能使丘吉尔脱离英国选民，使其政治战略受到削弱，选民们想要的是解决国内问题，而不是海外会再次发生战争的不吉利的警告。

丘吉尔也利用艾德礼的工党的政见，拿苏联"妖怪"恐吓英国选民。他无视心腹顾问的建议，6月份通过BBC做了一次很有争议的广播讲话，妖魔化艾德礼及其政党，宣称工党如果获胜，就会像盖世太保1933年威胁德国国会那样，威胁英国议会的自由。丘吉尔称艾德礼不是一位工党政治家，而是一位社会主义者，暗示他若上台，就会与苏联政策发生紧密联系。"自由的议会，"丘吉尔意味深长地比较说，"是社会主义空谈家们极为厌恶的。"他似乎很快认识到自己玩得太过分了，对妻子说他本应该听她的话，删掉这句话。显然，他那典型的雄辩天才在这个场合使他失了分。

艾德礼以其冷静而慎重的风格进行了回应，半数英国人都收听了他的演讲。艾德礼挖苦说，丘吉尔"担心战争期间接受他领导的人们可能会受到诱惑，不再对他心存感激，不愿意继续追随他。我感谢他如此彻底地使人们打破幻想"。这个讲话在英国受到热烈欢迎，尽管丘吉尔、艾德礼和英国代表团已经启程去波茨坦，极少有人会想到它会对保守党预计要获得的胜利造成多大影响。

或许丘吉尔失去了自己的感觉。与战争最紧张的阶段相比，他确实显得不太专注。尽管没有人说过丘吉尔像罗斯福那样出现永久性衰老迹象，但艾登觉得他在这几个关键的星期中，看上去"疲倦不适"。在欧洲战争结束后到波茨坦会议开始前的几个星期中，他喝的酒确实比平时多。更让顾问们感到不满的是他不再像战争期间那样有兴致阅读官方的备忘录了。他主持内阁会议时开始显得让人不安和困惑，其内阁官员对此既不解又担心。一些官员——最主要的是安东尼·艾登——开始对他失去信心，尽管支持他的官员在选举季大都将这些观点局限在政府核心圈子里，没有外传。

丘吉尔依然非常坚定，他与其顾问更为广泛地考虑英国的政策，想利用即将召开的会议把英美关系拉得更近。他曾计划到华盛顿参加罗斯福的葬礼，很大一部分原因是想会见哈里·杜鲁门，表达重续特殊关系的意愿。就在即将启程时，他取消了这个计划，没有向身边人解释原因，直到今天为他作传的人都没搞明白是怎么回事。可能他无法面对这个人去世的事实，因为他们的关系曾经那么亲密，而且他还把自己国家的未来押在与这个人的关系上。或许他受到英国驻美大使哈利法克斯勋爵信件的强烈影响，这位大使说杜鲁门还没到考虑实质性问题的时候。无论如何，他都期待能在波茨坦了解美国新总统，为他与杜鲁门的前任共同所缔造的特殊关系揭开新篇章。

从英国大选到会议开幕，中间只给温斯顿·丘吉尔留下两个星期的宝贵时间。他在此期间接受一位仰慕者的好意，到其位于靠近西班牙边界的法国西南部海岸住所度假。丘吉尔希望在赶赴波茨坦之前，能在那里享受一段平静的休息。他带着绘画工具，还准备了很多食物，以防法国的市场还没恢复正常，另外有35名助手、仆人、保镖和顾问伴随左右。

顾问们希望丘吉尔能好好利用这段时间，批阅堆积如山的政府文件，那都是他的内阁官员们为他准备的，内容涉及广泛的重要议题。他们认为，由于英国在会议上处于不利地位，只能认真准备、仔细研究，才能使英国占据优势。与人们的愿望相反，丘吉尔在昂代时，比以前更加沉迷于杯中之物。他对桌子上一堆堆的文章视而不见，把大部分时间都花在绘画上。陪他来到法国的人们发现他难以相处、脾气不好，无法将注意力集中到重要的国事中。

丘吉尔熬过五年半紧张的欧洲战争岁月后，没人羡慕他能偷得几日闲。在雅尔塔，他看上去差不多和罗斯福一样疲倦。身边的人都担心，如果丘吉尔赴会时没有一切就绪，英国利益会蒙受损失。但是，丘吉尔似乎没有做好准备。安东尼·艾登对丘吉尔在之前几个月里心不在焉日益感到极为不满，他公开质疑这位疲惫的同僚不能胜任面前的任务。"想获得丘吉尔的欣赏是愚蠢的。"后来他回忆说。英国需要一位能够在实质性问题上全身心与其他世界领袖交涉的首相，但丘吉尔担当不了这一角色。

当丘吉尔想休息和充电的时候，胜利国的军事代表们在柏林地区举行会议，确定共同占领政策。他们很快做出了决定，都以尽可能快的速度开始重建工作，向外交人员表明胜利者之间存在着合作基础。尽管在理论上，柏林讨论是以英国、法国、苏联和美国相互平等为前提的，但是主导发言的是三个人：苏联的格奥尔基·朱可夫元帅、美国的德怀特·艾森豪威尔将军和卢休斯·克莱将军。英国人与美国盟友讨论在雅尔塔协议线以东部署军队时已经居于下风，现在对占领政策无从置喙；法国人的占领区必须从英国和美国占领区中分出来，所以也明显处于二等地位。然而，如果丘吉尔在波茨坦有出色表现，他或许能在三巨头会议的谈判桌上赢得英国目前没有得到的东西。

丘吉尔从昂代返回伦敦时，时间只够与艾登和副首相克莱门特·艾德礼会合，以便能让英国代表团的高级成员一同启程前往波茨坦。由于选举结果依然没有出来，英国领袖们想尽可能发出明确信息，即无论投票结果如何，英国领导层是团结的。正如事实所表明的，这三个人从1940年到1957年都占据着首相位置，当他们前往波茨坦时，显示出的政治连续性超出了他们自己的意识。

尽管很多英国外交官逐渐认识到，如果美国迅速将驻欧部队复员，英国可能需要法国的帮助，不过丘吉尔返回伦敦时和去波茨坦时，都没有在巴黎逗留，因此没有与法兰西共和国临时政府领导人夏尔·戴高乐见面。对于戴高乐故作姿态的样子，以及他提出在战后世界中拥有更大影响的要求，丘吉尔已经受够了。尽管丘吉尔在嘴上对法国人表现得很热情，但他对美国特使约瑟夫·戴维斯说，自己已经对戴高乐失去了耐心。"他应该受到'教育'，严厉的。"丘吉尔告诉戴维斯，他还表示，戴高乐如果得不到英国和美国的许可，不应有权对法国边界以外的任何政治或军事问题做出决定。法国官员确实开始寻求扩张德国和奥地利的法国占领区，并想对意大利政策拥有主导权，还要求在赔偿委员会中占据一个高级职位。他们还想在波茨坦会议上得到一个席位，而且一些英国外交官支持法国，其动机是希望法国在大多数问题上能与英国保持一致，并认为如果没有法国参与，战后和平协议不可能持续。

英国人和美国人仍旧知道，让戴高乐去波茨坦，引发的问题可能比解决的还要多。俄国人可能会宣称法国没有资格参与谈判，因为法国在1940年就崩溃了，导致德国能把军队调往东方，以便在第二年入侵苏联。苏联人也可能振振有词地说，东欧小国在德国占领下遭受的痛苦比法国还要多；如果法国有了席位，为什么1945年处在红军控制之下的匈牙利、波兰或罗马尼亚等国家被挡在门外？没有人想重复巴黎和会时24个代表国所导致的混乱，允许法国与会，可能真的打开了一只潘多拉盒子。

此外，戴高乐的个性确实把英国人和法国人都惹恼了。他为战后法国提出的要求超出了华盛顿和伦敦——更不用说莫斯科了——的所有人的底线，而且任何微小的决策如果事先不征求他的意见，都会招致傲慢的抗议，他在谈判桌上可能和战争期间一样，都是麻烦的盟友。法国没有参加德黑兰和雅尔塔协议这个事实也成为一个问题，那些协议只确定了一个有关德国的三国赔偿委员会。戴高乐对待罗斯福的方式也让杜鲁门感到不满，所以他把这位法国领袖称为"狗娘养的"，并且激烈地表示，如果他想在波茨坦见戴高乐，就会像使唤波兰人一样把他招来喝去。因此，三巨头会议决定不扩大为四巨头，致使杜鲁门即将启程去欧洲之前，法国大使到白宫提出最后一次抗议，这件事当然微不足道。丘吉尔不想在这个敏感时刻见到戴高乐，他到法国时，一直躲得远远的。

到昂代休假，并没有使丘吉尔的情况有多少改观。来到德国后，周围人更觉得他比在法国时还要孤僻。他告诉一位旅伴说，听到德国平民向他欢呼后，他的精神有所振作，对德国人的恨意也有所缓解。没人有心情告诉他，那些欢呼的人不是德国平民，而是英国水手和皇家海军陆战队，丘吉尔虽然能听到这些人的声音，却看不清他们的身份。陪同艾德礼去波茨坦并路过残存的柏林蒂尔加腾公园（Tiergarten）的英国军官们注意到，英国军人欢迎艾德礼的声音比对丘吉尔更热烈，不过丘吉尔的顾问都没有勇气把这个事情告诉他。

英国代表团人数众多，丘吉尔有 17 名专属参谋成员，外交大臣有 34 名幕僚，战争部有 20 人，通讯部门为 29 人，其中包括 26 名电话接线员。后者有很多人也参加过雅尔塔会议和德黑兰会议，有的以上两场会议都参加了。英国还带来 39 名负责摄影、翻译和记录会谈的人员。英国代表团人数总计达 260 人，包括礼仪主管琼·布莱特（Joan Bright），他总能让会议和国宴的社交和实用方面顺利进行，在英国政府内部负有盛名。

艾德礼虽然预料选举会失败，而且没有全面参与很多会前策划，还是参加了波茨坦会议。丘吉尔知道存在着艾德礼在会议中间掌管政府的可能性，他告诉杜鲁门，"美国和苏联有权知道，无论我们的政党近期出现什么变化，与他们打交道的都是整个英国"。当然，如果保守党能在大选中获得绝对多数，丘吉尔预料艾德礼和当时担任劳工和全国服务部长的其工党同志欧尼斯特·贝温（Ernest Bevin）要打道回府。

因此，选举造就了一种奇异的外交安排。尽管英国人觉得这样能显示出团结，俄罗斯却发现英国的与会者竟然包括首相、副首相和另两名内阁成员，可以说是非同寻常。他们认为英国人想通过某种手段为艾德礼在谈判桌上再谋得一个位置，这样就能让英国掌握的票数翻一番。"但是艾德礼先生受到压制，而且话语不多，"艾登注意到，"想达到这一目的几乎是不可能的。"艾德礼在会议中没有自己的幕僚，俄国人对此稍感放心，尽管艾登提到他们仍然"困惑"，不过还是坚信"丘吉尔先生和我会继续领导英国"，因为保守党肯定会赢得选举。在整个会议期间，捉摸不定的西方民主一直让苏联领袖们不知所措。

英国人为了让本国代表生活舒适花了很大的力气。他们虽然不像俄国人那样担心德国的食品供应者会暗中下毒，不过却从本国运来食物和酒，还有厨师和招待。英国人把一个缩小版的威斯敏斯特宫都运到德国，安东尼·艾登不久前患过一次溃疡，用他自己的话说，那场病让他"形容枯槁"，为了让他康复，甚至专门从英国空运牛奶过来。当丘吉尔在会议开幕时对宴会上的火腿表示厌恶时，他们还回英国找约克郡火腿。

除了代表团成员和极少数英国媒体记者，基本上没有人知道英国代表团成员的下榻地址。在巴伯尔斯伯格（Babelsberg）的环城大道（Ringstrasse）的一个街区里有一些别墅，曾经是德国电影工业巨头的房产，丘吉尔、艾德礼和艾登都住了进去。俄罗斯安全部队控制着进入波茨坦和邻近的巴伯尔斯伯格的道路，势力范围一直达到被讽刺地命名为"友谊桥"的地方，那座桥就通向巴伯尔斯伯格，英国人一旦越过它，没有特别通行证，俄国人不允许任何人回头，因此毁掉了"友谊桥"的名字所蕴含的意义。这些限制让很多英国代表认为，他们住在一个舒适却高度戒备的监狱殖民地。俄国人有些惊恐地发现，英国高级外交官的穿着打扮和他们的幕僚都一样，这意味着通过俄国检查站得花更多的时间。丘吉尔的住所全天驻有 6 名制服保镖，艾德礼和艾登那里各有 3 名。6 名人员左右的巡逻队日夜不停地在环城大道进行巡逻，如果没有俄国人颁发的红色特别通行证，任何车辆不得进入环城大道。英国代表理应有这种通行证，但只有极少数人获得。而只有那种通行证，才能让一名代表不受阻碍地通过友谊桥。

虽然英国人负责自身的安全，不过俄国人依然控制着那一地区。他们为英国人指派了一名来自莫斯科的礼仪官，担任俄罗斯礼仪部门的联络官，此人说着一口流利的英语。一位英国军官回忆说，他们制造出"无尽的麻烦"，意在了解房屋的情况是否"完善"，是否有任何不舒适之处。实际上，俄国人从德国平民家里搞来家具，替代从波茨坦及其邻近地区掠夺走的；因此有时英国代表会抱怨装修风格有些折衷，是德国中产阶级偏爱的。尽管条件相对舒适，而且俄罗斯警卫脸上挂着大大的微笑，一位英国上校还是注意到其代表团成员在波茨坦"从来没有放松过"，甚至在自己的居住区也是如此。"有俄国人会不经意出现，或者有人会在门口发现武装岗哨"，表面上是检查居住或者安全状况。他们似乎都会说英语，使得英国人猜测他们是受命来窃听的。

英国人也怀疑俄国人有意派这些"亚洲游牧部落"（hordes of Asia）到英国区担任警卫，虽然这种印象表达的可能完全是他们自己的种族主义观点。不过一位英国将军回忆俄罗斯警卫是"哈萨克人、乌兹别克人、土库曼人，有着成吉思汗的影子——很小健壮的棕色人"，脸上强作微笑，原始程度让英国官员感到心慌。有时候俄国人派遣年轻貌美的青年女性过来，她们身穿用战斗勋带装饰的整洁制服，英国人对此也感到不安，不过原因各有不同。一位英国代表记述道，虽然有规定严格限制亲密交往，英国男人和苏联女人除了相互对视并不能有其他越轨举动，但是看到年轻女性出现后，却引发相当多的轻微交通事故。

英国代表们还是发现，比起雅尔塔的简单安排，波茨坦的居住条件有了很大改善。分配给他们的 50 栋房屋似乎都没有受到战争的破坏，每一栋还配有钢琴。丘吉尔占据了一栋漂亮的红砖大公寓，他后来提到，那座房屋的装饰比杜鲁门的还要好。艾德礼的房屋乍一看上去像个气派的图书馆，藏书家艾德礼检查了那些书籍后发现，它们几乎都是关系法西斯主义的，其中包括英国法西斯主义者戴安娜·米特福特（Diana Mitford）的作品，艾德礼在战前就认识她。美国代表团的住处离环城大道的英国人只有两个街区，由于位置接近，丘吉尔重燃复活雅尔塔会议之后冷却的英美关系的希望，那种亲密关系是他与罗斯福共同缔造出来的。

当莫洛托夫在会议开幕第三天到艾登的住处进行非正式午餐时，英国人体会到俄国人对安全的偏执。他带来一个方阵的警卫，当他在屋里吃饭时，那些人就端着汤姆逊冲锋枪守在花园里。莫洛托夫进入巴伯尔斯伯格时已经通过了重重防卫，更不用提附近还有英国军人驻守，所以整个安排显得很不必要。"在这样的保卫下生活肯定是残忍的，"艾登回忆说，"难怪这个人既非常能干，又冷酷机械。"

哈里·杜鲁门乘坐奥古斯塔号巡洋舰（USS Augusta）于 7 月 7 日上午秘密离开弗吉尼亚的纽波特纽斯港（Newport News）前往波茨坦时，还在了解自己的职责。杜鲁门以前都是自己买火车票自己拎包，就连当副总统时也从来没有使用过保镖，总统出巡的排场和仪式让他难以忘怀。"当一位美国总统离开华盛顿，哪怕只做一个短期旅行，很多特殊行动和人员也会被发动起来。但当他在战争时期到国外旅行，那就是一场浩大的工程了，"后来他在回忆录中说，"会议期间，白宫从某种意义上说必须要搬到波茨坦。"然而新任武装部队总司令似乎对这趟旅行并不感到焦急，他在临行前写给自己的母亲和妹妹的一封信中透露说："我准备好去见斯大林和丘吉尔了，那是个苦差事……我还提着一个行李箱，里面装满了关于以前会议的重要情报，还有对于我该怎么说怎么做的建议。我真希望不用去，但我必须去，如箭在弦。"

军舰离开美国海岸线时，爱好扑克的杜鲁门知道自己抓了一手好牌。最重要的牌是美国参议院将以绝对多数投票支持联合国宪章。杜鲁门还知道，尽管有些重要参议员偶尔会有激烈辩论和一些严重保留，但是布雷顿森林协议已经以较大优势获得通过。7 月 19 日，参议院确实以 61 比 19 的表决结果为布雷顿森林协议亮了绿灯，而联合国宪章几乎在同时以 89 比 2 的票数过关（两次投票都有很多议员弃权）。因此，杜鲁门到波茨坦时，有着伍德罗·威尔逊在巴黎从未有过的优势：参议院公开宣布支持他的政策。

1941 年，罗斯福和丘吉尔曾在排水量 1 万吨级的奥古斯塔号巡洋舰上讨论《大西洋宪章》，诺曼底登陆行动期间，奥巴尔·布雷德利也曾在这艘军舰上指挥作战，杜鲁门乘坐它去波茨坦时，锚位与罗斯福出发去雅尔塔时一模一样。在杜鲁门的要求下，船员没有大张旗鼓进行欢迎，新总统随随便便就上了船。奥古斯塔号在正常的和平环境下穿越北大西洋，用了 8 天时间抵达欧洲。杜鲁门在船上与伯恩斯、莱希和其他心腹顾问密集开会，夜里就和这些顾问们打牌，或者与船员们一起看电影。他享受着这趟旅行，这是自第一次世界大战结束后首次去欧洲，就连船上的日常生活也让他感到很有意思，包括疏散演习和吃饭时与大家一样排队。一同登上奥古斯塔号的人们注意到他的真诚，还有他与水手们谈话的能力。然而，与约瑟夫·斯大林和温斯顿·丘吉尔那样的世界级领袖开会时，那种个人接触会如何转变，人们还不得而知。

政策会议要求杜鲁门熟知有关各种议题的堆积如山的文件，在很多问题上，美国还没有确定最终立场。如果美国不能比 1919 年的威尔逊创造出更好的和平条件，杜鲁门的顾问们为他描绘出未来严酷的欧洲。美国人在 1919 年受到布尔什维克主义的惊吓，而在 1945 年，它同样使美国人感到不安，尽管美国人和苏联人在当前这场战争中是亲密盟友。杜鲁门仍旧保持乐观。"我不怕俄国人，"他在日记里写道，"他们一直是我们的朋友，他们为什么不一直和我们做朋友？我找不到任何理由。"毕竟他去欧洲跟德国算总账，又不是和俄罗斯了断。一项调查表明，每四个美国人里几乎有三个都希望未来与俄罗斯保持合作。

杜鲁门的顾问们并非都是这样乐观。杜鲁门在奥古斯塔号上听到一个简报预言说，如果美国不采取决定性行动，法国、德国、意大利和全部斯堪的纳维亚国家都可以变成共产主义。杜鲁门本人则从哲学和历史中寻找原因，把欧洲在 1945 年面对的问题归结于其狂暴和救赎的过去："自朱利斯·恺撒（Julius Caesar）以来，举几个例子来说，查理曼大帝、黎塞留、查理五世、弗兰西斯一世、法王亨利四世、腓特烈一世，还有伍德罗·威尔逊和富兰克林·罗斯福等人，他们都有很多提醒者，却依旧解决不了这些问题……在过去 2,000 年时间里，欧洲频频濒临死亡，每次却都能恢复过来，不管比以前是好是坏，都能满足人们的遐想。"这种教科书式的欧洲历史观使杜鲁门倾向于从长历史的角度来看待 1945

年的问题，他夸耀自己把密苏里老家独立城图书馆里的书都读遍了，其历史观就是来自于此。杜鲁门希望自己的战后目标不能就事论事，而要像威尔逊那样，以重要原则为基础。然而杜鲁门与威尔逊不一样，他计划运用能把这种目标变为现实的美国力量因素。他日记中透露说，希望给欧洲带来 90 年的和平。

伯恩斯回忆这次跨越大西洋之旅中，充满着对于美国会议目标的紧张研究和思考，他相信这次会议代表着"通向漫长的和平之路的第一步"。他记得为了确定美国在会议上的优先目标，一直在深入研究各种文件和听取简报。伯恩斯在 1919 年参加过失败的巴黎和会，他希望波茨坦会议不是一个历史进程的终结，而会成为以慎重深思的方式解决欧亚问题的系列会议的开端。他肯定清楚记得，巴黎和会匆忙做出的有关苏台德、中国和中东等地区的明显不合理的决定，后来如何招致灾难性结果。如今他必须与一位对现在的危机细节基本上一无所知的总统合作，避免让那些错误重演。

在奥古斯塔号上，伯恩斯让杜鲁门主要关注三大问题。首先，伯恩斯和其他人预计德国会变成三国或四国共同占领，这取决于法国的未来地位，对此同盟国应该将他们的政策确定下来。其次，对于如何解释和执行雅尔塔会议上达成的协议，他希望三巨头要做出决断。第三，对于棘手的德国战争赔偿问题，他希望能达成协议，这个问题曾让参加巴黎和会的代表们陷于分裂，并为 20 世纪 30 年代的经济危机埋下伏笔。这一次，赔偿问题又可能成为不稳定因素。

杜鲁门自己确定的波茨坦会议目标也不长。他最重视的是确保让俄国人尽快参与对日作战，达到这一目的就得满足为参战开出的价钱。俄国人在雅尔塔会议上同意将对日作战行动确定为入侵满洲，他们回想起第一次世界大战后协约国军队曾在俄罗斯北部登陆，因此坚决拒绝美国提出的使用苏联领土上的空军基地或其他支援设施的要求。美曾提出在俄罗斯的太平洋沿岸建立两个气象站的常规要求，尽管他们曾与美国分享其气象数据，但对此却予以拒绝。他们还提高了价码：为了回报对日作战，他们要求获得更多租借法案援助，并暗示要在东亚得到更多领土。杜鲁门想确保让苏联遵守承诺——或者在提条件时有所节制。

这位总统也想让苏联坚定参与联合国的意愿，他在旧金山会议前与莫洛托夫进行了不愉快的会谈之后更是如此。杜鲁门知道，如果没有苏联参加，这个新组织没有一丝成功机会。如果能就以上这两点达成协议，他觉得就能让太平洋战争更早结束，并实现威尔逊和罗斯福的伟大梦想，建立一个能够和平解决国际争端的有效的国际组织。杜鲁门去波茨坦时，确信两个目标都能实现，因为他相信苏联既想得到美国的友谊，又需要美国的援助。因此，俄国人有做交易的意愿。

奥古斯塔号在莱姆湾（Lyme Bay）获得一支英国驱逐舰队护航后，于 7 月 14 日绕过多佛（Dover）的白色悬崖，第二天早上抵达安特卫浦（Antwerp），在那里，德国 V-2 火箭造成的破坏清晰可见。人们聚集过来，挥舞着旗帜，为美国总统到来而欢呼，但与威尔逊在第一次世界大战结束后乘坐乔治·华盛顿号到达法国时受到的狂热欢迎相比，场面冷清了许多。或许欧洲人不知道要从这位新总统处得到什么，或许他们对未来更加悲观和焦虑了。很多欧洲人感到，1945 年夏季的形势比 1919 年时更糟：战争的破坏更为严重；欧洲人被 1919 年那场失败的和平会议搞得疲惫不堪；数百万欧洲人几乎把威尔逊和罗斯福视为救世主，杜鲁门缺乏这样的期待。未来也处于疑问之中，一些欧洲人在 1919 年的时候，曾希望恢复 1914 年时的条件，而在 1945 年，没有人想把时钟拨回到

1939 年、1933 年甚或 1919 年。正如英国知识分子艾伦·布洛克（Alan Bullock）所说，"欧洲或许又一次站立起来，但是，从 1789 年法国革命到 1938 年希特勒发动战争之间的欧洲旧时岁月永远消逝了。"苏联、美国和英国领导人必须从废墟中营造出一个新世界。

1945 年 7 月 22 日，杜鲁门总统在柏林会见随军牧师 L. 柯提斯·蒂尔南（L. Curtis Tiernan）。第一次世界大战期间，他们两人曾经一同在第 35 步兵师服役。（美国陆军传承与教育中心，哈里·杜鲁门照片集）

杜鲁门和官方代表团乘坐 40 辆车，浩浩荡荡从安特卫浦开向布鲁塞尔，负责安全防卫的是杜鲁门在第一次世界大战时服役的部队，即第 35 步兵师。他从布鲁塞尔乘坐总统专机"圣牛号"（Sacred Cow），首次目睹到一片废墟的德国。沃尔特·布朗是搭乘5架专机的代表团成员之一，他回忆当时看到整个城镇没有一栋挺立着的建筑。飞机在柏林降落后，他们驱车前往巴伯尔斯伯格，美国代表团在会议期间就住在那里。在德国境内的旅程中，除了纪律严明的盟军仪仗队，没有欢迎群众。俄罗斯代表团的住处大约在1英里之外，靠近波茨坦中心。

杜鲁门的住处很快被称为"小白宫"，那是位于巴伯尔斯伯格恺撒大道（Kaiser Strasse）上的一栋三层小楼，后来那条路被改名为卡尔·马克思大道（Karl Marx Strasse）。那栋房子与舒适的美国中产阶级住所几乎一模一样，伯恩斯、莱希、波伦和少数心腹顾问也搬了进来。其余美国代表分散于附近的25栋别墅。尽管要在远离本国的波茨坦处理要事，美国政府的日常事务还得继续，从北卡罗莱那州和蒙大拿州医院的联邦资金问题，到提名参议员出访秘鲁，以及为阿肯色州国内税务局选择下一任收税员，杜鲁门都要做出决策。对于长期拖延的白宫室内油漆出新问题，杜鲁门还批准了中标的低价（36,000美元）。

起初美国人计划只带一个24人的小型代表团，其中还包括7名特勤局人员和一些个人幕僚。不过外交官、地区专家和新闻秘书都找到了参加的理由，结果也带来更多工作人员。记者也有理由去波茨坦，尽管政府没有为他们做出安排，俄罗斯也不放他们待在波茨坦或巴伯尔斯伯格，因为这次会议显然是当时欧洲最重大的事件。

雅尔塔会议和德黑兰会议是秘密召开的，关注的既有和平问题，也有军事战略，波茨坦会议不同，研究的议题几乎都是关于战后世界的。其结果是军事顾问们只参加了部分会议，提供的建言主要也局限于军事问题。因此，海军作战部长欧尼斯特·金、德怀特·艾森豪威尔将军和其他军方大佬只在波茨坦短暂露过面，而且主要是来向新总统致敬的。艾森豪威尔曾到安特卫甫会见杜鲁门，后来也在波茨坦与代表团进行非正式会面，他告诉杜鲁门说，他觉得让俄罗斯参加对日战争的意义已经不是很大。他认为，即使生产不出原子弹，太平洋战争很快也会结束，因此俄罗斯的帮助已无必要。莱希、金和美国驻苏联武官约翰·迪恩（John Deane）对此都表示同意。他们指出，在严密的海上封锁、毁灭性的空中轰炸和本土岛屿面临入侵威胁的共同作用下，日本军队很快就要崩溃；因此，美国不再需要俄罗斯了。然而，艾森豪威尔也警告杜鲁门说，"地球上没有力量"能阻止苏联染指中国，哪怕展示出原子武器的威力也没有用。杜鲁门认真倾听，并意外地告诉艾森豪威尔说，将为他提供一切支持，包括支持他在 1948 年竞选总统。

另一些访客事前没有取得白宫的许可，就来到了波茨坦。几个罗斯福政府的老资格跑过来表示，他们担心杜鲁门和伯恩斯没有他们的经验和知识，难以处理好这次会议。这些人包括海军部长詹姆斯·福莱斯特、陆军部长亨利·史汀生和美国驻苏联大使阿福瑞尔·哈里曼，这些人不请自来，想到波茨坦施以援手。他们大大咧咧地把级别较低的官员从分配好的宿舍中挤走，为了能与杜鲁门说上话各显神通，让会议的礼仪官员大为头痛。这三人在对苏政策上都是强硬派，并且都是杜鲁门不信任的常春藤联盟成员。尽管他没有命令这几个人回家，不过却没有让他们控制自己的顾问组。

悲观和偏执的情绪深刻影响着俄罗斯阵营对波茨坦会议的态度，最显著的就体现在安全问题上，不过斯大林还是急于会见盟友。斯大林的秘密警察头目、让人闻风丧胆的拉夫连季·贝利亚（Lavrenti Beria）直到最后一刻还想劝说斯大林乘飞机去波茨坦，称飞过去的话，保卫工作比坐火车更容易安排。斯大林坚决不肯让步，俄罗斯安全机构为了替这位有着幻想症的独裁者安排好将近 1,100 英里的陆上旅程，遇到无尽的麻烦。斯大林和俄罗斯最高统帅部的其他成员不仅担心德国散兵会在后方伏击，还怕乌克兰和鞑靼游击队生事——斯大林曾在 20 世纪 30 年代和 40 年代极其残酷地迫害过这两个民族，因此这样的担心不是没有理由的。

杜鲁门总统和美国国务卿詹姆斯·伯恩斯会见德怀特·艾森豪威尔将军。（美国陆军传承与教育中心，哈里·杜鲁门照片集）

贝利亚拼命处理安全细节问题，但斯大林却不停地向他发问，从火车走的具体路线，到专用车厢的装甲厚度，以及火车上随行人员的背景等，这位苏联领袖都想亲自了解。为了缓解斯大林的不安，贝利亚做出有史以来最为复杂和不计成本的保安措施。斯大林的专列将由 5 辆装甲列车作先导，后面又跟着 3 辆；这 8 辆装甲列车上都配备有机动警卫小组，能够用重武器反击任何危机。在到雅尔塔之前，斯大林的贴身保镖达到 620 人，而在到波茨坦之前，保镖数还要增加，因为此时要离开苏联领土了。17,000 多名 NKVD（共产党的人民内务部）部队和 1,500 名宪兵在沿途巡逻，常规红军部队在火车站和途经的城镇警戒。在俄罗斯境内段，每一公里就安排了 6 名武装警卫；在波兰，这一数字增加到 10 人，等到斯大林的专列进入德国之后，又增加到 15 人。陪同他来到波茨坦的是一个大型代表团，其中有将近 2,000 名士兵在他下榻的别墅周围驻防，他还带来两个面包房，配有俄罗斯厨师和侍者，另外还有 7 个团的 NKVD 兵力负责额外的安全任务。贝利亚派军队把当地的家禽养殖场和菜摊全部占领，不让德国人插手任何供应给斯大林和俄罗斯领导层的食物。如果斯大林想到别墅周围的树林里走一走，一整排装备着机关枪的士兵会陪伴在左右，NKVD 特工和红军狙击手还会在附近候命。

大多数西方人对俄国人的安全需求都感到惊讶，认为既不合理也无必要。"到处都是俄罗斯军人，"丘吉尔的医生兼朋友莫兰勋爵回忆说，"挤在路上、躲在树丛后、跪在玉米地里。"参加过很多高层会议的总统助手乔治·M.埃尔西形容这种安全保卫"比我见过的任何安排都要严密，以后我也不会见到这样的事情"。当驻德美国占领军司令卢修斯·克莱将军在会议召开前一个星期来波茨坦讨论保安措施时，俄国人只允许他察看美国和英国代表团将要居住的部分地区。任何接近俄罗斯代表团居住区的地方，都不让他去。俄国人还警告克莱说，他的手下不得走任何小路，不得使用任何没有明确分配给美国和英国使用的道路。

斯大林想要的不只是安全；他想以征服者的姿态去波茨坦。他的专列由四节豪华车厢组成，曾经由沙皇尼古拉斯二世使用，为了这一场合专门从博物馆中调出来；这种象征主义可能让那些西方分析家们感到满足，他们会觉得斯大林的行为反映的更是旧式的俄罗斯贵族风格，而非一个全球革命者。斯大林确实不想以年轻时的布尔什维克暴动者的形象来到德国，他想以能够随心所欲的强国领袖面貌出现在国际舞台上。在雅尔塔，斯大林用尼古拉二世以前的夏宫里瓦儿亚宫（Livadia Palace）款待罗斯福，那是一座华丽优美的建筑，马克·吐温（Mark Twain）曾在 1867 年的游记《傻子出国记》（*Innocents Abroad*）中大加赞扬。然而在波茨坦，俄国人占据了最好的建筑，斯大林的住处是一座拥有 15 间房的别墅，曾经由第一次世界大战时的德国名将埃里希·鲁登道夫（Erich Ludendorff）所有。

斯大林抵达一天后，他的医生称他有一次轻微的心脏病发作。在整个会议期间，他都遵照医生的嘱咐减少饮酒，往伏特加酒杯里注水，用餐时慢慢啜饮葡萄酒。在波茨坦，没有人怀疑斯大林是在使诈，然而他们要是认识到美国人和英国人在苏联领导人抵达前的空闲日子在已成废墟的柏林做了一场奇异的旅游，可能会多深入思考一些。

第六章

柏林街道，有一种死亡的味道

　　实际上，同盟国无法完全确证与他们一同工作的德国人在战争期间的所作所为。与欧洲其他很多国家一样，德国面临将战争犯与其受害者分隔开来的可怕问题。对于打交道的人无法完全了解，因此很多德国体制之外的人心存疑虑是可以理解的。

如果斯大林的确有意迟到一天，以便让英国和美国代表团亲眼看看柏林被战火毁坏的样子，那么他的计划起作用了。尽管斯大林可能不知道，不过伍德罗·威尔逊曾经在 1919 年激怒法国人和英国人，因为他不顾外交礼仪，不肯在巴黎以外花上一点时间去看看。他告诉东道主，他不想为了让心肠对德国人变得强硬而视察战场。与之相比，哈里·杜鲁门、温斯顿·丘吉尔、克莱蒙特·艾德礼和其他数十名有影响力的代表在 1945 年组成奇异的旅游团，在会议开幕前一天的 7 月 16 日经历了一次最不同一般的观光旅行。看到德国——尤其是柏林——成为瓦砾堆，能够巩固他们既有的一些观念。但是，看到战争对欧洲造成的破坏之后，也会让 1945 年时的领袖们提出战争破坏的终极责任应该由谁负担的新问题。德国政府打着人民的名义制造的损害，应该由他们看到的德国民众偿付多少？ 1919 年时的威尔逊和外交家们对于这种问题也非常熟悉。

无论在当时还是后来，波茨坦会议开幕前游览柏林的代表们基本上都没有对俄国人暂时许可的行动自由进行评价。尽管没有直接证据支持这一推测，不过确实有间接证据表明，俄国人想让英国和美国代表不受限制地参观柏林。俄国人也没有为了自己的利益而试图引导西方代表去一些反乌托邦、反波特金的村庄。代表们想去哪里就能去哪里，而在大多数地方，他们看到的都是同一幅幽灵般的景象。不管斯大林在波茨坦迟到是有意还是无意，西方代表们都获得一天空闲时间，能够亲身体会战争的影响。他们已经准备好了简报，在别墅中安顿下来，却发现 7 月 16 日无事可干，于是决定驱车到附近的柏林，亲眼看看一度令人敬畏的纳粹帝国首都。

在这趟非同一般的观光之旅中，他们所见所闻所嗅的东西基本上都无法事先做准备。只有在这一天，代表们才对苏联无孔不入的安全特性没有提出抱怨。路障和检查站被撤除，对此他们没有发现有什么奇怪之处，虽然正常情况下俄国人会坚持保留，不过，那一整天还是不一般的。他们到德国后注意到俄国人无远弗届的安全措施，不过在 7 月 16 日那天，他们发现俄国人特别有礼貌，不厌其烦地提供帮助，而且身上穿的是挂满勋章的崭新制服。这一天，也只有这一天，俄国军人没有对他们的行动进行限制。相反，他们竭尽全力从废墟中为代表们清理出道路，好让他们走路更方便。唯一感到不满的是美国驻苏联的军事联络官约翰·迪恩将军，他与阿福瑞尔·哈里曼大使一道游览了遭受毁灭性打击的柏林。迪恩写道，他必须不停地向俄国军人回礼，那些人敬礼的动作"干脆利落"，他每次都觉得不回礼就不礼貌，"我嫉妒哈里曼穿着便装，"迪恩回忆说。

理论上，参加波茨坦会议的代表们对于在柏林地区或者德国看到的景象不应感到惊讶。大联盟的军政领袖们几乎每天都能看到有关战争破坏的报告。例如，他们知道对于汉堡和德累斯顿的首次轰炸，燃烧弹毁灭了那两个城市，它们引发的大火估计夺走了 7 万平民的生命。很多代表不仅知道这些行动，还批准了它们，或者接到过关于它们的机密简报。策划这些行动并确保造成此种破坏，本是他们的任务。

他们至少在大体上也知道，其政策导致的一个人道后果就是无数难民拥挤到欧洲各地的道路上。他们也知道，欧洲基础设施受到的巨大破坏主要是英美联合轰炸行动造成的，受到打击的不仅是德国，还有法国、意大利和比荷卢经济联盟，这样的空袭意在摧毁德军在战争期间所依赖的后勤网络。代表们肯定也明白，欧洲经济在未来的岁月中需要让那些运输网络恢复功能，以便养活自己的民众。因此，获取胜利与依赖的那些手段使重建进程变得复杂了。当他们在波茨坦会面时，同盟国领袖们得到了有关灭绝营的全面报告，因此了解到纳粹实施的大规模屠杀。那种情报如今在全世界已经广为人知，首部关于灭绝营的新闻影片已于 5 月在英国和美国上映。

因此，欧洲遭受的大范围破坏对他们来说一点也不出乎意料。不过大多数人都是在安全的司令部里了解破坏情况的，离实际战场很远，所以德国受到的打击对他们大多数人来说是遥远的事。亲眼看到柏林，给他们提供了极为不同且更为直接的感受，让他们了解到如今必须要进行修复的残破世界。正如他们很快认识到的，重建的挑战可能比战争本身的挑战更为严峻，考虑到对于战后世界还未形成共识，情况更是如此。他们的工作是创造出这种共识，并为其转变成现实打下基础，只有这样才能为欧洲未来的和平提供一个机会。

即使对陆军元帅阿兰·布鲁克和卢修斯·克莱将军这样的资深军人来说，德国遭受的打击也比他们所曾见过的更严重。他们也见识过第一次世界大战的景象，但是 1945 年的毁灭状况与以前相比是完全不同的。

尽管欧洲在1914—1918年遭到的打击在当时是史无前例的，但极为荒谬的是，那场战争的发生对其破坏力构成限制，至少在西欧是这样。西线的僵持对峙有一个优点，即平民区受到的打击在法国集中于一小段地区，在比利时范围较大，在奥匈帝国和意大利的战线中间也有部分地区遭受破坏。西欧大部分地区在1918年相对未受损伤，至少在物理上是这样。

此外，1914—1918年间的破坏大多数发生在乡村和小城镇，巴黎、柏林和伦敦，以及汉堡、伯明翰和卢昂等较小城市基本上都没有受到直接打击。尽管交战双方都使用了战略轰炸，而且其新颖性使当时的人们深受震撼，不过造成1938年到1945年间那种毁灭效果的空战技术和战术还未问世。因此，1914—1918年间的破坏从来没有对欧洲大城市中的无数民众的生活条件构成直接威胁。第一次世界大战期间，英国大约有550人死于战略轰炸，这个数字可能预示了未来世界的严峻性，但在战略或工业上几乎都没有产生影响，没有达到策划者们所希望的效果。

与之相比，第二次世界大战情况多变，技术也有极大发展，再加上针对平民的更加残暴的意识形态，致使欧洲基础设施受到的打击超出第一次世界大战时期。在第二次世界大战期间，英国有6万平民死于德国的战略轰炸。而英美联合空袭杀掉的平民可能达到50万，其中包括被掳到德国工厂工作的强迫劳工。战争造成的破坏极为广泛，几乎欧洲每个角落都有一个火车站、桥梁甚至路口成为潜在目标。柏林75%的建筑到战争结束时已无法居住，很多破坏源于绰号"轰炸机"的英国空军元帅亚瑟·哈里斯（Arthur "Bomber" Harris）有意策划的"毁家拆屋"（dehousing）空袭战略。在战争早期阶段，想以适当程度的精确性轰炸工厂那样的大目标也存在困难，于是哈里斯决定将工人居住区作为目标，其理由是如果工人们没有地方生活，就无法从事生产。一些德国城市遭受了多次空袭，比德国在第一次世界大战期间遇到的空袭总和还要多。例如，英国和美国空军对科隆实施的轰炸达到 262 次。

当然，盟军的空袭行动并非只限于德国和奥地利。法国也有 50 多万栋建筑及无数铁路、桥梁和隧道被战火摧毁。虽然丘吉尔和其他人对于轰炸同盟国实际上努力想解放的国家感到不安，不过还是有 6.7 万法国人死于盟军的空袭。罗马尼亚和意大利也受到大范围空袭，而且随着战争的进行，空袭的力度和破坏力越来越大。即使事实证明美国愿意在未来向欧洲投资，这块大陆的部分地区也需要数年或许数十年时间，才能恢复正常的农业或工业生产水平；而在很多欧洲人和美国人看来，美国援助确实还是一个大大的问号。杜鲁门本人曾在波茨坦说过，他"除了对忍饥挨饿的人进行帮助，再也做不了什么，即便如此，我希望我们只帮助那些自助者"。马歇尔计划还是以后的事。

外人看到 1945 年的欧洲，产生的反应是厌恶。美国记者玛莎·盖尔霍恩乘坐一架 C-47 运输机离开雷根斯堡（Regensburg）时，在德国上空第一次亲眼看到战争惨象。同机乘客大都是老兵，她注意到这些人对于"从火海中逃离出来"，离开这个满目疮痍的国家，都觉得高兴。她说，飞机上没有人想再次看到德国。其他人用布匿战争后的迦太基甚至世界末日的哈米吉多顿（Armageddon）来进行类比。集中营的恐怖在1945 年似乎更让很多人认为，欧洲可能永远无法从这个野蛮和非人类的时代恢复过来了。1945 年时也没有人敢断定，世界在不久的将来不会再遇到另一场战争。

参加波茨坦会议的代表们了解这种破坏对知识层面造成的影响，他们曾经看到描述战争损害的汇总统计、支离破碎的欧洲的照片以及前线人员的报告。但是亲眼看到这些情况后，他们不得不在情感和个人层面进行应对。詹姆斯·伯恩斯注意到，结束了奇异的柏林之旅后，"我们对路上的人流印象极深，他们大都是老人或者儿童。这些人通常都背着自己的财产，我们不知道他们要去哪里，可能他们也不知道……尽管我们都读过有关这些破坏的资料，但其程度还是让我们感到震惊。显然，总体战的痛苦落到了老人、妇女和儿童身上。"与富兰克林·罗斯福6个月前在克里米亚的旅行一样，柏林游使代表们突然清楚认识到战后时期的问题，他们在感情上对此毫无准备。

柏林已成废墟，一无所有，与波茨坦形成强烈对比。尽管波茨坦距柏林仅有15英里，但它躲过了战火的摧残，只受到极其轻微的损失。因为它主要只是一个居住区，没有真正工业或军事价值，盟军飞行员没有理由将其作为目标。此外，15英里的距离已经足以使这个小镇免遭池鱼之殃，瞄准柏林但却错过目标的炸弹飞不到这里。波茨坦和巴伯尔斯伯格的别墅和公园基本上都完好无损，好像战争与它们擦肩而过。

柏林就没有那么幸运。这座城市是盟军的头号空袭目标，也是德军与红军血腥交点发展到高潮的地方，受到战火波及，它成为不毛之地。战争的破坏是如此彻底，以至于无法用言语来形容。在这些重要人物到来之前，一位英国皇家空军飞行中尉去柏林了解情况，他提到勃兰登堡门（Brandenburg Gate）和菩提树大街（Unter den Linden）时说："这是怎样的一幅毁灭景象啊，这个地区找不到一栋完好的建筑。（没有）商店、公寓或酒店，世界闻名的阿德隆饭店（Adlon Hotel）完全是一片废墟……这些破坏如果不是亲眼见到，很难使人相信，言语不足以形容这样的毁灭。"此情此景使这位军官尤其受到冲击，因为他相信就是他的部队制造出这一结果。"导致这种空前浩劫的炸弹和燃烧弹，"他怀着一丝悲伤说道，"是从英国运来的，足足在 600 英里之外。"他的思考承认了现代军队从远比以前遥远的地方投送死亡和毁灭的力量。波茨坦会议几乎刚刚结束，全世界就将这一趋势更为鲜活的演示。但柏林此时看上去和历史上被毁灭的城市都一样。

伯恩斯的顾问沃尔特·J. 布朗除了在柏林，从来没有见识过战争，在他看来，这座城市就像"有史以来最为巨大的残破地方……我们驱车一英里一英里地穿过柏林，看到每一座建筑倒塌的景象都超越人类的想象"。曾经非常漂亮的柏林街道上，到处是坠毁的飞机和燃烧过的汽车，使这座城市有一种不祥之感。"在很多街道上，有一种死亡的味道，"一位英国飞行员回忆说，"露天的下水道和死水的气味是一种必要的提醒，它们让人意识到，柏林已经'有过'。"一位英国代表团中的工作人员给家中的母亲写信说："一切都让人沮丧……在伦敦，从来没有见过这样的末日景象。很难让人相信……人们住在地下室里，除此之外什么也没有。街道无法辨认，残垣断瓦堆积如山，零零星星能看到一些破旧的铁烟囱冒着烟，这说明某个人在废墟下面弄出某种家。我们见到的人都阴郁沉默，他们似乎没有从这种悲剧性的废墟堆上重建德国的希望。"一位孩童时代曾在柏林居住的英国军人想在瓦砾遍布的城市中寻找他们家以前住过的公寓楼，发现整个街区已被完全毁掉，成了彻头彻尾的屠宰场。

来到波茨坦的高级领导人看到的东西和他们的工作人员差不多。"哈巴狗"莱昂内尔·伊斯梅将军发现，他的柏林之旅是一次"压抑的经历"。他发现"极少有房屋还能住人，能闻到一股死尸和腐败的味道，让人疑惑废墟里还埋着多少尸体"。陆军元帅布鲁克在日记中两次使用"彻底的混乱"来形容柏林。他写道，"（在柏林）看到的越多，就越会认识到它受到的破坏是多么彻底。"像布鲁克这样头发已经花白的 20 世纪老兵看到这一切之后，还是禁不住感到惊惧。当他在这座城市里徜徉时，一位俄国列兵走过来，递给他一枚从帝国总理府中找到的德国勋章。布鲁克回想起漫长的战争中发生的死亡和毁灭，当晚这样写道："如果一年前有人告诉我说，这种事会发生在我身上，我不会相信。实际上，那一整个下午就像一场梦，我发现难以相信的是经过这么多年的斗争后，我正坐车游览柏林！"

波茨坦会议期间柏林市中心的废墟。阿德隆饭店的遗迹位于勃兰登堡门右侧［美国陆军传承与教育中心，查尔斯·H. 唐纳力（Charles H. Donnelly）照片集］

1945 年 7 月 16 日，杜鲁门总统、美国国务卿詹姆斯·伯恩斯和海军上将威廉·莱希，驱车经过攻占下来的柏林。（美国陆军传承与教育中心，哈里·杜鲁门照片集）

　　杜鲁门总统也乘坐一辆刷着大大的白色五角星的敞篷车参观了柏林，莱希和伯恩斯一路随行。美国第 2 装甲师的全部 1,100 多台车辆排列在路旁，从波茨坦一直延伸到德国首都，此举既是为了安全，也有用美国的力量震慑柏林人之意。柏林军事区的美军司令陪同这三位要人和少数将军去了蒂尔加腾公园、菩提树大街和威廉大街（Wilhelmstrasse），传统上说，威廉大街是德国外交部及其他政府部门所在地。"不久前还是举世闻名的地方，"一份官方报告提到，"但如今只是成堆的瓦砾和废墟。"总统在他的私人日记中说，他这一辈子从来没有见过这样的毁灭场面。一眼望不到边的难民给他的印象最深，他回忆起"老人、妇女和儿童的人流绵延不绝，他们背着、推着或拖着仅存的财物，沿着超级公路和乡村道路漫无目的地游荡。在那两个小时的参观中，我见证了一场世界大悲剧，美国躲过了这场战争导致的难以置信的破坏，对此我深感庆幸"。需要如此表达感激之情是毫不奇怪的，估计有 2,500 万德国人在 1945 年无家可归（这个数字比杜鲁门家乡密苏里州 1940 年人口的 7 倍还多），这个国家几乎需要所有的基础设施。

美国外交官约瑟夫·戴维斯没有与杜鲁门、莱希和伯恩斯一起参观柏林，他大胆进入居民区及中央政府区。戴维斯几乎在每条街道上都看到有烧毁的车辆，他乘坐的汽车一路走过"大多数柏林著名的街道，整个行程中在路两边没有看到一座还能居住的建筑"。一位陪同他的美国将军解释说，他闻到的恶臭可能来自"埋在废墟里的死尸……它们还没有被移走"。惨遭毁灭的柏林让戴维斯感到失望，他写道，"这座曾经美丽非凡的城市被现代战争彻底毁灭，我在这里见到的一切所造成的恐怖印象，是无与伦比的。"

帝国总理府大楼对大多数参观者来说吸引力最大，它的下面有一座堡垒，希特勒在那里度过最后的日子。如今这栋建筑在地面上只是瓦砾堆，里面藏有成堆的勋章、文件和其他物品，很快成了欧洲最奇异的纪念品商店。几乎每个人都从那里拿了一些东西，或者付钱给俄罗斯哨兵，请他们陪着穿过废墟，进入留存下来的堡垒的房间和走廊。一位英国代表拿走了印有希特勒名字和总理府地址的信纸，哈里·霍普金斯在希特勒的图书馆里得到一些书籍，另一位美国高级官员搞到一把属于希特勒的情妇爱娃·布劳恩（Eva Braun）的椅子。约瑟夫·戴维斯拿了一些混凝土块，还有俄国哨兵送给他的一盒勋章；那天晚上他写道，俄国人"为朋友能付出一切，就像他们对自己所认为的敌人丝毫不留情面一样"。哈里·杜鲁门的保镖捡到一本《我的奋斗》（*Mein Kampf*）。还有参观者获得铁十字勋章，它们还在原装的盒子里，永远没有如希特勒所愿颁发给柏林的守卫者。钢笔、打字机、烟灰缸、墨水瓶、书籍、镇纸甚至家具等带有纳粹万字符或其他该政权标志的物品，都落入英国、美国和俄罗斯官员手中。伊斯梅说，一大堆勋章在其他环境下本应"为勇者带来荣耀"，而在这个特别时刻，"成了彻底堕落的象征"。对于那些错过这次旅游的人来说，这些物品很快出现在遍布柏林各地的黑市上，价格很是合理。

这种一辈子只有一次的机会使代表们能在战争结束后看一下柏林，几乎没有人会拒绝这个亲眼见识的机会。不过一些代表很快后悔，觉得应该待在波茨坦。丘吉尔的医生莫兰勋爵无法将这座城市的气味从脑子里赶走；此后数小时他一直感到恶心。"就像我头一次看到医生切开一具尸体的腹部，肠子一下子涌出来一样。"他后来回忆说。伊斯梅将军见过太多的毁灭与鲜血，他回忆说，"我后悔去参观，回到巴伯尔斯伯格后，我做的第一件事就是泡热水澡，还在水里加了大量消毒剂；第二件事是疯狂喝酒，好把嘴里的味道驱走。"

少数英美军官带着职业的骄傲看待德国的战败。一位英国中校怀着胜利的心情说，"很多'优等民族'在路上拖拉着车子"，他们的社会地位在短时间内发生了天翻地覆的变化。他还注意到，尽管德国人在即将到来的冬天会面临食物和煤炭短缺，不过"他们的痛苦还要忍受很多年，这种痛苦曾经由他们的领袖带给很多国家"。布鲁克结束了那天的旅行后，在日记中说，"整个战争期间，德国人加诸其他民族的悲惨境遇，他们自己也全部尝到了，而且还附带着 100% 的利息"。

这座城市似乎永远也找不到恢复的途径。海军上将莱希随杜鲁门乘车参观时评论说，"这座曾经美丽的城市、一个骄傲民族的首都，如今被毁坏到不可修复，"他并没有夸张之意。他和其他大多数人确实都认为，这座城市不仅缺乏建筑和基础设施，还失去了最为关键的因素，即希望。从废墟中建设一个新城市是必要的，但同时也是不可能的。当然，对于欧洲各地的数十座重要城市来说，也都有这样的问题。柏林在很多人看来是欧洲一切受到破坏的城市代表，亲眼见到这座城市，会使代表们牢记摆在面前的艰巨任务。

不过大多数观察家依然认为，物理性破坏难以与心理上所受的打击相提并论。德国和欧洲都需要找到以某种途径清理废墟并建设新城市的方法，但是看到那么多难民，还有那么多无处可去无事可干的人，才是更让人感到恐惧的问题。正如一位英国人观察到的，柏林曾经是繁荣兴盛的国际大都市，现在看上去却像一个巨型难民营。"男人、女人和儿童背着包、拖拉着装有仅存的一点点财物的简陋小车，从一个地方流浪到另一个地方。"

杜鲁门也注意到难民的可怜境遇。很多难民来自东普鲁士、波兰和波罗的海国家，虽然他对此可能并不知情。伍德罗·威尔逊在1919年使用民族自决政策处理东欧的种族问题，俄国人与之不同，使用赤裸裸的暴力手段来解决。随着红军向西推进，他们强迫数百万土著德意志人从拉脱维亚、立陶宛、爱沙尼亚、乌克兰、捷克斯洛伐克、罗马尼亚、波兰和其他地方搬走。红军没有对世代居住在东方的德意志人和战争开始后纳粹政权迁移过来的人劳神辨别，认为所有的德意志人都有可能成为第五纵队，因此是一大威胁，不能留下来。此后所有的德意志人无论持何种政治观点或个人倾向，都要居住于依然有待三巨头确定其边界的新德国。

　　帝国总理府内部。这座建筑曾是希特勒的柏林总部，不过在1945年7月，它成为欧洲最不寻常的纪念品商店。（美国陆军传承与教育中心，查尔斯·H.唐纳力照片集）

美国官员经过威廉街的废墟，走向菩提树大街。（美国陆军传承与教育中心，查尔斯·唐纳力照片集）

　　难民数字依然存在争议，不过同时也是令人震惊的。到1945年1月，估计有350万土著德意志人从东方的家园逃走，除了随身拿走的东西和最多允许携带的500马克现金，其余一无所有。难民们不得携带任何外国货币，因此他们的银行账户变得一钱不值。在路上，俄罗斯军人频频把他们想要携带的金钱、珠宝和其他财产抢走。红军士兵强奸妇女和年轻女孩，还经常射杀想反抗或试图进行理论的德意志男人。乔治·凯南写道，这一过程的结果类似一场大规模强迫移民，自从成吉思汗的"亚洲游牧部落入侵以后，还没有出现这种事件"。凯南说，人类在其他地方以这种规模被迫迁移是一场灾难，"现代欧洲从未有过如此经历"。

实际上，凯南肯定已经知道，这种迁移的确出现过，只是规模比较小。第一次世界大战及随后于 1919—1922 年发生的希腊—土耳其战争结束后，希腊和土耳其同意进行人口大交换。根据 1923 年签订的《洛桑和约》（*Treaty of Lausanne*），150 万希腊裔民众被迫离开土耳其，50 万穆斯林也不得不从希腊迁走。尽管强迫遣返并非完全遵从威尔逊的自决思想，不过至少在西方看来，它确实为两个基本上为单一民族的国家带来了期待中的结果。

西方领袖们经常把希腊和土耳其的遣返视为后 1945 年时代的积极范例，而非我们今天可能所称的种族清洗。富兰克林·罗斯福曾在 1943 年谈及希腊—土耳其民族迁移运动，称其是一个"严峻的历程"，（但却是）在两个争议民族间"……维持和平的唯一手段"，也是避免 1919 年错误的方式。丘吉尔也赞扬强迫人口迁移思想，他在 1944 年 12 月告诉议会说，将德意志人从东方赶走，将为 1919 年的问题提供一个"最令人满意和持久"的解决方案。《凡尔赛和约》在德国边界之外留下 200 万德意志人，制造出苏台德、但泽、梅默尔和其他很多的多民族地区问题。在战争期间，德国依照纳粹意识形态，使用屠杀、流放和饥饿等手段清理出生存空间（Lebensraum），迁入数百万德意志人。为了解决这种民族问题，西方领袖在 1945 年显示出容忍大规模强迫驱逐的意愿。他们曾经支持捷克人（他们一抓住机会，就驱逐了苏台德地区的德意志人）、波兰人，当然也支持俄国人。

西方官员知道苏联在东方有意执行的驱赶土著德意志人的政策，他们没有进行反对，不过要求俄国人采取更有力的措施，保障难民的安全。到战争结束时，估计有 560 万土著德意志人被从东方赶走，还有 330 万人被迫离开捷克斯洛伐克。现代的估计是德意志难民总数为1350万。有140万人仍然没有被计算入内，尽管具体数字永远也不能确定，但他们大部分无疑是死在了路上。一个近期研究将逃向新德国途中死亡的难民数估计为225万。

成千上万的德意志族难民不知道哪里可去，于是来到柏林，导致杜鲁门等人看到的那种景象。仅在1945年上半年，就有将近150万难民来到这座城市。到波茨坦会议开幕时，柏林地区有48个难民营，不过没有证据表明与会代表们知道它们的存在，更不用说表达参观的意愿了。柏林还有100多万孤儿。一位想到柏林进行援助的美国救援人员认为，难民们"看上去像野兽"，对未来没有希望。在一位英国少校看来，在这种环境中成长起来的年轻一代的德国人未来只能靠乞讨、偷盗和借贷度日。"每一个出生在希特勒执政期间的儿童，"他悲痛地说，"都是一个迷失的儿童。他们是迷失的一代。"

美国和英国代表不知道如何解释难民问题，一些人怀疑苏联有一项国际政策，就是要赶走东方的德意志人，清理出空间让俄国人或其卫星国接管。然而，当时他们没有能够证明难民问题源自苏联直接政策的确切证据。大多数外交官明显不愿意对这个问题进行彻底思考，他们认为难民问题是战争破坏不可避免带来的结果。他们想关注长期性问题，主要依靠新成立的联合国善后救济总署（UNRRA）解决数百万难民的日常困境。

UNRRA象征解决欧洲问题的美国新方式。个别国家如果想以超国家的方式为有需要的人提供食物和药品，会面临很多困难，UNRRA作为一个国际组织，将缓解这种负担。理论上，它会减少援助过程的无效和繁琐，并表明美国将与欧洲共同协作，而非像1919年时那样，退回到自己的边界。美国人以同样的精神推动了布雷顿森林协议，他们将通过其领导的国际组织进行工作，而不是包揽一切。

西方需要一个有效的 UNRRA，因为难民在英美占领区形成一个特殊问题。绝大多数难民都急切想进入德国西部，以摆脱图谋复仇的俄国人，或者想避免以后受到苏联统治。他们大多数人在 1939 年到 1945 年肯定目睹过德国在东方实施的暴行，因此害怕俄国人会以其人之道还治其人之身。于是英国人和美国人很快发现有数百万人需要养活，而德国最肥沃的农业区又落入俄国人之手。几乎没有西方人想以武力将民众遣返到苏占区，但也没有人知道西方能否为这些人提供足以活命的食物。

德国人并非唯一的问题。到战争结束时，还有大约 780 万流离失所者待在德国。他们比东方难民更为可怜，也是更大的政治问题。他们中的大多数人是被德国人强迫送过来充当志愿劳工的；另外有很多人不久前才从灭绝营中被解救出来。他们大都无处可去，要么家园已经不复存在，要么其祖国不是很想让他们回去，比如很多犹太人就是如此。

流离失所者危机完全压倒了美国管理者。法兰克福只有 21 名救援工作者，而在该地区需要照管的流离失所者达到 4 万。美军最终将 2 万名军人从其他任务中调过来，协助进行照管。他们接受美国管理时既饥饿又愤怒，尤其感到痛苦，因为他们觉得重获自由不久，又进入了另一个集中营。随着国界发生变化，数百万难民的法律地位也出现疑问。他们很多人甚至拒绝去如今受到苏联控制的地方，最为显著的就是乌克兰人和反共产主义的波兰人。在一些显著的案例中，流离失所者面临被遣返回苏联控制的新东欧时，宁愿选择自杀。

难民和流离失所者问题不仅是为需要者提供人道主义援助的问题，UNRRA 官员担心，如果不能处理好这个问题，可能引发与 1918—1919

年的恐怖流感相匹敌的传染病。这类传染病才不管种族区别或难民营边界，1945 年的欧洲条件极为简陋，如果再爆发一场流感或其他疾病，可能会给战争死亡人数再添上数百万。因此，在决定德国的未来地位时，必须考虑的不仅有惩罚，还要有人道需求以及大国的自身利益。

正如柏林之行显示的，德国在 1945 年受到的战争打击与 1918—1919 年时不一样。这一次，德国人全面感受到毁灭、占领和他们曾加诸于其他民族身上的贫困。图林根（Thuringia）的首席部长鲁道夫·保罗（Rudolf Paul）评论说，"与 1945 年时的台风相比，1918 年 11 月 9 日的崩溃（当时他 25 岁）只是茶杯里的风暴"。仅在布列斯劳（Breslau），每天就有 400 人被饿死，他们大多数是东方难民。英国和美国报纸开始报道救济营和难民的悲惨境况，既引发读者的同情，又呼吁其领袖为解决这一问题进行更多的努力。

尽管大多数参加波茨坦会议的代表都对老幼难民表示同情，不过他们也深信德国人活该经受这些痛苦。他们还发现德国人的想法难以捉摸。杜鲁门的保镖有四位祖父辈亲人出生在德国，他认为自己了解德国文化，对见到的德国警察非常关注。他发现这些人既有礼貌又有效率，但他"从来不是很确信这些人案底清白"。实际上，同盟国无法完全确证与他们一同工作的德国人在战争期间的所作所为。与欧洲其他很多国家一样，德国面临将战争犯与其受害者分隔开来的可怕问题。对于打交道的人无法完全了解，因此很多德国体制之外的人心存疑虑是可以理解的。

代表们也知道，很多德国的受害者遭受的痛苦远超德国，波兰和苏联最为显著。美国驻苏联联络官约翰·迪恩在战争期间大多待在苏联，他了解德国的贫困和绝望，知道美国需要以某种方式进行处理，但对德国人一点也不同情。"刚在莫斯科经历过残酷的生活，"他在波茨坦会议就要开始前说道，"我想我比大多数人更能欣赏希特勒和德国人民的愚蠢，他们甘冒丢掉那时肯定为和平幸福生活的风险。"沃尔特·布朗与他相似，也在日记中说，"为什么德国人对这样的国家不满意，这是我在旅程中一直思考的问题。"他们和大多数美国人与英国人一样，处理对于德国人的怒意和怜悯难民及被战火毁掉家园者的本能倾向时存在困难。

对德国人的怒意是普遍存在的，尽管美英代表极少将愤怒发展到俄国人的水平。极少有英国人或美国人在柏林花很多时间与德国人交谈，他们考察这个城市时，宁愿与那些既厌恶他们又需要他们的人保持安全距离。会议期间严格的反亲善政策还在执行，也限制了双方的交流；一名军人因为在街上与德国人说话，被处以 65 美元的罚款，另一人只是因为冲着一个德国孩子微笑，差点也被罚款。一位确实与柏林人经常交流的美国人很快就要成为美国占领区的司令官，他就是卢修斯·克莱将军。就在波茨坦会议召开前数天，他记录下自己的意见说，德国人的态度远未达到预期。他可能想起德国人在 1918 年和 1919 年的傲慢反应，那时德国人拒绝承认失败，对自己的同胞大加指责。他誓言新占领者这一次不会容忍此种态度。

确实有迹象表明，1918—1919 年的那种态度可能会再度出现。曾经短暂接替希特勒担任总理的海军元帅卡尔·邓尼茨（Karl Dönitz）在战争结束时说："我们没有什么感到羞耻的，德国国防军在战斗中赢取的，以及德国人民在这六年中忍受的，在历史上和全世界都是无与伦比的。这是一种前所未见的英雄主义，我们军人挺立在这里，没有玷污自己的荣誉。"这些话与 1918—1919 年时的德国领袖们极度相似。尤其考虑到集中营这一现实的时候，德国人还否认其国家在 20 世纪的战争中扮演的角色，使人感到愤怒。德国人的其他蔑视迹象也让同盟国领袖们警惕起来。

德国人并非都像邓尼茨那样傲慢。德国小城哥达（Gotha）靠近奥尔德卢夫（Ohrdruf）集中营，其市长遵照艾森豪威尔的命令，于1945年4月参观了这个集中营。回到家后，这位市长及其妻子上吊自杀，艾森豪威尔由此感叹说，"或许希望终究还在。"当然，艾森豪威尔和其他人都不能确定，市长夫妇自杀是源于负罪感，或者是害怕受到惩罚，或者是其他原因。艾森豪威尔把奥尔德卢夫集中营称为他所见过的最恐怖的地方，虽然不知道市长夫妇自杀的具体原因，但依然把这一事件几乎视为德国未来的积极预兆。

很多德国人拒绝接受新的现实，更不用说采纳哥达市长的那种选择了。那些从东方被赶走的人完全希望重返故土，一些人甚至要求对他们的经济损失进行补偿。尽管有一些德国人承认了灭绝营的真实性，却还有人不愿或不能接受自己的眼睛看到的证据。盟军司令部急于阻止1919年的经历再次上演，命令德国平民到集中营参观，并要自费为获得解放的囚犯提供食物、衣服和住所。

克莱本人在战争结束后一直关注着德国人的态度迹象。尽管他在那些很快就要接受他管理的人中没有发现纳粹或共产主义地下运动的证据，不过也没看到有多少自责。他在7月5日给五角大楼发了一份题为"德国情况"的备忘录中写道，"总的来说，还没表现出对战争的负罪感或对纳粹学说及其政权的厌恶。德国人指责纳粹党输掉了（这场）战争，断言对纳粹政权的罪行一无所知，对他们自己以前采取的支持行动轻描淡写或者闭口不谈，认为都是偶然性的或者不可避免的。"这种态度使英美官员的同情心大打折扣，他们在接触德国人时，经常发现对方以凝视和沉默回应，他们从中读到德国人的傲慢。

然而看到如此之多的绝望的民众，那些参观柏林的人还是受到巨大冲击。"不亲眼看到柏林，无法让人相信，"一位英国工作人员给她丈夫写信说，"进入冬天以后，他们找不到容身之地，他们大多数人没有食物，没有燃料，没有能让生活变得好过一些的东西。"她注意到，食物的唯一主要来源是黑市，它们在已成瓦砾堆的国会大厦前到处可见。她发现英国人对柏林"几乎无法忍受"，更不用说必须要在那里生活的德国人了。一位美国人提到，香烟在柏林成了硬通货，钱币反而不好使；他花掉数根香烟剪了一次头发，柏林人发现抽烟能抑制住无所不在的饥饿。

令人震惊的是，代表们在柏林看到的毁灭景象与几个星期之前相比还要黯然失色。约翰·迪恩曾于5月9日随获胜的俄国人到过柏林，7月13日再度返回，比杜鲁门、伯恩斯和莱希参观这座城市早了4天。柏林的情况已经好转很多，对此他感到惊讶。"街道上的瓦砾获得清理，坏掉的路面电车和汽车已被移走。"他惊奇地记录道。迪恩把清理工作归功于红军，苏联军人指挥德军战俘从事这些工作，或者亲自干活。俄国人也张贴出无数张斯大林的画像，其中有些比真人的三倍还要大，"到处都能看到"。画像把一些受到最严重破坏的地方遮了起来，而且有意无意地提醒柏林人，不要忘了如今谁在掌握他们的命运。

尽管德国人和俄国人开始努力让柏林走上正轨，这座城市的破败样子还是让波茨坦会议的代表们感到恐惧和震惊。代表们对纳粹政权极为厌恶，再看到难民的悲惨状态，感到既同情又愤怒。尽管代表们知道，老人、儿童和寡妇与纳粹的战争和种族灭绝政策并无多大关联，但他们公开询问自己的国家应该拿出多少时间、资金和努力，来帮助那些人摆脱其政府制造出的困境。"人们对儿童和老人怀有歉意，"一位英国空军军官给家乡的朋友写信说，"但对普通德国人并没有此种感觉。没有一点兄弟般友爱的证据……对于那些清楚知道集中营和其他地方永存的恐怖的人，我确信英国人没有心情与他们打成一片。"另一位英国人给家里人写信说，"我遇到的绝大多数英国士兵和军官对亲善没有一点热情，如果没有完全的必要，他们大都不与德国人说话。"

苏联占领官员竖起大幅的约瑟夫·斯大林画像，掩盖柏林的一些受到最严重破坏的地方，并提醒战败的德国人，不要忘记现在谁在掌握他们的命运。（哈里·S. 杜鲁门图书馆，理查德·贝克曼专辑）

另一些人看到德国被战火摧残的样子，想到德国如果获得胜利，这样的命运就会落到自己头上。"我为他们感到遗憾，"一位英国代表团的工作人员回忆说，"然后我想到，他们本来也要这样对待我们。"

在这种思想的影响下，英国人和美国人对难民——更概括地说是德国人——的同情心进一步受到削弱。离开柏林返回重兵把守的世外桃源波茨坦，也让他们感到很高兴，那时有享用不完的食物、舒适的住处、泉水一样的香槟，或许更重要的是没有德国人。"我非常确定，"杜鲁门写道，"没有人想回到这个糟透了的城市。"因此，尽管会议地点离德国首都没有多远，但是代表们与一个世代前的巴黎和会代表一样，没有多少想与德国民众交流的愿望。他们那天的战场之旅结束后，就返回了舒适的波茨坦。

英美代表团的领袖们还知道，他们无论如何要搞清楚目睹的一切，而且也要想出让柏林、德国和欧洲向前走的办法。尽管看到难民以后，偶尔会触动心弦，但他们基本上没有宽恕德国的意思。杜鲁门给留在国内的妻子写信时，发现自己对德国人既感到可怜，又在进行严厉斥责。"这里就是地狱，"他写道，"他们堕落、肮脏、臭气熏天、凄凉孤独，看上去邋遢不堪、鬼鬼祟祟。你从来没见过彻底遭到摧毁的城市，但他们做到了。"

到底什么是"他们做到"还存在争议。令人好奇的是代表团的领袖们极少把战争罪或集中营的恐怖归罪于他们见到的德国人，相反，他们指责德国人追随纳粹政权。莱希在一则日记中提到，德国在第一次世界大战之后制造出"错误的哲学""错误的预言"和（说了两次）"错误的领袖"。他断定，这些错误的领袖把德国人驱入一场毫无必要的战争，与他们的美国和英国"种族兄弟"进行苦战。他最后说，他们如今面临的毁灭就是他们必须为自己的错误付出的代价。现在他们"古老而又高度文明的国家"将必须面对占领、饥饿和贫困。杜鲁门对纳粹"强盗政府"进行谴责，暗示他知道必须要让德国的统治在战后走上正途，他的前辈们在凡尔赛会议上就没有做到这一点。

正如杜鲁门所认识到的，柏林——广义而言是德国——得到一个极为深刻的历史警告。那些批评《凡尔赛和约》在 20 世纪 20 年代和 30 年代削弱了德国及其他地区经济条件的人担心，这一循环会重演。简言之，如果德国经济在 1945 年之后像 1919 年以后那样受到打击，那么穷困的德国人可能会寻找另一个极端形式的政府，无论是法西斯、共产主义或其他可怕的东西，都有可能出现。每天估计有 2.5 万难民来到柏林，因此照管他们的任务就成为一个艰巨的政治和经济挑战。

另一方面，对于本国或者近期刚从德国统治下解放出来的国家来说，把德国人照管得太好在政治上可能是不可接受的。尽管基本上没有人把战争的踩躏归结到难民身上，但总得有德国人出来负责，波茨坦会议的代表们都认为给德国人提供的帮助不能超过法国、波兰及其他地区的战争受害者。那些国家的政府要求不援助德国，而且还要德国进行赔偿。在俄罗斯自身的需求获得满足之前，俄国人不想给德国任何援助。和 1919 年时一样，必须有人付出代价。

或许因为有意迟到，或许根本不愿意，斯大林没有参观柏林。他比杜鲁门和丘吉尔都清楚德国制度的残暴。很难想像看到那么多难民处于那么窘迫的环境中，能让斯大林软化对战后德国的立场，或者降低可能会使德国进一步陷于穷困的赔偿要求。他命令战功卓著的苏联驻柏林指挥官格奥尔基·朱可夫元帅在柏林迎接他时不要举行仪式，然后径直去了波茨坦，开始着手确定欧洲的未来。1919 年的时候，俄国人在战后和平会议上没有发言权。而在 1945 年，斯大林来德国时不仅是一位谈判者，还是一位征服者，他自信这一次俄罗斯不仅会有发言权，而且拥有主导权。他不是来做交易的，而是来算总账的。

第七章

大国并不想恢复战前世界

　　根据国际外交礼仪，杜鲁门作为出席会议的唯一国家元首，地位高于丘吉尔和斯大林。结果使杜鲁门和之前的伍德罗·威尔逊一样，成了大会主席，尽管他的经验远不及前两人。这一特权并未让杜鲁门享受到真正的权力，就连午饭前举行会议的权力也没有。

经过长时间的等待，三巨头准备开始讨论欧洲问题了。他们曾在柏林及其周围看到死亡与无所不在的毁灭，而美丽小镇波茨坦和巴伯尔斯伯格相对未受战争伤害，宛如沙漠中的绿洲，他们将在那里举行会议。美英代表不知道他们的俄国同伴为了让波茨坦成为宜人的会议地点，曾经付出多少努力，不过他们并不欣赏最终的结果。一位战前曾在柏林居住，并多次去过波茨坦的英国军人，在 1945 年发现那里"是一个巨大的公园式结构，里面有一系列被装饰性花园包围的公园"。在周围遭到彻底毁灭的地方衬托下，波茨坦看上去肯定更具田园风味。

波茨坦曾经是普鲁士贵族钟爱的休闲胜地，柏林地区很多有名的建筑和花园都位于这里。它们包括腓特烈大帝（Frederick the Great）的著名的 18 世纪洛可可式夏宫"无忧宫"（Sanssouci），从过去到现在，这座宫殿都是最为著名的景点。腓特烈大帝曾在那里与伏尔泰探讨哲学，并策划过很多军事行动，使普鲁士成为一个陆上强权。波茨坦还有德皇威廉二世（Kaiser Wilhelm II）喜爱的住所，即巴洛克式的"新宫"

（Neues Palais，建于 1763—1769 年），威廉二世曾于 1914 年在那里签署德军动员令。附近还有弗里德里希·威廉四世（Frederick Wilhelm IV）夏洛腾霍夫宫（Charlottenhof）及其他很多宏伟的房屋与花园。自弗里德里希·威廉三世（Frederick Wilhelm III）统治的后半期起（1797—1840），波茨坦的很多别墅都带有俄罗斯的设计和建筑风格，那是拿破仑失败后所流行的。俄军在 1815 年发挥的作用不亚于 1945 年，也改变了这个德国权力中心的命运。

即使在两战期间的纳粹时代，波茨坦的宫殿和盛行的王权与历史感也给这个小镇带来一种庄严的氛围。自 20 世纪开始，波茨坦就有一条电车轨道通到柏林，第一次世界大战结束后，它成为一个风景优美的郊区和观光胜地。20 世纪 20 和 30 年代，波茨坦是德国中产阶级的周末或一日游流行目的地，他们厌倦了首都的忙碌喧嚣，想到这个小镇的公园、城堡、古色古香的街道和商店里休憩。这里的树林、公园和花园把波茨坦与工业化的首都区分开来，新的德国精英阶层成员——很多是与纳粹政权有关的商人——在战争爆发前搬到这里，把老别墅和建筑装修成闲人免进的新社区。

两战期间，波茨坦和巴伯尔斯伯格成为德国电影工业的"首都"，很多影星和制片人也到此居住，使得这里发展出一种新的极为不同的贵族关系。到第二次世界大战爆发时，大多数人都把波茨坦视为德国的好莱坞，而非腓特烈大帝设想的德国凡尔赛。因此，它的名字带上了迷人的美和超现代的优雅的意味。"巴伯尔斯伯格电影制片厂"（Filmstudio Babelsberg）宣称，自己是世界上历史最悠久的电影制片厂。曾出演 1942 年热映的美国大片《卡萨布兰卡》（Casablanca）的著名影星 Conrad Veidt（他在此片中扮演 Strasser 少校）一直称自己来自波茨坦，实际上他是在柏林长大的。1933 年，他带着犹太裔妻子离开德国，成为好莱坞片酬最高、名气最大的德国演员之一。

即使在 1945 年满目的战争疮痍中，波茨坦也因为与电影的联系而颇具名气。一位英国工作人员在给母亲的信中解释说，她"住在一位电影明星的故居，很像比佛利山庄（Beverly Hills）"。大型摄影棚成为与会者必游之地，很多会议期间最难忘的社交活动也在里面举行。

工作人员谈论波茨坦美丽的湖泊和明信片般的景色，它们在 6 年的战争中明显都安然无恙，给这个小镇带来了童话般的氛围。西方代表们只对一些小问题提出抱怨，如饮用水供应不稳定、窗户在蚊虫横飞的炎热夏日没安装玻璃等。至少代表们看到的波茨坦所具有的魅力，与数百年来游客的感觉是一样的。实际上，这个小镇的一些地方受到有限的战争破坏，战后需要拆除很多不安全的建筑。但是，俄国人仔细设计了进出波茨坦的路线，把那些被破坏的地方隐藏起来。他们相信，为了与柏林形成直接对比，波茨坦应该尽可能显得完好无损。代表们看到的部分地区几乎没有受到战争破坏的迹象，表面看上去基本上和 1939 年时一样。

只有德国人不见踪影。俄国人发布命令，要求在其占领区逮捕所有的纳粹党官员，还有任何被定为"纳粹支持者"的人。绝大多数德国人在过去十二年中总有这样或那样的原因，可以被划入后者。这一规定被证明具有极大的弹性，俄国人依据该规定，获得逮捕"其他任何危害占领或其目的之人"的权力，它给了苏联当局拘禁或驱逐任何人——甚至非德国人——的合法手段。

俄国人利用那些权力，肆无忌惮地清除波茨坦和巴伯尔斯伯格的居民。就在会议开幕前数天，美国驻苏联军事联络官约翰·迪恩将军惊讶地发现，波茨坦成了一个"鬼城"，因为当地民众完全消失了。俄国人表面上以安全为理由，迫使所有的德国人在会议期间离开波茨坦和巴伯尔斯贝格，使得房屋、别墅以及商店、饭店都彻底空无一人。约瑟夫·戴维斯注意到为了让代表们在会议正式开始时看不到德国人，"（俄罗斯）军队执行的彻底的工作"，对此既感惊讶又很钦佩。

当然，基本上没有人询问或者关心当地人的命运。他们大都相信，德国人应该受到某种程度的集体惩罚；其他国家的人——或者在波茨坦开会的人——极少认为暂时将德国民众从其家中赶走太过严厉。此外，在德国和在欧洲其他地区一样，将无辜者与有罪者区分开来的任务太过艰巨。在 1945 年的氛围中，就连有罪与无辜的分类也没有什么意义。对大多数政治家们说，哪怕想确定与纳粹政权合作的标准也是不可能的任务。没有哪个代表为了考虑房东在会议召开期间的去向而无法入眠。

作为会议召开地点，波茨坦完全符合同盟国的需要。俄国人起初选择在波茨坦举行会议，是因为它位于苏联控制区，在战争中没有受到太大破坏，而且十有八九还因为它离柏林非常近，英美代表有机会亲自参观已被摧毁的德国首都。会议是在波茨坦的采琪莲霍夫宫举行的，这座新庞大的都铎式宫殿是在第一次世界大战期间为了德国王储及其王妃采琪莲（Cecilie）所建。它是半木结构，有着优雅的拱门，很像英国乡村庭院，但是规模更大。这座宫殿有 6 个庭院，170 多个房间、55 个壁炉和临着一个漂亮湖泊而建的大花园。每个代表团都得到自己的套房，配有厨房和通讯网，他们在里面设立办公室，并且充当低级代表的小型会议室。

波茨坦会议举办地采琪莲宫，第一次世界大战期间为王储而建。（美国陆军传承与教育中心，哈里·杜鲁门照片集）

对于大多数代表和工作人员来说，战争期间基本上没有受到破坏的这座宫殿看来是一个理想场所。一位曾经参加过雅尔塔和德黑兰会议的英国工作人员称采琪莲霍夫宫是"能想像出来的最浪漫的地方，洋溢着美感与传统"。夏季的花园鲜花盛开，华丽的房间完好无损，与几近瓦砾的柏林形成可以想见的最强烈对比。在俄国人看来，它肯定凸显出德国的巨大财富，以及侵略更为贫穷的苏联之愚蠢。然而并非每一个人都对它印象深刻，少数与会者——特别是英国上层阶级代表——瞧不上这座宫殿，认为在设计上太具中产阶级味道，太过炫耀。甚至克莱门特·艾德礼也同意丘吉尔的看法，把它贬称为"哥特式证券交易所"。

会议召开前几个星期，俄罗斯元帅格奥尔奇·朱可夫曾与英美同僚在采琪莲霍夫宫开会商讨联合占领政策，发现那里极为令人满意。战争期间，德国人和俄国人都曾把该宫殿当作医院，俄国人发现它的一些房间需要家具、刷漆和装修，但在波茨坦的宫殿中是保存最完好的。它也是年代最新的大型宫殿，每个房间都有现代化的管道、厨房和供电。俄国人为了确保让它成为一个会议总部，运来了新家具，其中有些家具甚至来自遥远的莫斯科，他们还把这座宫殿里里外外都进行了清洁。他们还把莫斯科大都会酒店（Metropole Hotel）经验老到的经理调过来，负责招待安排。

这座焕然一新的宫殿安全满足了会议要求，不过俄国人为了让它能充当会议总部而进行了些微改变。最明显的是他们在院子中央种下数百棵天竺葵，并且摆成 24 英尺宽的红五角星形状，所有的参观者只要在大门门口一下车，就能看到它。杜鲁门的保镖注意到，这些鲜花"向所有人强烈示意，俄国人是会议东道主"，更进一步，还示意是柏林的征服者。不仅鲜花主要是红色，就连坐垫和窗帘也是红色。

作为在其控制区去德意志化大政方针的一部分，俄国人推倒了波茨坦别墅中那些他们认为太具德意志民族风格的雕像。他们还把自己不喜欢的壁画和其他艺术品刷上油漆，并移走了很多明显表现德意志主题的挂毯。其中有一次，采琪莲霍夫宫里的一幅壁画中的云朵不知怎么回事，对俄罗斯的一位重要代表有冒犯，俄国人在它上面画了一个红星。他们占据了一些房屋后，还把在其图书馆里找到的大多数支持法西斯分子主题的书籍都烧掉了。俄国人的意图很清楚，就是要把前德国王储的家园打上自己的印记。在此后的年月里，俄罗斯占领军将会在柏林地区继续推行去纳粹化进程，如果他们认为哪栋建筑太具德国军国主义色彩，就会将其全部推倒。

苏联在采琪莲霍夫宫院子里用天竺葵组成红星，展示其权力和对新德国的影响。（美国陆军传承与教育中心，哈里·杜鲁门照片集）

王储在1914年是德国的主要军国主义人物之一，在他的家里开会，其象征性很令人满意。卢修斯·克莱将军是驻德美军司令，他认为波茨坦代表是"普鲁士王之城，德国的侵略性起源于这里"。如果代表们能够很好地完成任务，它也可能成为德国侵略性的终结地。无论如何，波茨坦与苏占区的其他地方一样，在可以预测的未来不会再让德国军国主义分子插足。它最终变成东德军队的一个主要训练与研究中心，牢牢掌握在苏联主子的手中。

采琪莲霍夫宫与柏林的总理府一样，又成为一个大型纪念品商店，尽管人们搜寻纪念品时并不花钱。即使会议正在举行的时候，俄国人就把这座宫殿剩余的家具和银制餐具搜罗走了。当会议结束时，从当今的浴室设备到电灯泡都不见了。"显然，俄国人对被占领国家的私有财产观念与我们的不一样。"一位英国官员评论说，不过他自己也从总理府搞到 21 块勋章，还有一个"从某个显贵的办公室废墟里找到的沉重的铜镇纸"。他的忧虑是有选择性的，其他少数英国人和美国人也自发寻找纪念品，大都是检查图书馆。美国代表乔治·埃尔西从王储个人收藏的书籍中拿走了一本自己最喜爱的书，即英国海军战略家朱利安·柯白（Julian Corbett）在 1911 年发表的经典著作《海上战略的若干原则》（*Some Principles of Maritime Strategy*）。在 1945 年的环境中，德国人的财产在胜利的同盟国眼中一钱不值。杜鲁门的保镖给其父亲写信，问他们说德语的邻居是否喜欢要一本漂亮的皮革包边的书，那是他从王储的图书馆里拿来的，"如果他不想要，"信中末尾说，"我就把它扔河里。"

主会议室曾经是这座宫殿的会客厅，一位英国工作人员回忆它"宏伟华丽"。"它有三层楼高，"他说，"地毯是暗红色的，椅子罩着红色丝绒。"它们都是为了这次会议才从国外运来的。俄国人还带来红色窗帘和红色旗帜进行装饰，还有一个直径 11 英尺的圆桌，里面迅速填满了纸。英国、美国和苏联的小旗子插到了墙上的烛台和桌子的中央。每个国家在这个圆桌旁有 5 个座位，代表团团长的椅子比其他人稍高一点。每个代表从不同的门进入，门的另一侧是套房，顾问、仆从和工作人员坐在那里，时刻准备回答问题、拿饮料或清洁丘吉尔、艾德礼、斯大林及其他人的烟枪不断塞满的烟灰缸。安全警卫就坐在门外面，美国人每天早上对他们的套房额外进行一次窃听装置检查，他们从来没有发现异常，但总是怀疑俄国人窃听到他们说的每一句话。

波茨坦的日常工作围绕着丘吉尔和斯大林的夜猫子习惯而定。杜鲁门与他们两人不同，喜欢早起；但俄罗斯和英国领袖直到午饭过后好一段时间，基本上才会进行严肃讨论。相应地，早上的会议由早外交部长和军方官员参加，他们都惯于在午饭前工作。然后他们向自己代表团的领袖进行汇报，为午后的会议做准备，午后会议会一直持续到吃晚饭的时间。大多数晚餐都是宏大漫长的宴会，一直到凌晨才会结束。杜鲁门和大多数才获任命的美国代表不习惯国际外交场合无休无止的社交活动，发现其安排既费神又累人，但他们并未有任何怨言。

为了让这次会议成为不朽，俄国人不惜一切代价。在官方代表团抵达之前，他们举办了一次令人难以忘怀的宴会，一位英国将军称之为"我所见到过的最壮观的酒杯收藏"。尽管欧洲各地都陷于穷困和悲惨，但为先遣团及其礼仪工作人员举行的这次宴会却使用俄国女兵当招待，她们身穿礼服，胸前挂满彰显英勇的勋章，为与会者倒酒端菜。这位英国将军参加过这场非同一般的宴会之后断定，"事先要是没受到相当程度的训练，一点也不能沉迷于"俄国人的好客之中。

这次宴会持续了三个小时，并暗示高级代表到来后会受到款待。一位英国代表回忆说，宴会上摆满了"鱼子酱、熏鲑鱼、波罗的海的西鲱和格鲁吉亚的新鲜水果"。俄国人还拿出伏特加、白兰地、白葡萄酒、红葡萄酒和香槟酒。当这位英国将军连续干杯之后开始放慢节奏时，一位俄国军官走过来提议再干杯，并要他把酒喝干，"还有很多这样的人走过来"。这位英国人非常高兴，明白这次会议将什么也不缺。"靠墙的桌子上展示的酒杯和成排的酒瓶使我极其清楚，"他提到，只要会议在持续进行，"我就要接受检验。"当工作结束时，工作人员就吹嘘吃牛排和狂喝酒。会议期间的第一场大型国宴菜单上有鹅肝酱、鱼子酱吐司、伏特加、奶油土豆汤、芹菜、橄榄、炒鲈鱼片、1937年款葡萄酒、菲力牛排配蘑菇汁、西红柿、豌豆、胡萝卜、波尔多酒、起司、冰淇淋、香槟、雪茄、咖啡和科涅克白兰地等。

美国、英国和苏联高级将领在波茨坦会议中举行晨会。乔治·马歇尔将军、"幸运"亨利·阿诺德将军和海军作战部长欧尼斯特·金海军上将全部出席。（美国陆军传承与教育中心，哈里·杜鲁门照片集）

　　得益于好酒美食，很多与会者都认为波茨坦会议最初几天的气氛要比德黑兰会议和雅尔塔会议更友好。在过去的会议中，由于存在着共同敌人，代表们忙着工作；他们当时关注的不仅是谈话的目的，还有相关决策。作为战时会议，那时候几乎每一步都需要军人参与，后者喜欢果断决定和直截了当的说话，而非虚与委蛇的外交。尽管波茨坦会议上讨论的问题范围非常广，不过参加会议的人基本上都没有紧迫感，这与过去商讨军事战略的几次会议不同。在波茨坦，三大国已经没有共同敌人，当然，日本还没有投降，但与欧洲战场上共同使命感突出的特点相比，太平洋战场显得黯然失色，而且俄罗斯技术上还与日本保持着和平。此外，大多数代表都预计日本很快会投降。作为其结果，参加过很多会议的资深代表查尔斯·波伦称波茨坦有"轻松感"和"较为自由的意见交换"。一位俄罗斯代表对此表示同意，但注意到很多新来的美国官员与雅尔塔会议时罗斯福团队的表现不同，对苏联态度更为强硬，更有对抗性。

　　苏联人尽管慷慨好客，不过却渴望在波茨坦解决实质性问题。在听取指导原则的讲话时，他们很不耐烦。在波茨坦会议期间，当丘吉尔和杜鲁门大谈哲学时，斯大林一般都显得漠不关心，不停地抚摸胡须或在一个笔记本上乱涂乱画。他特别喜欢画狼，或者一遍又一遍地写"赔偿"这个词。杜鲁门注意到，斯大林"不发表长篇大论"。当译员互相讨论如何最能恰如其分地翻译出正在讨论的问题的本质时，他经常坐在一旁龇着牙笑。看到斯大林的举动，杜鲁门怀疑他对英语的了解比其表面上所说的要多。按照杜鲁门的形容，正常情况下斯大林以一种"温和、不讨厌的方式"讲话，只在他认为特别重要的问题上偶尔爆发一下，于是这种反常会更具效果。

　　不管是个性差异，还是事先安排好的套路，斯大林唱的是红脸，外交部长莫洛托夫则扮演黑脸。莫洛托夫当年 55 岁，自 1916 年以来就是共产党中央委员会成员，斯大林通过 20 世纪 20 年代的党内斗争和 30 年代的大清洗，几乎彻底掌控了苏联的政治机器，而莫洛托夫一直相安无事。莫洛托夫从 1939 年起担任外交部长，那年 9 月签署了德国和苏联瓜分波兰的《纳粹—苏联条约》，也被称为《莫洛托夫—里宾特洛甫条约》。有了这一条约，德国也能够放心地在 1940 年发动西线战争，动用全部军事力量进攻挪威和法国，英美战略家们认为该条约导致了同盟国的失败和其后德国的残暴占领。由于签署了这一条约，莫洛托夫赢得了骗子的名声，西方外交家们对他很是鄙视，极度不信任他。

在外交使团中，莫洛托夫被称为"不先生"（Mr. Nyet），用对苏联驻瑞典大使的话说，斯大林觉得他"阴沉、乏味、有奴性"。在外交谈判中只要有必要，他就能纹丝不动地坐着，因此赢得"石头屁股"（Stone Ass）的名声。他坚守党的路线，似乎非常乐意接下西方外交部长们的压力，以便能让斯大林扮演和蔼的领袖的角色，拿出莫洛托夫无法给出的条件。

艾登、丘吉尔和英国的其他成员把莫洛托夫划归到他们所称的"不友好团体"。在最好的情况下，他们视莫洛托夫为不能与斯大林维持更好关系的障碍。他们有点乐观地断定，如果能绕过这位难缠的外交部长，他们或许能够与更为亲切的斯大林达成有利的交易。伯恩斯和戴维斯对此表示同意，后者注意到斯大林已经放弃了"世界必须进入共产主义，俄罗斯才能安全"的思想，而莫洛托夫还在坚持。考虑到英国人与莫洛托夫糟糕的关系，还有杜鲁门与其灾难性的第一次会面，这位苏联外交部长会是一个挑战。英国政治家哈利法克斯勋爵说，西方如果不想空着手离开波茨坦，就需要英美在外交上组成"联合战线"，对付莫洛托夫。

整个会议期间，莫洛托夫都在用严厉的意识形态语言说话，捍卫着布尔什维克革命思想，谴责西方的背信弃义。哈里曼警告杜鲁门说，莫洛托夫一直"对我们极度怀疑，不太愿意像斯大林那样从更广阔的立场出发看待我们的双边关系问题"。发生在华盛顿的那次紧张的会谈只能加重莫洛托夫对美国的愤怒和怀疑。西方最难对付的谈判对手是"石头屁股"，而非他所服务的那位独裁者。

波茨坦会议中有几次，莫洛托夫的表现有点超过斯大林的意愿，斯大林用俄语小声与莫洛托夫耳语，好让他冷静下来。尽管莫洛托夫确实以浮夸和直白而闻名，不过那可能是事先的计划，目的是为了让斯大林当好人，在莫洛托夫坚持的问题上进行妥协。当斯大林不想再讨论一个问题时，他会要求外长委员会继续进行考虑，该机构是三大国在波茨坦会议上创设的。这个委员会的作用是让各大国的高级外交官员举行例常商讨，但是斯大林知道，莫洛托夫会有意利用这个委员会延缓甚至封杀他本人不再讨论的一切问题。

欧洲的战争已经获胜，至少在会议开幕的几天中，波茨坦弥漫着胜利的喜悦。总体而言，自从德国投降后，这种乐观精神就很显著，三大军队的高级领导人亲切会谈，表达对于未来合作的信心，特别是有关他们那时都在构想的对德国的联合统一占领。甚至在低级别人员中，俄罗斯、英国和美国军人相处也很融洽，不仅在波茨坦的隔离区是这样，在逐渐重新开放的柏林夜总会中也是如此。"俄国和美国军人相互微笑，彼此拍着肩膀，"沃尔特·布朗注意到，"每个人都懂得微笑。"会议闭幕那天，美国喜剧演员鲍勃·霍普（Bob Hope）甚至来到柏林，为那时驻在柏林的大约3.1万名美国军人及一些英国人和少数俄国军人表演节目。美国占领当局要求得到相关资源，以便在其柏林占领区开设21

个性病中心，可能也说明存在其他种类的娱乐方式，而且并非所有西方人都不与当地人进行亲善交往。

约瑟夫·斯大林和哈里·杜鲁门总统在波茨坦会议上与他们的高级外交人员合影。美国国务卿詹姆斯·伯恩斯和苏联外交部长维亚切斯拉夫·莫洛托夫（最右）挽手站立。（美国陆军传承与教育中心，查尔斯·H.唐纳力照片集）

战争部分结束了，代表们更有心情享受豪华宴会，工作人员也能举办规模更大的派对。红十字会用一个宏大且很受欢迎的"定期舞会"（Terminal Dance）款待工作人员，安排英国代表团的头领的日记中满是招待会、晚宴和舞会等预约。另一位英国工作人员回忆说，"每天晚上都有派对和舞会"，其中有一次是在德国主要电影公司UFA的一位导演以前居住的公寓举办的。另一场由英国军官举办的派对设在一个酒吧，目的是"招待代表团里的所有女士"，一位参加者回忆说，那里的香槟比她一辈子见到的都多。"那天晚上基本上是在香槟海中度过的。"她在信中告诉丈夫，而后者看到妻子及其朋友那么受人关注，可能不会太高兴。

成功打败德国后，波茨坦的高级代表们最初都怀着善意。一位曾在有关占领政策的紧张问题上与苏联进行过合作的美国将军发现，俄国人"非常友善真诚"，在会议的很多社交活动上尤其如此。尽管每个人都清楚战争结束后美国、英国和苏联的政策分歧，不过他们也认识到他们在打赢这场战争时获得的巨大成就。至少在会议开幕的日子里，乐观主义占了上风，大多数代表依然希望三巨头会找到消除分歧并在战后共同合作的方法。一同解决德国和欧洲的问题，仍旧是首要任务。

会前的宴会已经表明，社交活动有助于营造一种友善的氛围，活动之奢华，就连经验老到的代表以前也没见过。杜鲁门和其他人一样印象深刻，在信中用"哇"向母亲形容俄国人的宴会。他们提供的有鱼子酱、伏特加、香槟、两种类型的鱼肉、鹿肉、鸡和鸭。斯大林干了不下25杯，虽然杜鲁门注意到这位苏联领袖只喝少量的葡萄酒，而非其他人都在喝的伏特加，这也暗示了他最近的健康问题。为了取悦各代表团，俄国人还调来一整支管弦乐团。

美国人努力追随俄国人的慷慨好客，他们从美国的战舰上调来身穿洁白仆人服装的菲律宾侍者招待，为代表们端食物和饮料。当杜鲁门决定想要更好的音乐时，就派人去请美军最优秀的钢琴手、著名钢琴演奏家尤金·李斯特，让他乘飞机从巴黎飞过来，当时他正作为一名士官领导美军第七交响乐团。当李斯特需要的乐谱在波茨坦找不到时，美国人派飞机到巴黎去取。尽管欧洲满目疮痍，但是代表们认为外交无小事。

波茨坦会议也有轻松时刻。杜鲁门有一位保镖兼特别助手，来自西密西西比，是他的朋友，以前当过联邦执法官，杜鲁门特别高兴地介绍他的美国头衔是"执法官弗里德·A. 坎菲尔"（Marshal Fred A. Canfil.）。然后美国人发现俄国人把"Mashal"当成了"元帅"，努力想确定正确的礼仪，因为在他们的体系中元帅就相当于五星上将。让美国人忍俊不禁的是，在以后的会议中，只要"元帅"进屋，俄罗斯高级军官就会双脚一碰，举手敬礼。

波茨坦会议有着很多盛典与仪式。美国代表团将美国对德国宣战那天飘扬在国会大厦上面的旗帜带了过来，这面旗帜也曾于1944年7月4日在获得解放的罗马被美国升起。如今在美国总统杜鲁门、艾森豪威尔将军和一大群美国高级将领的见证下，这面旗帜又飘扬在柏林的美国军事占领当局总部。它后来还将飞到东京的麦克阿瑟占领总部。驻柏林美国占领军司令卢修斯·克莱将军认为，升旗仪式是这次会议中最感人的时刻，它提醒人们，"我们依据胜利的权力升旗，但致力于维护自由与和平，和平与自由没有确立，目睹我们的升旗仪式的人不会看到旗帜落下"。正如极具象征性的升旗仪式所强调的，美国人确实要在柏林扎根，不管用什么样的方法。与1919年不一样，美国人不会退回到他们的大西洋那一侧，任由欧洲自生自灭。

艾森豪威尔将军、乔治·S.巴顿将军、哈里·杜鲁门总统、陆军部长亨利·史汀生和奥马尔·N.布雷德利将军向波茨坦的美国国旗致敬。（美国陆军传承与教育中心，哈里·杜鲁门照片集）

与秘密的德黑兰与雅尔塔会议相比，国际媒体的聚光灯也给了波茨坦会议不同的感觉。斯大林起初坚持认为这次三巨头会议应该像以前一样，禁止一切记者进行报道。英国一开始表示同意，安东尼·艾登在6月初告诉英国媒体说，他们不能进入波茨坦地区。相应地，代表团每天会在柏林向媒体公布官方进展，记者可以在那时撰写报道。7月13日，艾登重申了这一禁令，此时距英国代表团启程赴波茨坦只有几天时间，英国媒体依然还不知道丘吉尔到底下榻在波茨坦的什么地方。部分出于开玩笑的原因，他们有时将其住所称为"波茨坦市唐宁街10号"。美国人也想把记者拒之门外，声称他们如果去德国，"一切能做的……就是在柏林等待官方新闻稿"。

尽管做过很多工作，还是有数十位记者来到了波茨坦。到会议结束时，有200多位记者和40位摄影师赶到柏林地区，希望见证当时这一最重大的事件。与雅尔塔会议和德黑兰会议时的记者不一样，波茨坦的记者知道会议何时召开；尽管柏林被战火摧毁，还是给他们提供了足够的住处。当他们看到各种限制和保密措施后，很多人疑惑到底为什么要来这里。俄罗斯警卫禁止所有的记者进入波茨坦和巴伯尔斯伯格，政府媒体官员拒绝透露代表们讨论的内容，每天通报的消息基本上是空话。《华盛顿邮报》（*Washington Post*）和《费城问询报》（*Philadelphia Inquirer*）的记者向国务院提出正式抗议，抱怨说"全世界到处发生饥荒，给记者提供的却是关于会议的社交活动、菜单、与会者穿着的服务等'一大堆琐事'"，来替代真正的新闻，"这是极为不合适的"。

《生活》（*Life*）杂志更进一步，直接向公众表达不满。他们的记者在第一篇会议报道中就写道，由于受到"严格的新闻管制"，他们除了含糊地描绘会议室和与会名人的简介，无法向读者透露更多消息。《生活》杂志发牢骚说，柏林的美国媒体办公室发布的公告谈的都是不相干的东西，"读起来就像社会新闻笔记"，却没有关于将要决定欧洲未来的三大国会议的实质性内容。

部分源于采访受挫，部分为了满足编辑要他们记录当时这一最重大事件的要求，汇集到柏林的记者们开始报道白宫所称的"各种各样的狂野故事"和传言，很多都是不准确的，几乎所有的报道都是关于会议的社交方面的。其中有的报道写的是无数欧洲人仍然无家可归、没有饭吃的时候，代表们享用的奢华住所和无尽的美食饮料。

这些报道可能使公共关系成为噩梦。白宫新闻官在写给华盛顿的一份秘密公报中说："对于这些记者的活动，我想表达自己的意见，但必须写在石棉上。"白宫官员对媒体涉入泄露杜鲁门启程赴欧洲的时间和地点事件仍然感到愤怒，认为限制媒体参与会议是合理的惩罚。然而，记者们决定反击。白宫新闻办公室抱怨说，一些记者威胁如果得不到更多参与，就要报道"最荒唐的谬论"和"一些最离奇的故事"。俄国人继续坚持完全禁止记者，但美国人和英国人有着新闻自由的传统，知道必须得多做一些工作。会议开幕数天后，尽管他们依然不许记者进入波茨坦，依然拒绝记者采访任何代表，但公共事务官员认为除了向记者提供更多实质性内容，已经没有其他选择。

要是他们允许对会议进行自由报道，记者们会注意到三巨头分别会晤了十三次，其中九次发生在 7 月 26 日英国大选结果公布之前。外长委员会在波茨坦举行了十二次会议，人们都希望它能变成一个永设机制，每年都举行数次会晤。以后这个委员会商讨问题时，还将把法国和中国外长纳入进来，效仿了联合国安理会的安排。在波茨坦，外交部长处理的是一些较为棘手和具体的问题，但很少做出重要决策。

对于会议的最终目的，三巨头依然存在分歧。斯大林称它是"一次为未来的会议做准备的会议"，暗示他要么想稳步前进，防止再犯《凡尔赛公约》的错误，要么像英美所怀疑的，是拖延时间的阴谋的一部分。随着美国和英国在欧洲的地面优势越来越少，俄罗斯在未来的选择似乎更多。

会议中有几次，斯大林提议未来再举行三巨头会议，作为一个长期和平进程的一部分，并以下次会议在东京召开为诱惑。美国人建议下次会议应在华盛顿举行，这样的话，斯大林就能最终亲眼看看美国，斯大林回答说，"好主意"。

杜鲁门与之相比，想在每一天结束时，都有具体的决定在三巨头会议上被记录下来并且正式得到批准。"我去那时是想完成一些事情，如果我们做不到，我宁愿打道回府。"后来他回忆说。伍德罗·威尔逊曾在欧洲待了六个多月，杜鲁门与他不一样，决心在欧洲停留的时间不能超过三个星期，会议一结束就回国，无视英国想让他在途中对伦敦进行正式国事访问的愿望。他的态度反映出他认为这次会议只是一场扑克牌游戏，而非宴会，还说明他不愿冒险把会议转变成一个论坛，去辩论影响全世界人类的数十个问题。他不像威尔逊，来欧洲是做交易的，不是发表长篇大论的。

会议的时间越长，杜鲁门就对无法达成有效协议越焦虑；波茨坦会议毕竟是他首次参加的重要国际会议，他的不熟练显露无遗。会议才进入第四天，焦急的杜鲁门就写道，"感觉好像这个宫殿的房顶都被掀掉了"。一个星期之后，会议才开了一半，杜鲁门就给母亲的妹妹写信说，"我还在这个凄凉的国家……我希望现在一切就结束"。会议快闭幕时，杜鲁门和伯恩斯讲话时把焦虑和缺乏经验的问题都表现了出来，他说，"吉米，你发现我们已经在这里待了整整十七天了吗？为什么你在十七天里能决定一切！"这位总统最终发现，俄国人与堪萨斯城政治机器中的人不一样，伯恩斯也了解到，国际外交不只是互设邮局。

波茨坦会议也明显缺乏风雅之情和国际感情，而在巴黎和会时这些特点很明显。在巴黎和会上，来自世界各地的代表都提出自己的议题，其中费萨尔（Emir Faisal）穿着最华丽的阿拉伯服饰，并由著名的 T.E. 劳伦斯（T. E. Lawrence，即"阿拉伯的劳伦斯"）陪伴；年轻的胡志明（Ho Chi Minh）那时叫阮爱国（Nguyen Ai Quoc），没能实现与伍德罗·威尔逊谈话的愿意；意志坚强的日本代表没能让种族平等条款列入《凡尔赛和约》的最终文本。巴西、古巴、暹罗和利比里亚等国家也都派出代表，他们为协约国的胜利做出了不大太的贡献，但去巴黎时列出的愿望和要求却有一大串。

巴黎和会由于极具国际性，为法国首都带来一丝浪漫和异域的风情，但也产生了无数麻烦。与会者不可能有希望调和那么多不同国家的要求；他们也没有真正关心小国的利益。此外，随着巴黎和会拖延不决，当大国自行承担起很多任务，力图解决全球问题时，小国和弱国对自己的要求越来越偏执。美国代表塔斯克·H. 布利斯（Tasker H. Bliss）曾在巴黎提到，"'水面下的国家'浮现出来，而他们一旦显现，就飞到某个人的喉咙上。他们就像蚊子——从诞生之初就是邪恶的"。

美国人、英国人和俄国人不想在波茨坦重复此类错误。会议上唯一的非白人面孔是美国人使用的菲律宾侍者，还有身穿红军制服进行巡逻的中亚军人。要是说波茨坦会议代表了美国、英国和俄罗斯等白人强权对其他种族的统治发展到最高点，可能有一点夸张。不久之后，而且未经大国在波茨坦会议上进行讨论，强大的反殖民主义浪潮就开始有了更大的发展。

波茨坦会议不讨论帝国主义符合英国人的利益，因为这意味着不会有印度代表出席。在巴黎和会上，英国人必须找到足够听话的印度领袖来代表他们的利益，但在1945年，如果没有莫汉达斯·甘地、贾瓦哈拉尔·尼赫鲁和穆罕默德·阿里·真纳（Mohammad Ali Jinnah）等人参与，就没有办法对印度的未来进行深入讨论，而那些人都是反对英国继续统治的。中国也没有派出代表，尽管波茨坦的代表们都知道，中国要是能够完好无损地结束战争，将会对稳定战后世界发挥重要作用。那时美国和苏联都相信，中国最有可能由非共产党的蒋介石领导。

法国和意大利在战前是重要的陆上强国。这两个国家从技术上说，都属于胜利联盟；同盟国承认夏尔·戴高乐领导的法兰西共和国临时政府是法国的合法政府，而意大利在 1943 年转换了阵营。不过波茨坦会议上依然没有人认真看待这两个国家对于最后胜利所做的贡献，他们更觉得法国和意大利是被征服的国家，而非解放的国家。如果他们最终说起法国人和意大利人，是隐藏着一丝轻蔑的，如谈到法国时，说的是1940 年的惨败，提及意大利时，是一系列自 1922 年墨索里尼在罗马游行起犯下的过错。意大利的罪过包括成立第一个法西斯政府、入侵埃塞俄比亚和派遣意大利军队到东线支援德国的战争，俄国人对后者尤其介意。丘吉尔和英国代表像俄国人一样鄙夷意大利；丘吉尔声称意大利除非能证明自已已经改弦易辙，否则不能进入联合国，这个条件他只跟另一个国家即德国提过。

拒绝法国和意大利派代表出席波茨坦会议，表明三大国不想恢复战前世界。他们对意大利就像对待德国和奥地利一样，苏联和英国都提出赔偿要求，并表示如果有必要，还要由同盟国进行占领。要不是戴高乐以最大的努力掌握了法国政府，他们还可能坚持对法国进行类似安排，顶多惩罚力度轻一点。实际上，美国曾计划在法国设立美国占领政府，但是法国人民对戴高乐表现出的狂热之情显示，尽管还没有举行选举，但他已经获得明显的支持。更重要的是，戴高乐既能让法国与英国和美国站在一起，也能带领法国走上另一条道路。英美占领法国不符合任何人的利益，美国人很快放弃了这个想法。

英国人也开始考虑在战后世界中需要意大利和法国——特别是法国——提供多少帮助。如果美国真如罗斯福和杜鲁门暗示的那样，对军队进行复员，那么法国和意大利的军队将构成任何反对德国复兴或苏联的大陆遏制战略的基石。但是，意大利法西斯犯下的罪行，以及其在维希法国拥有的知识同路人，让波茨坦会议的代表们无法释怀。此外，尽管戴高乐在 1945 年夏季看上去支持率很高，但这两个国家都不存在民主选举的政府。很多美国人和英国人不喜欢戴高乐这个人，也让法国进一步受到孤立；戴高乐暗示法国可能反对美国参与占领意大利，为了进行报复，杜鲁门在即将赶赴波茨坦时中止了向法国提供的军事援助。美国和英国的外交官都公开希望戴高乐下台，想让民族主义色彩比较淡的职业政治家取而代之，后者更容易谈判。

由于以上这些原因，以及害怕重复《凡尔赛公约》的彻底失败，波茨坦会议虽然像庆典，却有着一丝不确定的氛围。当会议准备开幕时，约瑟夫·戴维斯在日记中表露了这种担心，称代表们——尤其是美国人和英国人——并不完全了解他们在不到 6 个月前的雅尔塔会议上达成过什么协议。因此，他担心每一方都可能根据他们自己对那些协议的理解，在波茨坦得到不完整的暂时性收获。他记录下自己的忧虑，认为这次会议可能变成对一些小事的谈判，而非对所有参与方都需要的欧洲的未来达成更广泛的"一致意见"。自 1943 年萨姆纳·韦尔斯丑闻引发国务院的清洗以后，美国在专业人员方面出现剧变，失去了一些最优秀的人材。当然，也失去了领袖富兰克林·罗斯福。因此，美国代表团经常感到运作时缺乏坚实的基础，考虑到杜鲁门认为雅尔塔协议有着多种解释，就更是如此。

杜鲁门启程去德国之前，哈里·霍普金斯曾经警告他雅尔塔协议存在多种解释的问题。他告诉杜鲁门，罗斯福和丘吉尔为了国内政治原因，曾经为了获得明确的外交成果，在雅尔塔会议上暂时进行了妥协。作为其结果，他担心即使三方对他们在克里米亚达做过什么决定达成共识，存在缺点和具有临时性的雅尔塔协议可能会让波茨坦会议开局就不顺利。杜鲁门还担心俄国人可能会注意到美国政治家为了获得国内支持而发表的越来越多的反苏言论，极为讽刺的是很多此类言论是他自己说出来的。

根据国际外交礼仪，杜鲁门作为出席会议的唯一国家元首，地位高于丘吉尔和斯大林。结果使杜鲁门和之前的伍德罗·威尔逊一样，成了大会主席，尽管他的经验远不及前两人。这一特权并未让杜鲁门享受到真正的权力，就连午饭前举行会议的权力也没有。然而，它的确使其感到惊讶，密苏里的一个乡巴佬竟然能得到这样的地位。他在 1944 年到芝加哥参加民主党大会时，本来是要对詹姆斯·伯恩斯表达支持的，自那以后，他确实发生了显著转变。如今他能在更大的舞台和极为不同的游戏中直面温斯顿·丘吉尔和约瑟夫·斯大林。

第八章

两天的休会，成为巨大的转折点

　　杜鲁门也希望结束对日战争后，就尽最大努力复员军队。即使美军继续驻守欧洲，可能也只留下执行占领任务的少数几个师。斯大林相信，挟数百万大军之威，既能让他决定东区的未来政治，也可以确保西方遵从俄国人对边界和占领区等条约协议的解释。

　　约瑟夫·斯大林在雅尔塔会议上做过最充分的准备，在波茨坦会议时也是如此。虽然四年的战争使他极度操劳，但为了在即将召开的会议上确定好战略，他花费了无数时间。他还命人对丘吉尔和杜鲁门的心理进行研究。哈里·霍普金斯在波茨坦注意到，斯大林"不浪费一个字、一个手势或一个癖好，（跟他打交道）就像与一个完美协调的机器说话"。斯大林经常以简短、清晰的话作答，极少显出不得已，对直接性问题似乎也不喜欢含糊其辞。莫洛托夫这个人不想回答一个问题时，就会使用含混和圆滑的俄罗斯方式。他们两人携手，构成西方对手难以撼动的二人组。

　　在谈判桌上，俄罗斯代表团成员都胸有成竹，相信手上握有三张牌，与西方讨价还价时具有优势。首先，苏联拥有世界上规模最大的军队，斯大林不打算学习西方民主国家将军队匆匆复员的榜样。他预料无论西方是像第一次世界大战结束后那样迅速复员军队，还是把大部分军事资源调往太平洋战场对付日本，俄罗斯在德国和东欧都将最具实力。罗斯福在雅尔塔曾经宣布，对德战争结束后，他不期望美国人民或他们选举出来的代表会支持任何美军留驻欧洲的时间超过两年计划，这一表态让丘吉尔感到惊恐，却让斯大林很开心。杜鲁门也希望结束对日战争后，就尽最大努力复员军队。即使美军继续驻守欧洲，可能也只留下执行占领任务的少数几个师。斯大林相信，挟数百万大军之威，既能让他决定东区的未来政治，也可以确保西方遵从俄国人对边界和占领区等条约协议的解释。

第二，斯大林知道自从罗斯福去世之后，俄罗斯进入联合国的重要性更为增加了。罗斯福急切希望复活伍德罗·威尔逊提出的以国际性组织维持来之不易的和平之思想，自从罗斯福辞世，这种思想在美国已经变成某种道德运动，以示对前总统的尊敬。哈里·杜鲁门当上总统后，每一次对记者发表谈话就矢言，组织联合国的旧金山会议会如期于4月25日这一转折性日子召开。杜鲁门没有因为罗斯福去世就推迟那次会议，他说如期召开，才是对罗斯福最好的纪念。会议将把罗斯福最重要的计划推向前进。

美国人把新问世的联合国看成纪念已故总统和弥补国际联盟错误的方式，而俄国人对它以及所有西方国家主导的其他一切多边机构满怀警惕。国际联盟直到1934年才让苏联加入，如今俄国人不认为联合国是一个从根本上说合理正确的思想在进行第二次实践，而是勾起了从前受到孤立的鲜活记忆，以及（在苏联眼中）小国与大国拥有同等投票权这种不可接受的概念。哈里曼大使在6月8日发给杜鲁门的电报中说，斯大林不相信"一个国家因为小就有美德"这种说法。实际上斯大林告诉哈里曼，塞尔维亚、捷克斯洛伐克和波兰等小国是20世纪很多麻烦之源。俄国人对没有足够力量支持的国际组织也没有信心。哈里曼大使注意到，其结果是俄国人"很难欣赏我们对于"构成联合国基石的"抽象原则的信心"。正如约瑟夫·戴维斯所说，他们担心联合国会变成一个由美国领导的反对苏联利益的"联合阵线"。

俄国人知道，联合国对美国来说意义更大，对他们就未必如此。因此，他们能够用与联合国有关的问题做交易，换取某些对其核心利益来说更有价值的东西，如他们在波茨坦提出接受意大利加入联合国，让美国在波兰的战后边界方面做出让步。他们也能用其他办法在联合国制造问题，表达对美国在其他地方行动的不满，如莫洛托夫4月份与杜鲁门进行了不愉快的会谈后，将拿阿根廷的成员国问题做文章。根据雅尔塔会议上对安理会做出的安排，俄罗斯拥有永久否决权，使得这一组织难以轻易危害俄罗斯的利益；因此，苏联对联合国进行战略性利用，他们知道美国比他们更重视这个组织。

其三，斯大林知道美国想让俄罗斯参加对日作战，以减少美国的伤亡率。美国人的蛙跳战术和空中轰炸行动取得很大的进展，但是日本在海外部署的军队大部分集中于中国，美国人和英国人鞭长莫及。美国试图把蒋介石的国民党建成一支有效的战斗力量，但基本上失败了，这意味着驻华日军依然是一个严重的军事问题。只有俄罗斯能解决这个问题。

苏联驻英国前大使伊万·迈斯基（Ivan Maisky）主张不要在亚洲帮助美国人和英国人，因为他们迟迟未在欧洲开辟第二战线，不过东方极具诱惑力，苏联领导人难以拒绝。如今对德战争已经胜利结束，俄国人能够撕毁与日本签订的互不侵犯条约，派兵进入满洲。俄罗斯在1904—1905年的俄日战争中曾遭遇屈辱性的失败，包括斯大林在内的苏联战略家们都梦想夺回当时失去的东西。他们的目光聚焦在萨哈林岛（Sakhalin Island）、千岛群岛（Kurile Islands）、满洲铁路和大连港。

由于苏联与中国有着漫长的边界线，斯大林也对蒋介石的国民党和毛泽东的共产党之间的内战胜利者有兴趣，一旦日本人离开，这两派势力肯定会发生战争。

斯大林也获得最新情报，因而与西方对手谈判时占据着优势。5 月初，苏联特工向斯大林报告说，他们在帝国总理府大楼中发现并确证了希特勒的遗体。斯大林对这一情报进行严格保密，甚至连率领基本一个集团军群向柏林进发的格奥尔基·朱可夫元帅也不知道希特勒已经死亡。为了保密，苏联特工把这位纳粹独裁者的遗体埋葬在马格德堡（Magdeburg），为防止斯大林要求提供进一步的法医证据，将其颚骨和部分头盖骨送到莫斯科；这些特工证实颚骨与希特勒的牙医病历相符合。几乎只有自己知道希特勒的死讯，斯大林似乎对此感到满意，他偶尔还逗朱可夫，问其是否了解有关希特勒命运的一切情报。

斯大林把自己掌握的关于希特勒死亡的情报当作策略，使用在波茨坦会议及会议开幕前与哈里·霍普金斯的会晤中。只要有西方官员说起德国已被打败，因此不再对俄罗斯构成威胁，斯大林就会回应说，他相信威胁依然存在，希特勒可能还活着，正在西班牙或阿根廷与约瑟夫·戈培尔一起策划阴谋——并非巧合的是，斯大林都想对那两个国家进行惩罚，因为他们支持纳粹政权。他宣称，纳粹领袖安全躲在藏身处，以后可能重建德国军队，重新发动战争。因此，斯大林利用希特勒不知去向的假设，敦促采取更为强硬的惩罚措施，防止德国像 1815 年时的拿破仑法国一样，再启战端。

斯大林也知道，美国人在研制原子弹方面取得了实质性进展。自1942 年 3 月之后，有一个苏联间谍网在美国活动，使苏联情报机构清楚了解到曼哈顿计划的进度。因此，俄国人完全知道该计划在哪里进行，可能要多久能生产出实用原子弹。就在会议即将开幕前，斯大林与其令人恐惧的秘密警察头目拉夫连季·贝利亚讨论应该如何处理这一情报，他们决定进行等待，看看杜鲁门是否会在波茨坦通知他们有关原子弹的进展。如果他不通知，就说明美国不愿意以平等条件进行合作，而且用斯大林对他的一位翻译所说的话来形容，会在将来的某个时候对他们的前盟友进行"勒索"。如果杜鲁门确实向俄罗斯通报这一秘密，斯大林就装作不了解，因此不会让美国知道他们早已有了情报。

最后，苏联间谍向斯大林报告说，英国人和美国人有不少分歧，俄罗斯进行外交时可以利用。一个被称为"伦敦五人组"的间谍小组由英国情报官员 Kim Philby 领导，把伦敦和华盛顿的详细谈话发给了俄国人。因此，斯大林断定他在雅尔塔目睹到的英美关系现在变得更冷了。观察家们在雅尔塔注意到，丘吉尔和罗斯福的歧见日益加深，原因是英国和美国的实力差距越来越大，而且对殖民地和经济问题有着不同意见。苏联人相信，杜鲁门入主白宫后，这些分歧可能会继续扩大。

与俄国人相比，英国人自波茨坦会议开幕时就无精打采、混乱不堪。那些在 Hendaye 和伦敦亲眼见过丘吉尔的人都不认为会在三巨头会议上会有上佳表现，波茨坦会议的最初几天就证实了他们的担心。会议开幕那天晚上，艾登在日记中说，"温斯顿非常糟糕，他没有读简报，既困惑又迷糊，还喋喋不休。"英国外交事务常务次官亚历山大·卡多根（Alexander Cadogan）对此表示认同，声称即使在重要问题上，丘吉尔也"说着毫不相干的废话"。他们都认为，"从来没见过温斯顿像这样糟糕。"甚至美国人也发现，丘吉尔由于缺乏准备，对其政府的立场进行即时发挥，因此让英国外交官员难以坚持一贯的观点。情况更为严重的是，丘吉尔总是与其顾问发生冲突，艾登尤其如此，他认为这位首相虽然才休了假，但看上去"疲倦且不舒服"。艾登本人患上了严重的溃疡，英国幕僚人员要回国取英国牛奶给他喝，不要像其他代表团成员一样喝德国牛奶，希望无论如何能让他感觉好一些。

很多情况和艾登预计的一样，丘吉尔以自己的个性和说服能力当作英国战略的基础，他特别寄望于自己劝说斯大林的能力。不出艾登所料，这种战略失败了。丘吉尔毫无理由地相信斯大林在本质上是善良的，对此艾登越来越感到泄气。从斯大林和俄国人方面说，他们不想让丘吉尔插手，对丘吉尔自认为具有的魅力不感兴趣。贝利亚后来写道，"在所有的西方领袖中，丘吉尔对斯大林最为了解，几乎看穿了他的全部计谋。但要有人说他对斯大林有影响力，我就禁不住要笑了。如此有名望的一个人竟然如此自我欺骗，太让人惊讶了。"如果丘吉尔能够看穿斯大林，显然斯大林也能看穿丘吉尔，这就使这位英国首相的大部分优势成为泡影。

巩固与美国的特殊关系是丘吉尔战略的第二个主要支柱，它也失败了。丘吉尔曾经希望取悦杜鲁门，或者至少让他明白密切的英美关系符合美国利益。然而正如罗斯福曾在雅尔塔做过的一样，如果斯大林不在场，杜鲁门就拒绝与丘吉尔讨论实质性问题，以防让他人产生西方抱团对付俄罗斯的印象。丘吉尔为了表现出一种英美联合阵线，有时近似可怜。有一次拍照时，丘吉尔坚持坐在杜鲁门的右侧，而非摄影师建议的中间位置。然后他开始悄悄把椅子移向杜鲁门，这样在拍出来的照片中就会显得他与杜鲁门挨得更近。杜鲁门看出丘吉尔的意思，把自己的椅子移向斯大林。整个过程中，俄罗斯的这位独裁者只是脸上挂着微笑坐着不动。

杜鲁门对丘吉尔的怪诞举动似乎感到厌倦，甚至自己也做了几次。

会议第三天的晚上，美国代表团举办晚宴，丘吉尔和斯大林都出席了。杜鲁门选择肖邦的音乐，他听说斯大林喜欢肖邦，丘吉尔却讨厌这位音乐家。然后他亲自弹奏钢琴，完美表演了伊格纳西·扬·帕德雷夫斯基（Ignacy Jan Paderewski）的 G 大调小步舞曲，哈里·杜鲁门 12 岁时曾经在堪萨斯城参加演出，弹奏的就是帕德雷夫斯基的作品。杜鲁门肯定知道，丘吉尔对那首乐曲和帕德雷夫斯基都不喜欢，因为那位音乐家在两战之间担任过波兰外交部长，在巴黎和会上就波兰边界问题与丘吉尔发生过冲突。

在会议期间，丘吉尔发表讲话或者闲谈时频频表现出漫不经心的样子，使他的顾问感到不安。杜鲁门拿说个不停的丘吉尔与斯大林相比较，注意到后者只是"咕哝几声"。对于丘吉尔，他明显感到灰心丧气，观察到这位首相"觉得有必要……发表长篇大论，然后对早已有了共识的东西表示认同"。丘吉尔的意见遭到否决时，他最终会让步，但是杜鲁门抱怨说，"他必须先发表一下讲话"。丘吉尔自己的顾问也不喜欢他的表现，卡多根评论说，"每提到一个议题，温斯顿都要先发一顿脾气"，而且与政策文件或严肃交谈没有关联。斯大林也很快对丘吉尔的讲话感到厌烦，有几次当丘吉尔打开话匣子时，斯大林就打断他，告诉他说，不妨先同意目前正在讨论的问题，不然等到滔滔不绝说完话，最后还是得赞同。

一些议题肯定会让丘吉尔暴发。不出所料，只要提到大英帝国，就会引发强烈反应，有几次短暂提到意大利的未来时也是如此。丘吉尔对意大利有着特别的仇恨，认为这个国家很是贪婪，曾在 1940 年攻击法国东南部，1941 年入侵希腊，还在北非对英军阵地发动过大规模进攻；那三次行动都让英国在军事上付出很大代价。丘吉尔一再敦促严厉处置意大利，直到这个国家能够证明做好了建立民主政府的准备为止。丘吉尔无疑也回想起意大利对《凡尔赛和约》感到不满，导致法西斯主义滋生和墨索里尼在 1922 年成为欧洲第一个法西斯领袖。为了防止意大利因对战后会议的决定心怀不满而再次制造麻烦，他想利用自己的权力做出一切必要之事。他也必定认识到，为了平衡实力日益增强的苏联，英国可能需要意大利成为未来联盟的一员。因此，他虽然对意大利的表里不一极为痛恨，但在意大利问题上只能让个人感情止步于此。

丘吉尔并未得到顾问们的太多支持。疾病缠身的安东尼·艾登早就对丘吉尔失去了信心，在几个关键问题上与他存在分歧，特别对于波兰问题，艾登的立场比丘吉尔更为强硬。艾登在波茨坦被溃疡折磨到难以正常工作，他也无法让很多英国高级战略家感到有信心。在会议进行到一半时，帝国总参谋长陆军元帅阿兰·布鲁克在日记中说："（艾登）那高兴样儿，在我看来，他似乎总是正好抓不到要点。"

不过责任不应只由艾登来负。他认识到英国在波茨坦会议上缺乏说一不二的能力，他在会议开始前告诉亚历山大·卡多根说，"这个国家没有能力阻止一切事物在当下出现崩溃，责任在美国人那里，我的希望是尽我们的全力支持他们。"他认识到美国和英国的目标很难有交集，必定明白自己的国家处于多么不利的地位，丘吉尔缺乏准备更恶化了这一情况。

艾登越来越感到失望，会议期间他在日记中表示，对丘吉尔不再有信心。"灰心丧气，禁不住总是想着我们可能输掉，或者已经输掉这场选举，"他坦白说，"要不是它直接关系到欧洲局势，我深信输掉反而更好，但这是一个大大的'问号'，我承认。"尽管艾登竭尽全力想振作起来，但他显然需要有一些时间，摆脱掉外交部的责任，摆脱掉丘吉尔。他在另一则日记中写道，"我开始严重怀疑自己能否再次承担起外交部的工作，原因不在工作本身，我能把它们处理好，症结是温斯顿无时无刻不在大吵大嚷。"

由于选举存在不确定性，英国代表团更为焦虑。他们都知道英国人民已经投了票，已经选出一位领袖，但还没有人知道结果。几乎每一个来参加会议的人都认为保守党会赢，就连艾德礼也这样想，但得票率能有多大优势，以及新政府到底如何组成，还都是未知数。苏联代表团想像不出英国人会投票把丘吉尔赶出首相府，所以继续无视艾德礼，一些代表把艾德礼称为"丘吉尔的玩具"。英国共产党特工向斯大林保证说，保守党会在大选中获得决定性胜利，可能会占据 80 席的绝对多数。

具有讽刺意味的是，艾德礼无视本党意见，支持丘吉尔提出的把选举推迟到打败日本后再举行的想法。如果推迟选举，会使民族团结政府从战争结束为止到为和平奠定基础的关键时刻。然而一些工党高级官员对于被遮挡于丘吉尔的阴影之下越来越感到厌倦，敦促立即举行选举，以便开始推动工党的战后国内改革计划。令人惊讶的是丘吉尔竟然同意了，他预期举行选举后，能获得战后所需的广泛授权。他的决定让保守党感到气馁，因为该党希望在战争彻底结束之前使联合政府保持稳定。

会议从 7 月 25 日起中断两天，以便让大多数英国高级官员返回伦敦了解投票结果。斯大林隐居起来，要么是休息，要么是为后半段会议策划战略。杜鲁门去法兰克福会见美军官员，并检阅一系列阅兵式。"大猫"们走了，躲在后面的"小老鼠"们开始尽情玩耍，为留在波茨坦的英国工作人员安排了一位会议老手所称的"（在）一切会议上举行过的最好的派对"。这场狂欢一直持续到凌晨 3 点，而丘吉尔的工作人员那时正回到伦敦，把唐宁街 10 号他的办公室里挂的欧洲战争地图换成主要选区的选举地图。

没有人觉得两天的休会能够成为一个巨大的转折点。尽管丘吉尔后来说自己已经心有疑虑，不过几乎每个人都期待丘吉尔和艾登会以绝对多数的优势返回波茨坦。丘吉尔会后回忆说，他在离开波茨坦前的那天夜里做了个噩梦。"我梦到我的生命已经结束，"后来他回忆道，"我看到——简直活灵活现——在一间空荡荡的屋子里，我的尸体躺在一张桌子上，盖着一条白床单。我看到自己赤裸的双脚从床单下面伸出来。这简直和真的一样……或许这就是宿命。"可能这个梦反映出丘吉尔对其政治未来的焦虑，但他经历过那么多非同一般的往事之后，将现实与狂野的幻想分开从来不是容易的事。

艾登回想起苏联和美国代表希望他在选举中有优秀表现，并表示坚信他的政党会获胜。莫洛托夫"以最热情的话语表达他的好意，称他们都希望我赢得选举，而且不仅于此。我肯定是个糟糕的外交大臣，让步太多，所以他们都想让我回来"。他记得美国人"也非常热情地表达了美好的祝愿，其举动几乎让在场的艾德礼大为尴尬"。

艾登不像他的保守党同志那样有信心。那时正在缅甸服役的儿子给他写信说，驻在亚洲的军人几乎一边倒地把票投给了工党。"从我在军队中的联系人来看，"艾登写道，"我与他意见一致。"他也知道，保守党官员对几个摇摆选区开始感到极为担心，他发现丘吉尔依然信心十足，不愿听取任何人的负面预测。大多数英国人都以为保守党会赢得选举；唯一有疑问的是绝对多数到底会是多少。

然而，选举造就了一个历史性奇迹，工党及其领袖克莱门特·艾德礼获得压倒性胜利，下议院保守党多数不复存在，其议席从 585 个聚减到 213 个。工党获得 393 个议席，成了执政党，这意味着克莱门特·艾德礼将以英国首相的身份重返波茨坦，而丘吉尔至少得暂时离开政府。丘吉尔一度想过回到波茨坦，迫使新议会投票免去他的职务，但很快接受了无可避免的现实，辞去首相一职。艾德礼提出让丘吉尔和艾登以其顾问的身份回波茨坦，向全世界证明英国体制的连续性，但这两个人都没有接受。艾登心怀同情地注意到，不带着丘吉尔或艾登返回德国，让这位新首相似乎松了一口气。即便没有这两位大人物在这边监视，他的任务也已经够艰巨了。

艾德礼本人很难相信他和自己的工党获得胜利，而且优势是如此之大。当他到白金汉宫会见国王时，乔治六世说他看上去对获胜感到惊讶。"我确实是这样。"艾德礼回答说。没有人清楚知道如何利用这一变化；温斯顿·丘吉尔如今对英国的政策不再有决定权。这个新闻完全被人理解还需要一些时间。海军上将莱希在日记中叙述自己的忧虑时说，丘吉尔尽管存在缺点，但是英国还不能离开他。丘吉尔的惨败也使莱希受到震动，他认为美国利益受到损失。莱希写道，（英国）政府改朝换代，"在我看来是一个世界性悲剧，没有他的天才领导，我不知道同盟国怎样才能取得成功"。如今代表同盟国在波茨坦参加会议的不是罗斯福和丘吉尔，而是杜鲁门和艾德礼，莱希认为这两个人与他们卓越非凡的前任相比，似乎都相差甚远。

波茨坦的三个代表团都被这个消息惊呆了。莫洛托夫几乎无法理解。"我还是不了解他输掉选举这种事情怎么可能发生，"他哀叹道，"显然人们需要对英国的生活方式进行更深入的理解。"莫洛托夫在波茨坦的俄罗斯代表团区徘徊，询问丘吉尔怎么可能对选举结果没有预知。斯大林身边的人发现，这位苏联领袖是真的感到焦虑。他把声望如此之高的人被抛弃归罪于"腐朽的民主国家"的本质。他和莫洛托夫都认为丘吉尔如果有必要，会想出办法操纵选举结果。

斯大林既不喜欢艾德礼，也不信任英国工党。不管丘吉尔如何努力把工党描绘成新苏联的，艾德礼和斯大林都认为他们的政党从任何意义上都不会成为同路人。此外，在工党看来，苏联式的经济模式是邪门歪道，而苏联认为工党的资本主义或帝国主义性质似乎不亚于保守党。因此，斯大林觉得与丘吉尔打交道要得心应手得多，因为他对丘吉尔已经非常了解，而艾德礼就不一样了，他几乎对这位新首相一无所知。

艾德礼完全了解英国工党和苏联共产主义相互厌恶。"我根据经验知道，"他写道，"共产主义者对付我们比保守党还积极，因为他们认为我们提出了一条切实可行的共产主义道路。他们认为保守党走的是一条垂死之路，而把我们当作对手，"因为工党支持欧洲的工人阶级。因此，艾德礼返回波茨坦时，没有期待斯大林和苏联代表会对他进行热烈欢迎。

对于英国的民主进程，代表们也和苏联人一样感到惊讶和迷惑。卡多根称丘吉尔失败"表现出英国人民卑劣的忘恩负义"，而且是"对我们国家的真正羞辱"。陆军元帅阿兰·布鲁克把选举时间视为丘吉尔在内政方面犯下的一长串错误之一，但是更有可能招致灾难性反弹的一个错误。"在这个世界性的历史时刻举行选举，这是多么可怕的错误！"那天晚上他在日记中写道，"愿上帝为此事保佑英国。"布鲁克对丘吉尔这个人提出谴责，说"温斯顿要是能听进去任何建议，无论如何也能把首相做到年底！"事与愿违，布鲁克发现丘吉尔在选举中寄望的是自己的个性，就像他希望靠自己的魅力争取杜鲁门和斯大林的支持一样。可悲的是，他在这两方面都遭遇失败。

在对保守党大溃败进行详细分析和事后检讨时，有人对出人意料的结果提出几个解释。一些保守党成员指责丘吉尔在 6 月份发表的讲话把工党比做盖世太保，相信这种比喻把英国人吓到了，觉得丘吉尔不适宜在即将到来的和平年代领导英国。克莱门蒂娜·霍齐尔严厉批评丈夫过去反对妇女的选举权，她认为丈夫因此失去了妇女选票。还有人试图告诉丘吉尔，英国人民没有排挤他，总体而言反对的是保守党。然而，数据透露出不一样的情况。在丘吉尔出面造势拉票的选区，保守党的表现反而更差。显然，英国人已经对他失去信任，而他自己还搞不清为什么。"或许会因祸得福。"克莱门蒂娜告诉他。"此时此刻，"他回答说，"完全是祸不是福。"

艾德礼认为工党获胜的原因与丘吉尔或者战争关系不大，而是源于20世纪30年代以来的趋势。工党在城市和大型镇子上特别有上佳表现，艾德礼认为这与保守党20世纪30年代失败的经济政策有关。他还相信，英国选民认为保守党应该为纳维尔·张伯伦灾难性的绥靖政策负责，尽管他们觉得丘吉尔本人与此无关。如今艾德礼面临的挑战是为英国工人阶级送来和平，而且将来不需要进行绥靖或者——更糟的是——参加另一场欧陆战争。

丘吉尔作为首相，回到唐宁街10号召开最后一次会议。他在战争期间为防不测，曾经选择艾登作为继任者，如今他告诉艾登说，他预计自己的政治生涯就要结束，不过艾登总有一天会作为首相重返唐宁街。在艾登看来，丘吉尔显得"极为悲惨，可怜的老家伙"。丘吉尔对艾登说，输掉选举"就像从最初的惊吓中缓过来以后，感觉更为疼痛的伤口"。英国政府甚至撤掉了他的保镖，致使美国代表沃尔特·布朗评论说，"他在选举中落败后，依靠他才得以幸存的帝国一点也不体贴，连保镖也不给他多保留一晚"。丘吉尔乘车去首相的官方乡间别墅契克斯（Chequers），在那里度过最后一个周末，他在访客簿上写下自己的名字和"终结"（FINIS）一词，战时首相任期至此结束。

这一结束既迅速又彻底：当日本于 8 月投降时，甚至没有人请求丘吉尔发表全国讲话。丘吉尔告诉莫兰勋爵说，"哪怕乘坐飞机被杀，或者像罗斯福那样死去，也要好得多。"当国王宣布要向艾登颁发"嘉德勋章"（Order of the Garter）时，艾登回答说不能接受，因为英国人民已经给了他"开除章"（Order of the Boot）。丘吉尔和艾登可能也对他们遗留给继任者的战略局势感到担心，当欧尼斯特·贝温告诉艾登，他想在新政府中寻求担任财政大臣时，艾登批驳说，"干吗？除了交待我们没得到的钱，在那里根本无事可做。"然后艾登建议贝温想办法去外交部，他判断贝温是唯一适合这项工作的工党政治家。

艾德礼、贝温和工党大臣们发现，他们如今处在意想不到的位置上，不仅赢得绝对多数的胜利，还必须进行执政。贝温很快接受了艾登的建议，成为外交大臣，他告诉一位国防部中的中将朋友说，自己甚至没想过会重返波茨坦。他和艾德礼一样，"确信在政府中不会再有职位"，早已下定金订了一个农舍，准备夏天去休假。现在工党在返回波茨坦之前，只有 48 个小时的时间让一切回复正常。艾德礼的时间只够做出六个政治任命。

在即将下台的政府中，有几位成员与丘吉尔一样，对新首相怀着嘲弄的观点。卡多根评论说，让艾德礼代表英国，三巨头就会变成两个半巨头。他还形容艾德礼在巴伯尔斯伯格入住的别墅是一个"沉闷无趣的小房子……很贴切——和艾德礼这个人一样"。为了帮助艾德礼本人和帮他处理政权转换，除了丘吉尔和艾登，英国代表团的其他成员都回到波茨坦，进一步显示出高层虽然出现变化，但是英国的政策保持着连续性。

艾德礼发现自己和杜鲁门一样，突然扮演起以前没有想过的角色。杜鲁门肯定对艾德礼感到同情，尽管他对这位新首相有着不同的反应。他一方面认为艾德礼和贝温看上去就像一对"讨人嫌"（sourpusses），另一方面又发现这两人在某些方面比丘吉尔和艾登大有改进。他尤其认为艾登是上流阶层和自命不凡的典型，是一个"完美的条纹裤男孩"；他看到艾登，肯定会想起罗斯福身边围绕的常春藤联盟成员。与之相比，贝温让杜鲁门想起美国劳工领袖约翰·L.路易斯（John L. Lewis），这让他感到很放心，因为他赏识贝温坦诚率真的风格。他在写给女儿的信中说，贝温"当然不知道你爸爸一辈子都在跟他那种人打交道，从建筑业到煤矿（我都见识过），他不会是新类型"。

这位新首相有着和艾登一样的上流社会风范，杜鲁门和伯恩斯对此印象深刻，所幸艾德礼不像丘吉尔那样喜欢发表长篇大论。现在代表英国的是艾德礼，他们不用再忍受丘吉尔的习惯，后者一说话就是半个小时，结尾还要宣称"一句精华的话语和两种思想或许无法在四分钟内表达出来"。不喜欢饶舌的艾德礼可能会让三巨头会议步入正轨，在更少的时间完成更多的任务。总而言之，杜鲁门和伯恩斯视丘吉尔的败选为波茨坦会议的挫折，但并没有致命。

艾德礼和他的团队与杜鲁门一样，主要坚持其前任的政策。英国在波兰、希腊和德国赔偿等关键议题上的政策没有发生变化。有一位将军在波茨坦会议期间一直待在那里，因此在丘吉尔和艾德礼手下都工作过，他给其朋友伊斯梅将军写信说："国王的政府必须继续下去，无论如何，我对他们两人（艾德礼和贝温）都非常尊重和钦佩。他们都和你我一样热爱我们的国家，尽管他们的表达方式可能极为不同。事实证明，他们在谈判桌上的表现都很优秀——知道自己的位置，说出自己的心声。"

杜鲁门对艾德礼在波茨坦的表现也逐渐有了高度评价，佩服他"对世界问题有着深刻理解"。杜鲁门和艾德礼的个人关系似乎挺不错，有一次他们同坐在一架钢琴旁边，唱起他们在第一次世界大战期间担任下级军官时学会的粗俗的大兵歌。

艾德礼有一个特点与丘吉尔一样：都是老烟枪。在其他方面，他们两人的区别就像处在社会的两个最极端的英国人。然而，如果说屋子里因为缺少了精力充沛的丘吉尔而在风格上发生变化，英国的立场却没有实质性转变。选举丝毫没有改变英国在世界上的地缘政治地位，也没有解决英国的任何经济问题。艾德礼和贝温的世界观和立场对外交政策的影响在本质上与丘吉尔和艾登并没有什么不同，杜鲁门对丘吉尔的失败感到震惊，不过"知道我们的共同努力不会发生中断"，因为英国的政策不会发生改变。美国驻德占领军司令卢修斯·克莱注意到，当艾德礼接管政府时，发生变化的"只有说话的措词"，争辩的实质还是和以前一样。

《生活》杂志描绘英国新首相时，称他就像一位"疲倦的商店老板或者三心二意的教授"。它报道说，甚至很多工党成员也对他和新任外交大臣贝温没有一点信心，《生活》把贝温说成"斗牛犬一样，说话气势汹汹，经常进行自夸，以自我为中心"。对于艾德礼重返波茨坦，斯大林告诉杜鲁门说，"从艾德礼先生脸上的表情判断"，他似乎对接掌英国政府不太感到高兴。

美国人对艾德礼所知甚少。沃尔特·布朗及其他人在他们的杂志上和日记里一再拼错他的名字。布朗回忆说，选举结果出来之前，他是"一位温顺得像只老鼠的人物"，会议的最初几天，摄影师甚至不愿意拍摄他的照片。美国摄影师根本不知道他是什么人，英国人则以为他不会在波茨坦待太长时间。选举结束后，布朗发现两国摄影师"都为没有为他拍照而追悔莫及，因为他们发现，在波茨坦时没有满意的艾德礼照片"。

两个半巨头在波茨坦会议上。克莱门特·艾德礼（左）取代丘吉尔之后，一些人嘲弄地称三国元首是两个半巨头。（国会图书馆）

艾德礼身材不高，秃顶，相貌平平，他比丘吉尔小9岁，但却一点也没有丘吉尔那种精力和干劲。艾德礼读过招生极为严格的寄宿学校，后来毕业于牛津大学，属于英国精英阶层，但他对英国工人阶级的福利极为关心，最初在伦敦东区以社会工作者而出名。他看上去可能羞怯平凡，但却有着很不一般的从军经历。他在南兰开夏团服过役，参加过丘吉尔在1915年策划的加里波利登陆战，英国在那次不幸的战役中遭遇惨败。当那次进攻崩溃后，英国人不得不从海滩上艰难撤退，艾德礼是倒数第二个撤走的人。尽管丘吉尔可能看不起艾德礼，艾德礼却尊重丘吉尔，他相信加里波利行动之所以失败，原因是一个好计划被执行坏了，并非是丘吉尔的战略太愚蠢，持有这种看法的英国官员实在不多。

两战期间，艾德礼领导的工党在1937年决定反对内维尔·张伯伦的绥靖政策，他还大力支持反法西斯的西班牙共和党，在与弗朗西斯科·佛朗哥（Francisco Franco）政权战斗的国际旅中，有一支部队就以艾德礼的名字命名。艾德礼还反对1938年的慕尼黑协定，警告说它虽然能给英国暂时带来和平，但会使德国过于强大。他在1940年加入了丘吉尔的战时联合政府，是唯一一个在整个战争期间都与丘吉尔一道工作的部长，使工党支持英国政府的军事政策。

因此，克莱门特·艾德礼虽然表面看上去像其前任的暗淡阴影，实际上却更有内涵。詹姆斯·伯恩斯认为他在外表上和丘吉尔完全相反，而且"极其谦逊"，"从来不装腔作势"，与拐弯抹角的丘吉尔明显不同。艾德礼与身材高大的贝温站在一起，显得更为矮小，贝温体重250磅，任何人与他待在一起，都会相形见绌。然而伯恩斯也承认，丘吉尔和艾登的组合变成艾德礼和贝温后，英国在关键问题上的立场或对波茨坦谈判的实质并未有丝毫不同。

与杜鲁门不一样，自从1940年加入英国内阁之后，艾德礼参与过很多重要决策。他会见过很多美国高级领导人，与他们讨论战略问题，其中就包括罗斯福和马歇尔。尽管丘吉尔的打算是只要保守党在下议院拥有绝对多数地位，自己的继任者就是艾登，而非艾德礼。因此他更依赖艾登充当副首相的角色，艾德礼就没有这样的待遇，虽然其头衔是真正的副首相。罗斯福去世时，丘吉尔没有让艾德礼去美国参加葬礼，而是选择了艾登。

无论如何，在新领导人带领下坚持谈判的英国代表团并未发生什么真正变化。艾登在自己的回忆录中提到这种连续性，他在写从丘吉尔到艾德礼的转换时说："在他们的国家对外政策中，很多人强调个人影响力，但这被夸大了……（个性）对政策没有影响。"至少在波茨坦会议中，其中一个世界上最具传奇色彩的人物消失后，证明艾登是正确的。

第九章

自利的仁慈与复仇的欲望

　　相比之下，俄国人从凡尔赛的例子中断定，为了确保使德国在未来无法重新发动战争，要在德国经济进行任何复兴之前获得赔偿。而美国人和英国人倾向于认为，要让德国赔付什么东西，必须要让其拥有那些东西。因此，获取赔偿时，经济必须实现复兴，甚至应该先复兴后赔偿。

胜利联盟的领袖们在波茨坦会议上考虑如何处置战败的德国，而对于很多世代的人来说，这已是第二次见证这样的问题。1945 年时的人们非常清楚前一代人解决这个问题的方法是多么拙劣。此外，让 1919 年的领袖们感到头疼的政治、军事和经济等困境在 1945 年同样存在，进一步显示出过去的失败，要求这一次得拿出更好的解决办法。与 1919 年参加巴黎和会的前人一样，1945 年汇集到波茨坦的领导人对核心问题没有达成共识，对于什么是合适的解决方案也存在分歧。然而他们的确都认识到，要是再次失败，可能又要为全球性灾难播下种子。

在两次会议中，高级领导人中的强硬派都想肢解德国，摧毁其基础设施，使其永远不能威胁到欧洲的和平与稳定。他们指出，赔偿、割让领土和毁灭德国的工业是对一个罪恶民族的民众进行的正义惩罚，并且为德国的受害者们遭受的痛苦进行平等正义的补偿。他们认为根本问题在于德国在欧洲中部拥有过于强大的力量，强行削弱德国，使其实力远小于过去，能够使未来有最好的机会实现和平。

温和派相信，欧洲心脏地区如果没有一个强大的德国，欧洲大陆永远无法恢复和重建。严厉的惩罚——非理性的经济惩罚会使其更为严厉——可能给未来的经济播下不稳定的种子，就像 1919 年之后的情况一样。德国被摧毁后，也可能使德国民众再次投向极端政治的怀抱。因此，不管德国人民及其政府有罪还是无辜，胜利者都要确保让德国再次强大起来。然而与此同时，他们必须要比 1919 年的前辈们做得更好，保证不让德国的力量威胁到普遍的和平。

这两种意见的出发点都是一样的，即认为 1919 年的外交家们可悲地失败了。因此，《凡尔赛和约》及其后的两战之间又给波茨坦会议投下长长的阴影。对美国人来说，问题的答案似乎在于完全拒绝凡尔赛的经济模式。根据这种历史观，美国为德国赔偿进行担保，并坚持要求英国和法国盟友归还全部贷款和信贷，为经济带来灾难性后果。美国政治家和经济学家认为，赔偿数额过高，威胁到德国——广义上说是欧洲——的经济稳定，因此就德国政府而言，这种惩罚无法对其未来的侵略行为构成有效威慑。因此，赔偿发挥不了效用，其意义就打了折扣，约翰·梅纳德·凯恩斯早在 1920 年就做出了这样的预言。

此外，对于美国财政部来说，赔偿的成本太高，而且美国纳税人不会愿意进行买单。最终德国赔付了 45 亿美元，这一数字虽然很可观，但与巴黎和会上议定的 330 亿美元赔偿总额相比，只算一小部分。赔偿使德国陷入动荡，引发剧烈的通货膨胀，进一步降低了德国偿还赔款的总价值。1924 年，德国马克贬值到外国人都不愿意接受的地步，美国介入进来，制定了《道威斯计划》（Dawes Plan），对德国的债务进行重新协商，但是没有要求取消英国和法国所欠美国债务，而英法之所以坚持要求德国赔偿，就是因为他们欠了的美国的钱。因此，尽管该计划解决了暂时性的危机，并使查尔斯·道威斯（Charles Dawes）分享了诺贝尔和平奖，却对无法维持下去的国际连环债导致的根本性问题没有产生一点帮助。美国人为德国支付赔偿，还使伦敦和巴黎得到的利益远远超过纽约和华盛顿。

结果美国人认为，第一次世界大战之后的赔偿激怒了德国人，为攫取权力的纳粹党等极端分子提供了武器，没能阻止德国的重新武装；赔偿也没有给英国人和法国人带来足够的帮助。实际上，赔偿使德国相对更为强大，而非受到削弱。美国人在1945年担心会再次创造出那种制度，使德国因赔偿陷于破产，留下美国收拾经济乱局。杜鲁门在会议开始之初就提出，他不会同意任何"像第一次世界大战之后我们做过的那种让美国财政部"支付账单的赔偿政策。和1919年时一样，美国人会支持要求盟国全额偿还美国的公私贷款；他们担心，向德国提出不合理的赔偿要求，会使美国更难收回债务。

英国外交官们知道，第二次世界大战之后召开的任何会议都会再次提及盘根错节的赔偿问题，不仅在波茨坦是这样，就在英国国内也会如此。在1919年和1945年的选举中，赔偿都是一个主要的国内政治问题。在这两次选举中，民族主义者提出的赔偿数额都远远超出德国的能力。温斯顿·丘吉尔回想起大卫·劳合·乔治在巴黎的经验，1945年时用"一朝被蛇咬，十年怕井绳"这句极为简明的话对巨额赔偿要求提出反对意见。他指出，同盟国从德国拿走的钱越多，财政困难的英国政府最终还回去的就会越多，除非英国人愿意眼睁睁看着德国人饿死。因此，同盟国必须找到一个方法，给德国人提供足够的资源，以便让他们养活自己，而且不能使德国发展到过于强大。

相比之下，俄国人从凡尔赛的例子中断定，为了确保德国在未来无法重新发动战争，要在德国经济进行任何复兴之前获得赔偿。而美国人和英国人倾向于认为，要让德国赔付什么东西，必须要让其拥有那些东西。因此，获取赔偿时，经济必须实现复兴，甚至应该先复兴后赔偿。在雅尔塔会议上，西方和东方关于赔偿理念的明显差异在丘吉尔和斯大林的两次交锋中表现了出来。丘吉尔主张宽大为怀，称"如果你想让马拉车，必须给它一些饲料"，而斯大林回答说，"应该小心提防那匹马没有转头，反而踢你。"这次谈话尽管像奇怪的拉家常，却反映出自利的仁慈和复仇欲望的显著区别。另一次谈话时，丘吉尔警告说，同盟国"不想面对无数饥饿的民众"，而斯大林冷冰冰地回答说，"一个也不会看到。"

1945 年发生的关于赔偿的争论反映出一个根本性问题，即《凡尔赛和约》对待德国是否过于严厉，从而为下一场战争点燃导火线，或者是否过于宽厚，使德国有了充足的资源进行重新武装。它还引发出一个复杂的问题，那就是究竟如何才能让波茨坦会议上达成共识的赔偿得到执行。法国在 20 世纪 20 年代强迫萨尔区的德国矿工为法国挖煤，以此替代部分赔偿，结果导致德国工人进行罢工，最后让法国政府倒台，这一事例说明执行之难。一些经济学家在 1945 年提出，同盟国应该以实物一次性获得赔偿，而非采用以货币为基础的难以监督的长期赔偿计划。斯大林起初想要拿走的是德国工业核心地带的工厂和德国剩余的商船队，而英国人和美国人很快发现，他和俄国人准备把网撒得更大一些。

与 1919 年类似的经济情况反映出一个战略性问题。那些视德国为欧洲和平主要威胁的人主张将其非军事化，他们认为，《凡尔赛和约》对德国武装部队实施的限制完全能够阻止德国转向军国主义，只要同盟国有意愿执行它们。将德国军队的上限定为 10 万人，取消其总参谋部，禁止其拥有空军，基本上是合理决定，虽然该和约不太明确，没有规定有效的执行手段。他们认为，纳粹在 1930 年代突破那些限制，使德国和欧洲开始走上战争之路，绥靖政策的支持者们对德国的侵略活动袖手旁观，更使这一情况陷于恶化。按照这种观点分析，1945 年的答案是对德国有能力动用的军事手段再次进行约束。另一方面，这次对德国进行了全面占领，使得废除德国军备有了保证。

反对者在 1919 年和 1945 年都表示，德国受到太多削弱，会过于扰乱欧洲的战略地图。他们倾向于从权力失衡的角度看待这个问题。西方人在 1919 年和 1945 年都特别担心德国变弱后，俄罗斯就会对欧洲中部拥有过强的影响。因此，他们反对束缚德国，担心德国贫弱不能带来和平，反而会使欧洲大陆的心脏地带变得更为不稳定。美国驻莫斯科代办乔治·凯南在这个问题上是最强硬的，尽管他并非一直是最有影响力的人物。凯南在 1945 年 5 月写给哈里·霍普金斯的一份备忘录中说，俄罗斯尽管在战争中受到重创，但 1945 年的实力和 1940 年时一样强大，因为德国作为西方的制衡力量已经崩溃。让俄罗斯获得任何赔偿，都会使其更为强大，"让苏联政府有能力从其代价高昂且难以变通的政治计划所造成的经济损失中获取好处"，20 世纪 30 年代的集体化和强迫工业化就是那样的计划。

有鉴于法国和意大利等其他欧洲传统强国的力量都受到削弱，很多英国领导人与凯南有着相同的看法，认为德国恢复过来才能为欧洲大陆带来稳定。正如丘吉尔希望提醒其他西方领袖时说的，俄罗斯的控制范围扩展到德国和波兰，就意味着他们向西发展的脚步在 1945 年达到顶点，只有拿破仑失败后俄军占领巴黎能与之相比。为了恢复欧洲大陆的均势，英国可能需要重建德国和法国，这样才能抗衡苏联，具有讽刺意味的是，苏联在技术上还是英国的两个盟友之一。

这些争论在 1945 年又一次重现，26 年前的巴黎和会代表们肯定对它们极为熟悉。争论的根本条件并未发生改变，大多数本质性问题也是一样：两次世界大战爆发的原因是什么？伍德罗·威尔逊曾在巴黎和会上争辩说，问题不在于德国或德国人民，而在于该国不民主的政府及其过时的贵族体系。因此，威尔逊在美国国会发表宣战演说时表示，"我们与德国人民没有矛盾，除了同情和友谊，我们对他们没有别的感情。在整个战争期间，他们政府的所作所为并非源于德国人民的冲动，他们事前不知情，也没有表示同意。"威尔逊提倡下一代政治家们所称的政权转换；他认为，一个民主的德国要把其经济力量用于民事，不再对任何人构成威胁。

同样的意见再次出现于 1945 年，没有人比美国陆军部长亨利·史汀生说得更好了，他表示，目前提出的要在战后进行严厉处置的建议"是为了过去的罪行，让德国几乎处于极度饥饿，我觉得这是一个严重错误。全面惩罚其战争罪犯，永久性解除其武器、总参谋部甚至全部军队，监督其政府的行为，直到受过纳粹教育的这一代退出历史舞台——不可否认这是一个漫长的工作——但是不要剥夺掉一切，要让其最终建立一个有兴趣以非军事的文明手段行事的知足的德国。"

杜鲁门对此表示赞同，他无疑没有忘记凡尔赛，告诉史汀生说历史上太多和平条约都是不明智地以复仇为基础。或者像一位参加波茨坦会议的美国代表所说，"不可能靠刺刀维持和平"。按照这种逻辑，如果德国要发展成一个和平国家，德国人民就需要一个公平的开始，不能受到高额赔偿、战争罪或肢解领土等阻碍。杜鲁门来到波茨坦时，已经有一份史汀生的备忘录在等着他，这位陆军部长写道："一方面，德国明显创造出一个强大的战争产业，并且两次进行了使用。另一方面，从欧洲整体复兴的角度看，这个地区再次变得有益和有生产能力似乎更为重要……欧洲贸易（1939年之前）在很大程度上以德国的工作为基础。我认为，如果采取重创德国工业和资源的计划，是愚蠢和危险的，可能在未来挑起战争。"

1919年的法国和1945年的俄罗斯看待问题与史汀生存在极大分歧。与1919年的乔治斯·克莱孟梭（Clemenceau）一样，苏联人在1945年坚持认为一点也不应该让德国人过得比受他们迫害过的人好；他们可能还清楚记得史汀生谴责的极度饥饿。波茨坦会议上使用的一份苏联外交文件呼吁，只给德国人留下"无需外来帮助可以存活"的食物。这份文件提出，为了优先支付赔偿，德国的国内消费和出口应该"按比例削减"。俄国人在德国的铁蹄下经受了太多痛苦，他们和以前的法国人一样，认为德国的问题远不能只归罪于其领导人。一些人认为根源出自结构性差异，与邻国相比，德国人口太多，工业实力太强，因此导致力量出现根本性失衡，对此大国可以用高额赔偿和领土调整来纠正。另一些人表示问题出在德国人自身；德国人从来没有经历过真正的民主，数百年来让其军队在社会中占据了太具主导性的地位，缺乏欧洲其他地区拥有的那种制度性约束。

因此，尽管纳粹时期与德国历史明显不符，却没有真正改变如何将德国更深入地整合进欧洲这个根本性问题。第一次世界大战结束后出现的那些意见分歧，在第二次世界大战之后依然如故。波茨坦会议上对于德国未来的讨论，可以直接从乔治斯·克莱孟梭、大卫·劳合·乔治和伍德罗威尔逊在巴黎的克利翁酒店（Hôtel Crillon）里的谈话中找到。

不过 1945 年的德国与 1919 年的德国并不完全一样。首先，最明显的是德国人在 1945 年除了承认彻底失败，没有其他选择。不像 1919 年，德国在 1945 年开始的战后时期无疑会受到占领，并在可以预见的未来受到外国的政治控制。1945 年没有出现"自由军团"（Freikorps）之类的右翼准军事团体；德国人也没有以游击战方式继续进行战争。德国至少以 1919 年时没有出现过的方式接受了失败的命运，尽管德国人似乎也没有表露出占领者希望看到的自责。

其次，纳粹分子犯下的罪恶比起第一次世界大战时期超出了几个数量级。第一次世界大战期间，德国人占领外国领土时虽然也很残暴，但那时没有出现类似种族灭绝和大规模屠杀平民的行为，而这些暴行在第二次世界大战时也很明显。随着纳粹的罪行暴露的越来越多，波茨坦的气氛也明显变得越来越严厉。对于那些有史以来最为残暴的罪行，必须有人付出代价。

参加波茨坦会议的大多数高级领导人无疑不能原谅那些罪行。负责美国占领政策的卢修斯·克莱将军 6 月份提到，德国人在即将到来的冬天可能会感到非常"寒冷和饥饿"。尽管他希望防止德国人遇到大范围的饥荒，不过他也认为某些痛苦会产生积极效果，让"德国人民认识到他们发动的战争的后果"。英国外交大臣欧尼斯特·贝温更为直率，他说，"我想公平对待他们，但我恨他们，真的。"

第三，德国在 1945 年受到的打击远超任何国家在 1919 年的经历。因此，重建德国所需的资源投入也远远超过 1919 年时任何国家的计划。与此同时，如果说对待德国还存在感情的话，也是更为严厉的。于是同盟国进行决策时，要在养活饥饿民众的人道主义需求和追寻复仇和正义的欲望之间取得平衡。杜鲁门的苏联问题顾问查尔斯·波伦发现同盟国的立场中存在着固有的紧张。他看到"在波茨坦的任何一位官员胸中，都没有宽容精神在跳动；没有人想对德国人进行宽大处理"。然而他注意到，西方代表们也明白，"惩罚本身在国际事务中是没有用处的"。克莱、贝温和艾德礼都认为，对德国进行严厉惩罚是正当的，但他们仍然想尽可能迅速地帮助德国进行重建，虽然他们的动机是自利而非人道主义。

7月22日，波茨坦会议进行到一半，负责占领德国的美国高级官员之一弗洛伊德·帕克斯（Floyd Parks）将军接受电台采访，他在谈到柏林的条件时阐述了这一悖论："很多发电厂、自来水厂和污水处理厂无法运行，学校、法院、面包房、银行、剧院——甚至杂货店之类的普通小型设施也不复存在。你能想象一个规模比如说像匹兹堡（Pittsburg）的城市，却没有这些东西吗？如果你能想象得出来，那么就知道我们在这里面对的是什么情况了。"

帕克斯还是设法向美国听众重申，美国政府没有忘记这一切毁灭的根源；也没有要求美国人民无偿为重建德国掏钱。"别搞错，"他说，"我们不是娇惯这些柏林人，也不是向他们卑躬屈膝。你和我，和我们所有人，永远不会忘记酝酿了制造两次世界大战的毒药。如果我们能出手阻止，这种情况就不会再次出现。"他在采访结束时断言，"迅速实现正义，并且利用人类尊严的法则进行调节，是我们柏林军政府的主旨。"事实证明，正义和普遍人性之间的紧张关系在1945年和1919年都是很大的挑战。

在波茨坦会议上，这些原则受到的最主要的一个测试就是战犯问题。如果受到惩罚的德国人太多，就可能引发德国人对于占领的反感，同时也赶走了很多有天分的德国人，而此时同盟国正需要他们的专业技能。但是，如果进行审判的人过少，就意味着很多手上沾满鲜血的人躲过去了。英国倾向于采用宽大的方式，这样既能降低占领的风险，也可以为未来的英德合作打下基础。外交大臣安东尼·艾登在会议的第一天为丘吉尔起草了一份备忘录，主张只对十个人提起诉讼：德国空军司令赫尔曼·戈林（Hermann Goering）、外交部长约阿希姆·冯·里宾特洛甫（Joachim von Ribbentrop）、1941 年 5 月飞到英国后就被英国监禁的前副元首鲁道夫·海斯（Rudolf Hess）、纳粹劳工组织"德意志劳工阵线"（Deutsche Arbeitsfront）领袖罗伯特·莱伊（Robert Ley）、"纽伦堡法案"的主要作者威廉·弗利克（Wilhelm Frick）、希特勒的高级军事顾问威廉·凯特尔（Wilhelm Keitel）、纳粹理论家阿尔弗雷德·罗森堡（Alfred Rosenberg）、党卫军领导人恩斯特·卡尔滕布伦纳（Ernst Kaltenbrunner）、宣传家朱利斯·施特莱彻（Julius Streicher）和纳粹波兰总督汉斯·弗兰克（Hans Frank）。只点到十个人，再加上阿道夫·希特勒和约瑟夫·戈培尔已死，使那么多的死亡与毁灭变得没有意义，但这样做符合政治需要。

苏联认为，这个名单太短，要求对纳粹体系进行更为彻底的清洗。俄国人在波茨坦会议上指出，英国人违背了业已达成的要求对纳粹官员进行更大惩罚的协议精神。1943 年 10 月，斯大林、丘吉尔和罗斯福共同发表《莫斯科宣言》（*Moscow Declaration*），誓言同盟国将惩罚那些战争暴行的责任人。这个协议与其他此种类型的一样，对于打算起诉的战争罪犯并未给出最终数字，也没有提及司法程序，但是俄国人明显想要一个规模更大的战争罪审判体系。

鲁道夫·海斯成了一个风向标。1941 年 5 月，他从德国飞到苏格兰，想为德国和英国营造和平，此举显然没有得到希特勒的允许。英国人判断他的头脑有问题，对他进行精神病观察。因为海斯曾经提出英德合作发动反苏战争，因此斯大林想让英国人把他交由苏联关押。斯大林在波茨坦再次提出这一要求，甚至表示愿意支付海斯在英国花费的宾馆住宿费用，以加速移交进程；斯大林认为英国对海斯的处置无可辩解地宽容，这种意见更是坚定了他的看法。

英国人主张将战争罪审判地点设在纽伦堡，纳粹从 1923 年到 1938 年在那里多次举行过臭名昭著的集会，波茨坦会议讨论此事时，英国获得胜利。英国人认为，在纽伦堡进行审判，比在柏林更能象征新德国去纳粹化的状态。在维持小规模受审人员方面英国也占了上风。在波茨坦会议上，同盟国为未来的战争罪审判定下基本原则，并写入 8 月 8 日发表的《伦敦宣言》（*London Declaration*）。艾登名单上的人都于 1945 年 11 月到 1946 年 12 月间在纽伦堡接受了审判，在英国点名的这十个人中，只有三个人确证有罪并被判绞刑，戈林和莱伊自杀，逃脱了被处决的命运。海斯被判终身监禁，在斯潘道监狱（Spandau Prison）受到单独监禁。尽管英国、法国和美国在 1970 年代批准释放海斯，不过苏联表示反对，而放人必须得到一致同意才行。他于 1987 年死在斯潘道监狱。

胜利联盟战后在德国有着范围更广的合作与协调计划，处置战争罪犯的共同政策只是其中一部分。甚至在会议开幕之前，三国高级军事领导人就制定出了一个共同占领统一的德国计划。在美国和英国的要求下，法国作为第四个国家加入进来，意在分担占领的义务，但是，苏联坚持主张法国占领区由英国和美国占领区分割出来。苏联也反对法国加入赔偿委员会，除非波兰能进入，后来他们达到了这一目的。四国将拥有平等发言权，所有关于占领政策的决定都需要取得一致同意。占领军总司令部每十五天在四国占领区轮换一次。哥伦比亚广播公司很有先见之明，在一次新闻广播中称这种制度是"一项试验和挑战，看看我们相互展现出的好意是否真能付诸实践"。

四国都誓言，7 月 15 日——即会议召开前两天——开始向柏林运送食物。美国人如期开始运送全部分担的部分，但抱怨俄国人运来的食物中有他们先前承诺的三分之二。然而，这个共同占领制度似乎大体上运作平稳。四国共同制定政策，重建德国媒体，重开学校、法院和剧院等公共机构，以遏制猖獗的黑市。在黑市上，一箱香烟能卖到 100 美元，美国军用吉普这种大件商品也开始出现。为了应付飞涨的食物和燃油价格，绝望的德国民众把财产拿出来变卖，使黑市更为兴盛。大多数德国人都坚信，把能卖掉的都卖掉，也比冒着让俄国人拿走的风险好。

同盟国想把四国联合占领德国发展为将来的合作范式，并向外界表明自从年初就德国的未来进行争论以来已经取得多少进展。在雅尔塔会议上，苏联外交官伊万·迈斯基曾经建议把德国分成三个国家：北方为新教国家，南方为天主教国家，莱茵兰工业区也成为一个国家。罗斯福建议改成五个国家，斯大林一度主张改成多达七个国家。丘吉尔不希望中欧地区出现权力真空，倾向于将德国按传统的南北宗教区分划为两个国家。法国和 1919 年的时候一样，要求将莱茵兰地区从德国分割出来，或许把萨尔和鲁尔工业区也拿走。斯大林表示赞同，主张对鲁尔区和威斯特伐里亚进行国际托管。

有一段时间，肢解德国成为同盟国的政策。这一计划由美国财政部长、富兰克林·罗斯福的朋友之一亨利·摩根索牵头，在战争的高潮期间拟定，要求在战后创建两个德国，分别为北方主要以新教为主的国家和南方主要以天主教为主的国家。萨尔、鲁尔和上西里西亚等工业区或者划归德国的邻国，或者按斯大林的提议实行国际托管。然而，保留下来的德意志国家会失去一切工业资源，因为大部分要交给俄罗斯，用以代替长期的货币赔偿。为了让德国人清楚认识到他们的战争罪责，数年内将不会向他们提供国际援助。此后德意志国家将是农业化的，不得重新进行工业化。他们也将在所有的国际组织中失去代表资格，不过不会遭受第一次世界大战以后发生的军事占领或那种长期性赔偿。摩根索的话说得很明白，"我们要么阉割掉德国人，要么得让他们不能只是复制想继续其从前的道路的人"。

这个计划很严厉，纳粹宣传家对其大肆利用，使得很多西方军事领袖担心，它会刺激德国人顽抗到最后时刻。陆军部长亨利·史汀生直率地指出摩根索的犹太教背景，称这个计划是"疯狂寻求报复的亲犹太政策"，预言它将"为下一代人参加的另一场战争播下种子"。罗斯福公开淡化这一政策，担心共和党会在1944年的大选中对其进行利用。共和党的确将其作为一个话题，候选人托马斯·杜威称该计划太严厉，会毫无必要地延长战争，并有助于德军招兵买马。

然而几乎从摩根索计划拟定之初，两国主要领袖就开始从道德、经济和政治方面提出反对意见。安东尼·艾登认为，贫弱的德国无力购买英国出口的商品。史汀生继续从华盛顿带头批评，称该计划是"以笨拙的经济活动为形式进行的……大规模报复"，宣称它将"在德国引发非常危险的反应，可能是一场新的战争"。经验丰富的美国政治家科德尔·赫尔表示赞同，他所做的估计非常可怕，认为这一计划如果付诸实施，40%的德国人会被饿死。斯大林也表示反对，他在1945年5月告诉亨利·霍普金斯说，他想用肢解德国这一威胁惩罚"恶行"，但并不支持将肢解作为战后政策。他倾向于对完整的德国实行联合占领。

杜鲁门也反对摩根索计划，不过他在1945年签署了参谋长联席会议第1067号指令（JCS Directive 1067），禁止美国政府为任何意欲修复德国经济的措施提供经济支持。这个指令显然是摩根索以及用他的名字命名的计划的胜利。然而到波茨坦会议召开时，同盟国的立场已经与摩根索计划大为不同，杜鲁门的变化尤其明显。杜鲁门认为它是一个糟糕的公开政策，再加上他极其不喜欢摩根索这个人，因而更坚定了这种看法。

1919年的幽灵又一次游荡在波茨坦。詹姆斯·伯恩斯注意到，美国代表团决定"用我们第一次世界大战的经验来指导"，确保美国不会重复其领导所认为的当年的两大错误。首先，代表们指出美国曾经通过国际贷款和信贷体系，基本上为德国在第一次世界大战后的赔偿买了单。伯恩斯尤其坚定不移地表示，美国不会再这样做。第二，代表们说，美国没有有效地把第一次世界大战的赔偿问题与政治改革和经济复元等更大的问题联系起来。换句话说，美国为德国的赔偿付钱，因此间接帮助英国和法国重建，却没有获得任何回报。杜鲁门真心诚意地赞同这种看法，他隔着采琪莲宫红色的桌子滑给约瑟夫·戴维斯一张纸条，上面写着，"乔（约瑟夫的昵称），我希望继续让他们明白，我们想尽我们的本分，但我们不会像以前那样支持欧洲或支付赔偿。"对这两个人来说，1919年的事情依然是一个鲜活的例子，提醒美国不要插手棘手的战争赔偿问题。

同盟国在1945年争论到底应该让德国赔偿多少钱时，第一次世界大战的例子也有影响。这个问题在1919年争论最为激烈，致使英国经济学家约翰·梅纳德·凯恩斯对胜利国的无能和贪婪提出严厉批评。他指出，协约国从德国拿走的钱太多，为1920年代初让欧洲深受其害的萧条和 1930 年代重创全球经济的更大灾难设下条件。他认为，实际上协约国提出的赔偿要求远远超过德国的支付意愿，不仅设定了美国付款的连环债，还使德国人对《凡尔赛和约》长期感到愤怒。摧毁德国经济鼓励了各国将其经济民族主义化，也危及欧洲的整体复苏。

因此，凯恩斯从 1919 年参加巴黎和会的立场出发，发现摩根索及类似计划是"疯了"。他表示，摧毁德国经济只是欧洲跟自己过不去。他在 1944 年与摩根索会谈时，以其尖酸的风格描绘出美国的计划将会如何演变。"当山丘变成牧羊场，领取救济品的人会挤满山谷，"他写道，"我不能想象自己如何能不动声色。"凯恩斯认为欧洲在 1919 年之后遭遇的惨败又在重现，因为德国的前敌手意欲剥夺其能力自肥。他觉得这种计划会危及欧洲其他地区的经济复苏；它也会使早已捉襟见肘的英国财政部被迫背上养活德国人的担子，而英国没有能力迎接这个挑战。

美国人和 1919 年时一样，为了复兴德国，寻求降低赔偿总额。美国驻苏联大使阿福瑞尔·哈里曼 7 月 6 日给伯恩斯写了一份秘密备忘录，指出同盟国只应该利用赔偿打击"德国制造战争的能力，方法是消灭具有战争潜力的那部分德国工业能力"。哈里曼明确将他的计划与 1919 年进行对比，指出从德国获取的任何赔偿都应该是实物形式的，不能用货币；与罗斯福在雅尔塔时主张的一样，他建议这些赔偿应该直接用于帮助遭到德国蹂躏的受害者进行重建，而不是给战争期间为同盟国提供贷款的银行和政府财政部。让德国支付赔偿时，应该使其民众维持与欧洲总体水平相当的生活标准，不应该过于严厉，那样会迫使其他国家背上养活德国人的责任。杜鲁门赞成这个备忘录，它成为其考虑波茨坦会议的基本出发点。

美国参谋长联席会议也表达了自己的意见，在一份备忘录中向杜鲁门提出要使德国维持统一。他们认为，肢解德国不会消灭"过去一个世纪以来德国人特有的侵略性民族主义"。相反，它可能为同盟国努力压制的那种民族主义火上浇油。只有德国维持为一个国家，由其征服者共同统治，才能让其自给自足，并在战后世界中朝向更为和平的方式发展。这种政策也会降低资金和人力方面的投入，否则在占领德国时，美国人将不得不花费高昂的成本。

美国的宽容出于自利，不过历史似乎在进行重复，苏联在波茨坦提出 200 亿美元赔偿的半数应该付给他们，尽管这个数字与他们宣称的 1280 亿美元战争损失相比只是一小部分，这个赔偿数字肯定会在未来的岁月中压垮德国经济。此外，大多数能当作赔偿的工业财产都在西占区，最显著的就是鲁尔河谷（Ruhr valley）。如果同盟国坚持俄罗斯提出的高额赔偿要求，如果继续维持共同占领政策，那么德国经济确定会崩溃。克莱门特·艾德礼注意到，俄国人似乎不关心。"就'斯大林'而言，"他后来写道，"可以把他们都饿死。"英国想利用更为温和的手段，很大程度上是因为英国经济在战后需要德国的消费者和供应商。

赔偿问题在 1945 年和 1919 年一样复杂，美国财政部的首席银行家当时曾经说，与巴黎和会上讨论的其他任何议题相比，这个问题"制造出的麻烦、争论、不愉快和拖延更多"。在波茨坦会议上，这个问题依然是争论的焦点，而且除了苏联现在扮演起法国的角色，其他方面几乎没有什么变化。莫洛托夫以 1919 年的法国总理的口吻，在波茨坦告诉伯恩斯说，他的国家的大片领土"曾经被德国人占领，工厂和城镇变成焦土"。"与德国军人所造成的破坏相比"，任何从德国取得的赔偿都"微不足道……他们没有在美国或英国领土上干这些事"。

　　为了解决这些问题，伯恩斯提倡各方从本国占领区中取得赔偿。这个计划首先于 7 月 23 日在波茨坦的外长委员会上获得讨论。莫洛托夫要求了解雅尔塔会议达成的要求德国赔偿 200 亿美元、其中一半付给苏联的决定是否还有效。伯恩斯提出已经无法实现，因为自雅尔塔会议之后，已有 400 多万德国人逃到西方（其中将近 80 万人到了柏林的西占区），仅仅美国方面就增加了 15 亿美元的直接支出。他告诉莫洛托夫，不管什么样的赔偿计划，如果严厉到迫使美国纳税人背上养活那么多德国人的负担，他都不能支持。

　　4 天后，赔偿委员会的美国代表埃德温·保利（Edwin Pauley）又一次警告莫洛托夫说，赔偿分配制度会把为德国难民提供食物和住所的责任丢给美国。同时，俄国人加速掠夺德国的资源。保利警告说，最终结果将使美国人急于避免的第一次世界大战后的方案再次还魂，美国向德国投入资金，其他人再把钱拿走。他在 7 月 27 日提交给苏联外长的一份备忘录中坦白明确地描述了这一难题："因此，我们会重复第一次世界大战之后的一个最坏结果。美国被置于必须和从前一样处理赔偿问题的地位，这一切是由苏联政府造成的。正是由于这个原因，我们（在两天前）提交了进一步的建议，正式承认搬迁将以占领区为基础。我们承认这是令人遗憾的，不过鉴于苏联政府的单方面行动，也是无可避免的。"

　　保利承认第一次世界大战的经验即使没有苏联正在显露的猜疑影响大，可能也和后者差不多，它们使美国放弃了将德国维持为统一经济体——然后成为政治体——的想法。

　　将赔偿按区划分，每一方都能够实施自己的政策，同时避免令人胆寒的 1919 年历史案例重现。美国人和英国人能够削减甚至放弃赔偿，因此可以把德国的资源留在德国，缓解美国援助德国人的一些负担。此外，默认苏联在德国东部进行掠夺，能够回绝苏联提出的分享西部有价值厂矿的要求，德国81%的煤矿和86%的钢铁生产都位于西战区，那些资产是德国经济复苏时不可或缺的。根据德国苏占区的美国情报人员报告，当地人声称"所有的东西都被拿走了，我们不知道该去哪里"。他们发现，苏联"战利品旅"把见到的一切都视为战争缴获物，包括根本没有军事价值的东西，然后把它们全都弄回俄罗斯。"这项工作是高度组织化的，"美国特工报告说，而且俄国人"似乎很享受他们的工作"。划区赔偿计划可能让东部地区成为牺牲品，但至少能保护西部地区免受保利所称的"有组织的蓄意破坏"的俄罗斯政策。

按区获取赔偿明显违背了同盟国联合占领德国的精神，但是伯恩斯认为，这是保护鲁尔区的德国重要工业设施不被苏联拆除并整体运走的方法。俄罗斯提出因为受到德国的"严重伤害"或对胜利有较大贡献，因此有权得到较多赔偿，他依据自己的原则对此予以拒绝。他知道，不管他们在波茨坦有了什么样的决定，俄国人和波兰人都早已开始将德国东部掠夺一空，这意味着东部的大部分农业资产最终都将不属于德国，因此联合占领实际上没有任何意义。杜鲁门宣称曾亲眼看到柏林的工厂已经一无所有，设备都被运往俄罗斯，尽管不清楚他何时见到过这些情况。因此，按区分配战利品可以保护德国西部的资产免遭俄罗斯的贪婪掠夺，同时宣示英国、法国和美国对东部的收获基本不怀企图。正如7月30日的一份美国报告所说，"我们进口（到德国）的东西就是允许俄罗斯从德国拿走的赔偿，这是我们（向俄罗斯）支付赔偿的另一种方式。"考虑到第一次世界大战的经验，没有哪个美国或英国代表团成员想看到这种计划借尸还魂。

美国人和英国人对俄国人非常了解，杜鲁门称他们是"天生的掠夺者"，而他们已经开始往俄罗斯运送德国的财产。美英方面还知道，俄国人把位于波兰、匈牙利和罗马尼亚的德国资产也弄走了。美国人和英国人并且了解到，俄国人计划向西班牙和瑞典政府施压，要求这两个国家也将其领土上的德国资产交出来。7月18日，伯恩斯在波茨坦收到一份报告，称苏联已经自行从罗马尼亚拿走以前属于德国的租约；其他从华盛顿发到波茨坦的报告显示，苏联也攫取了德国人以前存在罗马尼亚银行里的资金。美国人也得知，俄国人获得了与V-1和V-2火箭计划有关的科研数据、德国军事实验室的所有科研材料，还有柏林地区大学和研究所中留存的科研设施。听到这些报告后，杜鲁门表示俄国人已经掌握了从棺材和尸体中偷盗的艺术。史汀生对俄国人的特性破口大骂，称苏联的掠夺政策源于其"东方"本质。

因此，俄罗斯意欲吸干东欧和德国的图谋已经昭然若揭。在波茨坦会议的一个场合，伯恩斯直率地问莫洛托夫，俄罗斯是否从被占地区运走了"战利品"，那些战利品的价值是多少。莫洛托夫承认他们已经实现了价值3亿美元的"多种搬迁"，他建议将这个数字从苏联最初要求的100亿美元赔偿中扣除。后来还在那次会议上，他提出将苏联的要求减掉10亿美元，"以解决这个问题"，含蓄承认了苏联在未取得三国共识前就进行拆迁转移的规模。他的提议也显示，按区搬迁和赔偿已经是既成事实。

然而，没有人认为从各自的占领区拿走战利品只是为了解决棘手的赔偿问题而做出的暂时性安排，伯恩斯肯定也这样想。保利甚至在7月27日发给莫洛托夫的备忘录中尖锐而明确地表示，"我们的建议不必妨碍"使德国维持统一的概念。大多数代表都希望达成某种版本的共同占领计划，对此霍普金斯和斯大林曾于 5 月份在莫斯科进行过讨论。1919
年的幽灵又一次在这里浮现。霍普金斯出使克里姆森宫后，当月在发给
杜鲁门的报告中提到，同盟国不能重复过去的错误，不能紧盯着德国任
何新政府，非要让其负起着辱性失败和高额赔偿的责任。霍普金斯想到
摩根索肢解德国的计划，并注意到"不可能维持因战败导致的政治真空"，
在报告中说，"任何政治组织如果试图执行目前正在考虑的过重要求，
都不可避免会被德国人视为卖国贼和维希分子（指挪威和法国合作者）。"
尽管他强烈主张需要"让德国人民相信，他们在军事上遭遇彻底失败，
不能躲避他们为自己招来的责任"，不过依然想找到避免 1919 年错误
重演的方法。肢解德国会制造出与两战期间很多民族统一主义者的争论
类似的情况，如与苏台德和波兰走廊有关的问题。他写道，最重要的问
题在于，"为了着眼于长远，一定要避免重复魏玛经验"。

　　换句话说，他认为任何要求肢解领土的条约都不得人心，一个脆弱
的国家如果签了字，会再次背上沉重的负担，美国和苏联都不应该支持
这样的计划。"德国人民，"霍普金斯表示，"不会心甘情愿地将国家
分裂永久性接受下来。"他写道，没有哪个重要组织"质疑 1871 年的
定论"，或者意图瓦解在那一年完成的德国统一。他认为，俄国人从政
治和经济的角度出发都对此表示赞同。因此，同盟国的政策应该是强调
在所有的德国占领区都实行统一治理，并应找到方法瓦解先于德国联邦
制度就已在该国存在的政治势力。这一制服会削弱德国的军事力量，同
时不损害其经济和政治结构。在分析的末尾，他主张创造一个统一且非
军事化、非纳粹化的德国，主要由各州而非柏林的中央政府来治理。

　　因此，德国西部边界与战前时代相比不会发生变化。大国否决了沿
基尔运河划界，将石勒苏益格（Schleswig）与荷尔斯泰因（Holstein）

转交丹麦的建议。他们还拒绝对德国的工业区实行托管并将莱茵兰从德国分离出去，法国民族主义者曾在 1919 年提出这样的主张。大卫·劳合·乔治当时曾把德国割让莱茵兰称为"阿尔萨斯—洛林的反转"。1945 年，代表们使用同样的语言提出同样的看法。7 月 17 日，一份与该问题有关的备忘录使用劳合·乔治会非常理解的语言提到，英国人和美国人不能保证对德国任一地区无限期进行占领，而割让莱茵兰肯定需要这样的占领。因此，同盟国不能承受德国西部边界出现任何领土变更的风险。又一次，主要变化会出现在东方。

第十章

波兰的命运

　　某种程度上为了防止波兰问题成为又一轮战争的开端，三巨头在波茨坦会议上必须尽快找到解决方案。把东欧各地成千上万的所谓流离失所者遣返到一个新波兰，构成最直接的挑战。波茨坦会议召开期间，本来计划接纳 2000 人的难民营，挤进去的人达到十倍之多，而且人数每天还在增加。

　　然而，在波茨坦举行的会议迫使同盟国再次面对 1919 年时最棘手的问题，即波兰的命运。第一次世界大战结束后，列强重新创立了一个独立的波兰国家，自 1795 年所谓的"第三次瓜分波兰"之后，首次让她回到欧洲版图之中。为新波兰找到边界，会满足威尔逊主义的民族自决原则，同时也保证出现一个经济上和军事上都可行的国家，不过这是一个艰巨的挑战。三巨头最终以布格河（Bug River）作为乌克兰—波兰边界，这条线基本上维持至今。该边界自 1919 年之后被称为"寇松线"（Curzon Line），因为它的出现应该归功于那位英国外交官，不过却是没有一个人感到高兴的妥协的产物。因此，波兰从以前的德国、奥匈帝国和俄罗斯帝国的领土上被切割出来，她只要存在，就会惹恼德国的新魏玛共和国和苏联。列强没有征求这两个国家的意见，就做出了决定，所以她们都垂涎波兰的土地和争议边界。新的波兰政府对"寇松线"把数百万波兰人划在波兰边界之外感到愤怒，从战略和种族的角度都对其拒不承认。

新波兰的边界漏洞百出，敌人环伺，英国、美国和法国为其确定的政治边界与种族边界不相符。尽管存在这些问题，不过西方起初还是对波兰寄予厚望，想让其成为制衡德国和俄罗斯的潜在力量。法国和英国失去了战前盟友俄罗斯，把创建新波兰当作一种补偿方式，但是这两个国家的国防经费都不足，能为波兰提供的支援很是有限。地缘上也对波兰不利，正如波兰人 1939 年发现的，当危机爆发时，他们的英国和法国盟友离东欧的毒蛇巢穴太过遥远。

大多数邻国或者出于战略因素，或者想争夺资源丰富的地区，都反对创建波兰，并想将其消灭。一位苏联高级外交官称波兰是"凡尔赛的杂种"，这个绰号基本反映出德国人和俄国人对待波兰的态度。苏联没有代表参加巴黎和会，因此在创建新波兰时无缘置喙，于是一心制造困难，即使这个杂种渡过婴儿期，也要给她一个极端困难的童年。1919年 2 月，革命的苏联和新生的波兰发生战争，当时巴黎和会甚至还没结束。交战双方都想推翻三大国在遥远的巴黎划定的东欧新边界。

俄波战争威胁到欧洲刚刚付出惨重代价才获得的和平。波兰在西方一度成为轰动一时的明星，是冒着巨大的危险抵抗东方布尔什维克威胁的新生民主国家。协约国为波兰提供武器装备和顾问，帮他们尽可能将共产主义向东方驱赶，法国在这方面尤为积极。当时的人谈起波兰在1920 年的"华沙战役"（Battle of Warsaw）中大胜苏联，都将其比作732 年遏制摩尔人入侵法国的"图尔战役"（Battle of Tours）。在这场战争中，俄国人扮演了穆斯林的角色，从边缘地区入侵欧洲，威胁摧毁欧洲文明。

当然，俄国人看待这场战役态度极为不同。在华沙大门口被打败，苏联被迫接受俄波边界，即所谓"里加线"（Riga Line），这个名称源自 1921 年签署条约的那座城市。新的俄波边界为三大国在巴黎创建的波兰增加了 7 万平方英里领土，几乎与美国的密苏里州相当。划定"里加线"，让波兰得到了维尔纽斯（立陶宛语：Vilnius；波兰语：Wilno）和利沃夫（波兰语：Lwów；英语：Lviv），虽然这两座城市中的居民大部分都不是波兰人，不过波兰人认为它们对其过去和未来都有关键意义。利沃夫在新近扩大版图的波兰中成为第三大城市，这让乌克兰人感到极为痛苦，因为其领袖想把它设为新国家的首都。

三巨头在波茨坦会议上（左二为约瑟夫·斯大林，中间为哈里·杜鲁门，右为温斯顿·丘吉尔），海军上将威廉·莱希站在左四位置，面朝他的左方。会议末期将出任英国首相的克莱门特·艾德礼在后排丘吉尔和杜鲁门的中间。（美国陆军传承与教育中心，哈里·杜鲁门照片集）

没能拿下利沃夫，也让"华沙战役"期间担任该城市苏联政治委员的约瑟夫·斯大林心生怨恨。斯大林在利沃夫领导的军队从来没有参加这场战役，苏联体系中的一些人指责他不作为、不称职，导致战役失败，并拿苏联输掉这场战争，列夫·托洛茨基（Leon Trotsky）的批评最为严厉。斯大林应对那场败仗负什么责任依然是一个存在历史争议的问题，但他感到愤怒和屈辱是毫无异议的。与绝大多数苏联领导人一样，斯大林把波兰的存在视为对苏联安全的威胁和过去失败的象征。在整个两战期间，苏联官员一般都把波兰称为"西白俄罗斯"或"西乌克兰"，就在名称上也不承认这个国家在欧洲的地位。

利沃夫及其腹地有着丰富的经济资源，不过民族构成也很复杂，波兰将之吞并之后，西方领袖们很是愤怒，很快对促进他们刚刚创建的此类小国的事业失去兴趣。大卫·劳合·乔治听到波兰吞并东西里西之后评论说，"它改变了我对小国的看法，让我充满失望，前不久他们还很难见到自由的光亮，现在却开始压迫其他种族。"西方政府尽管在1920年代一度被波兰迷倒，但是看到各种波兰党派进行的政治内斗及他们提出的更大的领土主张后，很快醒悟过来。英国和法国通过1925年的《洛迦诺条约》（Locarno Pact）与德国实现关系正常化，并允许德国加入国际联盟，条件是要求德国承认不变更西欧的边界，但没有提到东欧。西方把《洛迦诺公约》说成是伟大胜利（参加谈判的法国和德国外交官共享了1926年的诺贝尔和平奖），但是波兰领袖们无法忽略这个公约为其国家发出的信号：波兰不能依靠西方民主国家维持自己的利益。

1938年慕尼黑危机期间，波兰占领了捷克斯洛伐克多民族聚居的捷欣（Zaolzie）地区，证实了西方领袖对波兰人所持的负面印象，他们认为波兰人是贪得无厌的机会主义者，只有符合自己的利益时才对民族自决感兴趣。同时，那场危机又一次让波兰人在心中强化了《洛迦诺公约》的教训，即西方并不真心关心中欧诸国的命运。然而，英国人和法国人在 1939 年对波兰做出安全保证，使他们再次被卷入一场世界大战。不过从波兰的角度看，当德国在当年末期发动侵略时，西方盟国并没有提供实质性援助。而当苏联追随德国的脚步，恢复"寇松线"并终结波兰短暂的独立时，西方也是袖手旁观。

第二次世界大战期间，波兰军队在多个战线上与盟军并肩作战，但是却频频怀着困惑和愤怒，看着英国人和美国人为了维持与波兰的头号敌人苏联结盟，不惜牺牲波兰的利益。例如，盟国接受苏联对 1940 年在卡廷森林屠杀数千波兰军官的事件做出的解释后，波兰人不得不默默忍受下来。波兰人知道，俄国人制造了这场屠杀，但为了取悦苏联，英国人和美国人默认了德国人才是真正黑手的谎言。更让人懊恼的是他们还向波兰流亡政府施压，要其在此问题上保持沉默。

在美国人和英国人看来，波兰既值得同情又让人感到不解。就在波茨坦会议即将召开前，外交官约瑟夫·戴维斯给杜鲁门总统转发了《巴尔的摩太阳报》的一篇社论，其中提到美国人同情波兰，称其为"坚强而勇敢"。不过这篇文章同时形容波兰领导人受到"狂热的蠢行"驱动，"不是优秀的政治家"。此外，该社论提到，波兰问题极为复杂，美国人基本上没有能够掌握的希望。"几位历史学家穷其一生进行研究，"《太阳报》提到波兰问题时说，"依然不能确定真相在哪里。"

或许因为波兰局势的复杂性，第二次世界大战中期，英美领袖对波兰政治家越来越没有耐心，后者想让波兰以"里加线为界"，并要求从德国的西部和北部割取大量土地。他们要求得到全部东普鲁士、西里西亚和波美拉尼亚，还有德国的赔偿。丘吉尔和罗斯福没有告诉伦敦的波兰流亡政府领导人，他们已经在德黑兰会议上与斯大林达成一致，将"寇松线"当做战后的俄波边界。丘吉尔在1944年1月向下议院发表讲话时，波兰领导人首次得知这一协议。语言也是个问题，尽管"寇松线"几乎就是"莫洛托夫—里宾特洛甫线"，三巨头还是使用以前的叫法，因为后者源自1939年的《纳粹—苏联条约》，暗含着令人不快的反俄意味。

罗斯福的一大批选民是关键摇摆州的波兰裔美国人，波兰领导人曾经希望他可能会比丘吉尔更愿意为波兰说话。罗斯福确实明白政治现实，但就在1944年的大选开始之前，他委婉地问波兰大使，"如果苏联越过你们以前（里加线）的边界，你希望我们和大不列颠向乔·斯大林宣战吗？"然而罗斯福毕竟是政治家，这次会见波兰大使时，背景是一幅以"里加线"作为其东部边界的大型波兰地图，带有这幅地图的会面照片被显著登载于全国的报纸上。在会谈中，罗斯福暗示他可能支持将边界划在"里加线"和"寇松线"之间，至少让波兰得到利沃夫。当英国外长安东尼·艾登了解到罗斯福的话以后，他说，"波兰人要是对这些空洞大方的承诺有一丁点相信，他们就是自欺欺人。"他知道丘吉尔在斯大林的催促下，早已告诉波兰流亡政府说，那座城市将划给苏维埃乌克兰。

俄国人对于东欧边界的立场在1945年赢得西方的很大同情。丘吉尔当年2月在下议院表示，俄罗斯对"寇松线"拥有权利"并非（因为）俄罗斯的军事力量，而是他们的主张是正确的，因此有说服力"，俄方认为那条线最能代表该地区的种族边界。罗斯福表示同意，3月份公然说出极少有波兰人居住在那条线以东的错话。很多西方人对他们认为的俄方战略需求表示同情，他们相信，俄罗斯在一个半世纪内三次遭到来自西方的入侵，因此有权确保自己的安全。一家英国报纸在1945年7

月宣称，俄罗斯由于在击败德国的过程中付出巨大的牺牲，所以有权从东欧获得经济赔偿："俄国人在（被占领）国家生活，夺走他们的机器。显而易见的事实是俄罗斯西部因为受到德国的蹂躏，已经成为废墟，苏联政府正使用这种方法应急，好让自己的国家重新运转起来。这对那些受到影响的国家来说可能是艰难的——确实艰难，但从俄国人的角度来看是可以理解的。"

俄国人没有对参加 1944 年华沙起义的波兰人施以援手，毫无疑义地表明苏联意图借纳粹之手摧毁波兰及其领袖。与 1920 年时一样，斯大林让他的军队止步于华沙的大门口，这次是让德国人在争夺这座城市的血腥战斗中打击波兰起义者，半个华沙在战火中被毁，多达 15 万波兰人丧生。斯大林称这次起义是一个"愚蠢的冒险"，把波兰抵抗力量叫做"一小撮犯罪分子"。他甚至拒绝让盟军使用苏联机场援助起义者。然而在西方，华沙起义与几乎同时发生的解放巴黎一起成为一个象征，显示纳粹对欧洲人民的奴役开始走向终结。斯大林拒绝为起义提供任何帮助，使得乔治·凯南将苏联的政策称为"怀着恶意的快感撂下的挑战"。斯大林显然在告诉西方，波兰属于俄罗斯，而且只有俄罗斯能够决定其命运。

苏联因为拒绝援助波兰人，在西方招来批评的浪潮，但是西方领袖们决心不让关于波兰的争议成为第三次世界大战的肇因。英国人虽然在 1939 年将波兰当作宣战的原因，不过在 1945 年却不愿意再这样做。4 月 2 日，美国陆军部长亨利·史汀生与乔治·马歇尔将军进行过一次讨论后在日记中写道，西方将不得不接受苏联对波兰持有的不妥协态度。马歇尔也同意苏联的行为"非常糟糕，让人感到愤怒，但（他）认为我们必须忍受下来"。史汀生自己得出结论说，"从军事观点来看"，"如果苏联坚持不让步"，对苏联在德国和波兰提出的领土要求"提出严正反对显然是行不通的"。换句话说，如果西方必须靠牺牲波兰来实现欧洲和平，那么就只能这样做，除此之外别无选择。

2 月在雅尔塔，三巨头甚至没有邀请波兰人参加可能决定其未来的那次会议。不出所料，斯大林要求以"寇松线"为界，这将使苏联在1939 年的《莫洛托夫—里宾特洛甫条约》中获得的成果固定下来。俄国人得到"寇松线"后，1939 年侵略波兰的行动就合法化了，利沃夫将脱离波兰，参加雅尔塔会议的每个人都知道，波兰人不会轻易接受这种可能发生的事。对丘吉尔来说，他从长远观点出发，宣称苏联提出这些要求只不过是想推翻第一次世界大战的裁决。"当前的战争，"他在1942 年告诉伦敦的波兰流亡领袖们说，"是第一次世界大战的继续，伯恩斯只要求收回 1914 年参加战争时拥有的领土。"与其谈判的波兰领袖们断定，丘吉尔同情苏联对"寇松线"怀有的渴望，毕竟那条线是英国人最先提出来的。

尽管俄国人因为在波兰问题上极为执拗，使西方领袖难以同情其立场，丘吉尔却明白问题的关键。不管斯大林是因为 1920 年的失败，还是认识到需要掌握西方边界（或者兼而有之），在雅尔塔会议上对波兰都怀有非同寻常的感情。"你的军队解放波兰了吗，丘吉尔先生？"斯大林质问道，"你的军队解放波兰了吗，总统先生？"虽然波兰人肯定不把进入其领土的苏联军队视为解放者，但美国和英国都无法逼迫斯大林接受在他看来伤害苏联利益的结果。哈里·霍普金斯告诉罗斯福总统说，斯大林和俄国人认为，波兰是一个"根本性的、甚至是生死攸关的"问题，对此他们不会轻易让步。丘吉尔一度挑战斯大林，称英国在波兰投入了 1.2 亿英镑，所以有权对波兰的未来有发言权。斯大林严厉反驳说，伦敦的波兰流亡政府对其慷慨的支持者表现出卑鄙的忘恩负义，任何"外国统治者"要是也对英国人也表现出这种行径，都应该剥夺掉他们对自身未来的发言权。丘吉尔无言以对，他在波茨坦会议上的这种反应很是罕见。

不管西方领袖们多么出手相助，不过波兰问题的重要性仍然远不能与斯大林相比。罗斯福称波兰"让全世界头痛了五个世纪"，丘吉尔厌倦了伦敦的波兰流亡政府对"寇松线"毫不妥协的反对，警告其领袖"要关注依然可以拯救的东西，而不是哀悼已经失去的"。1944年10月，丘吉尔生气地告诉广受欢迎的波兰流亡领袖斯坦尼斯瓦夫·米科瓦伊奇克（Stanisław Mikołajczyk）说：

> （对于波兰）我洗手不干了；就我看来，我们应该放弃这件事。我们不会因为与波兰人的争吵而破坏欧洲的和平。你固执己见，看不到什么是真正的危险。我们要放弃的不是友谊。我们应该告诉全世界，你是多么不可理喻。你将开启又一场战争，25,000,000人将失去生命，但你毫不在乎……除非你接受（寇松线）这条边界，否则你就永远出局了。俄国人将席卷你的国家，你的人民将被肃清，你们自在灭亡的边缘。

米科瓦伊奇克在那次会面上拒绝接受"寇松线"，丘吉尔用生硬的话把他打发走，"你是一个冷酷无情的人，想毁灭欧洲。你去听天由命吧。"米科瓦伊奇克看到眼前的现实后，第二天屈服了，不情愿地"为了和平"而接受了"寇松线"，但是他是满怀愤怒离开艾登办公室的。

当他们前往雅尔塔开会时，西方领袖们明白他们对波兰爱莫能助。丘吉尔对波兰领袖发的某些脾气可能完全源自因为自己无能为力而产生

的负罪感。"我对可怜的波兰什么也不能做。"他告诉自己的私人秘书。罗斯福基本上也是这种看法，他告诉一群参议员说，美国只能希望改善俄罗斯控制波兰的最坏的方面。

雅尔塔协议按照斯大林的要求，将苏联和波兰的战后边界按"寇松线"划分，丘吉尔承认这一结果无法避免。西方盟国也同意将位于波罗的海的德国港口柯尼斯堡（Königsberg，俄罗斯称加里宁格勒）交给俄罗斯，尽管这座城市位于波兰人和立陶宛人聚居的地区。三巨头原则同意可能对波兰在东方的损失进行补偿，把其西部边界的某些依然未划定的德国领土给波兰。因此，波兰可能"往西面滑"，丘吉尔在德黑兰用火柴棍在桌子上滚形象地解释这一可能性。在雅尔塔会议上，三巨头讨论了将奥德河与尼斯河作为波德边界的可能性，但未做出决定，将这个问题留给波茨坦会议的代表们进行完善。

因此，雅尔塔协议显示波兰会失去维尔纽斯、利沃夫、西里西亚煤矿和位于"寇松线"与"里加线"之间7万平方英里的农业区。更重要的是波兰人和1919年时一样，对于相关决定无缘置喙，他们会不会像第一次世界大战之后那样以武力反对新边界，成为一个悬念。米科瓦伊奇克的反应让英国人感到惊讶，他辞去波兰流亡政府领导人职务以示抗议，并公开指责雅尔塔协议是第四次瓜分波兰，声称本来应与波兰是盟友的国家这次都是共犯。他的继任者的反苏立场更为明显，于是俄国人打击伦敦的流亡政府的力度就更大了。当时正率领波兰军队在意大利接受盟军指挥的波兰将军瓦拉迪斯劳·安德斯（Władysław Anders）听说雅尔塔会议的决定后，将其称作是对波兰的"死刑判决"，并公开讨论对他的手下进行训练，准备将来参加反苏战争。

某种程度上为了防止波兰问题成为又一轮战争的开端，三巨头在波茨坦会议上必须尽快找到解决方案。把东欧各地成千上万的所谓流离失所者遣返到一个新波兰，构成最直接的挑战。波茨坦会议召开期间，本来计划接纳2000人的难民营，挤进去的人达到十倍之多，而且人数每天还在增加。一位美国援助工作者把巨大的难民营比作西斯廷教堂（Sistine Chapel）的壁画《地狱沉沦》（*Descent into Hell*），除了"看不到基督"。一些波兰人在知道谁将控制波兰政府之前拒绝回去；灭绝营中的犹太幸存者经常想去巴勒斯坦或美国，不愿意回到前途未卜的波兰。他们很多人想在回家之前，对德国人进行某种程度的报复。所有的难民都依赖新成立的联合国善后救济总署提供的慈善援助生活，该机构饱受组织混乱、政治失调和资金枯竭之苦。它没有能力为无数难民无限期提供食宿安排，而且三分之二的经费要仰仗美国慷慨解囊。"几乎一切都维系于波兰问题的解决。"一位在英占区负责难民事务的英国将军说。他对波兰犹太人和天主教徒都渐生鄙视，担心波兰人如果不返回波兰并接受他们的命运，欧洲和平可能就无法维持。因此，确定波兰的边界，并让波兰人接受下来，成为当务之急。

让"寇松线"成为苏联与波兰的边界，就解决了一半问题，至少在纸面上是这样，不过某些美国人对此感到不安。美国驻波兰大使亚瑟·布利斯·莱恩（Arthur Bliss Lane）称之为"绥靖政策"，这种评价含有一切令人不快的历史联想。雅尔塔协议提到苏联有义务使西方了解有关波兰局势发展的情况及确保该国以自由选举为基础组建政府时，用语极为模糊，莱恩和詹姆斯·伯恩斯等美国人对此也非常担心。乔治·凯南对"轻佻随便"抱怨不已，认为美国人和英国人把加里宁格勒和"寇松线"给了俄罗斯，却没有在未来组建波兰政府的问题上敲定任何实质性交换条件。海军上将莱希告诉罗斯福，"总统先生，它（指雅尔塔协议）的弹性太大了，俄国人能把它从雅尔塔一直拉到华盛顿，技术上还不会绷断"。罗斯福转向他的参谋长回答说，"我知道，但这是现在我能为波兰所尽的最大努力了"。当然，对于罗斯福来说，这种情况不会再次发生。而哈里·杜鲁门能否为波兰多做一些事情，依然是个问题。

从 2 月的雅尔塔会议到 7 月份波茨坦会议开幕之前，苏联加紧了对波兰的控制。他们承认亲苏联的卢布林委员会为波兰合法政府，还要求伦敦的波兰流亡者加入卢布林政府，以其作为新的波兰国家的基础，并把所有的财政和军事资源移交给它。伦敦的波兰人想要一个由大选确定的全新的政府，卢布林委员会不享有特权，但莱希所谴责的模糊的雅尔塔协议让苏联有了充足的理由，用卢布林委员会作为班底组建政府。由于发生这场争议，波兰未能派出代表参加 6 月在旧金山召开的第一届联合国大会。同时，俄国人开始采取重要步骤增加控制力，如让卢布林委员会发行新的波兰货币，并实施苏联式的农业改革。

苏联开始以武力改变东欧的性质。1944 年 9 月（即雅尔塔会议开幕前数月），苏联与听话的卢布林委员会签署协议，将所有的波兰人迁往"寇松线"以西；尼基塔·赫鲁晓夫（Nikita Khrushchev）代表苏联签字。苏联在 1944 年西迁了 117,212 名波兰人，1945 年又迁移了 742,631 人。1946 年，640,000 名波兰人也走上西迁之路。成千上万的德意志人为了躲避红军的怒火，也逃往西方，不过他们有很多人是 1939 年之后才到波兰定居的；据估计，西里西亚地区 85% 的德意志人都逃走了。一位当时与苏联军队共同作战的波兰第二军的军官说：

我们把波兰领土上的德意志人转移走，而且依据的是莫斯科的指示。德意志人以前怎么对待我们，我们就怎么对待他们……执行任务必须果断严厉，不能让这些德意志歹徒躲在他们的屋子里，而且要让他们自觉逃走，然后（等到）他们回到自己的土地上时，就会为自己幸运保住自己脑袋而感谢上帝。我们不会忘记，德意志人永远都是德意志人。

种族清洗政策强力改变了战后欧洲的政治和种族版图，在当地造成的局势使得波茨坦会议绝无再考虑"寇松线"的可能。乔治·凯南这类美国外交官看到俄罗斯的严厉手段，并且深感忧虑；凯南甚至警告华盛顿说，他看到波兰接管德国从前领土的照片证据。7月25日，波茨坦会议正在举行，伯恩斯接到报告说，"波兰人实际上享受不到自由民权，每个地方政府后面都有苏联官员，苏联人指挥的秘密机构抓捕了很多人。"但是伯恩斯和其他人知道美国对此无能为力，要想纠正这些问题，就得冒着同苏联进行严重对抗的风险。

波茨坦会议召开前发生的事件加重了在波兰问题上已经非常紧张的关系。5月，16名战时波兰地下组织成员在对苏联进行正式访问时失踪，西方本来认为他们有可能在战后的波兰政府中担任领导。直到两个星期后，才确定苏联逮捕了这些人，罪名包括"向伦敦的波兰政府传送由间谍搜集的有关苏联武装部队的情报"，以及"传播煽动性歪曲信息，污蔑苏联军队在从侵略者手中解放的波兰领土上的行为。"后者指的是波兰人坚持认为俄国人对卡廷森林屠杀负有罪孽。逮捕行动成为媒体头条，英美官员很是愤怒，但这与10万被苏联逮捕和流放的非共产主义波兰人相比，只是一小部分。尽管逮捕及其后装腔作势的审判表明，俄国人对波兰根本没有什么诚意，西方除了提出外交抗议，却也无可奈何。

总统特使哈里·霍普金斯 1945 年 6 月访问莫斯科时，向斯大林提出 16 名波兰领袖被逮捕的问题。他提醒斯大林说，俄国人曾经给他们颁发了书面的安全保证，却还是把他们抓了起来。霍普金斯温和地劝告斯大林说，"磋商即将（在波茨坦）举行"，由于发生这些退后事件，"其氛围会受到严重挫折"，他敦促这位俄国领袖"以他自己的方式找到解决这个问题的方法"。斯大林微笑地看着霍普金斯说，此事需要进行审判，但他会保证宽大处理。不知道霍普金斯是否对斯大林的承诺暗含的有罪假定表示惊讶，反正他没有提到过。

虽然发生了逮捕事件，西方政府还是于 7 月 5 日承认以亲苏联的卢布林委员会为基础组建新的波兰政府，此时距波茨坦会议开幕只有数周时间。哈里·霍普金斯告诉杜鲁门，如果把释放这些波兰人与一般性的波兰问题"相挂钩"，那会是一个"错误"，尤其不能用新政府的结构和领导问题进行交换。克莱门特·艾德礼评论卢布林委员会中的波兰人说，"我这辈子从来没有见过这样一群油头滑脑的人"，然而西方还是允许他们控制波兰。临时政府的 21 个内阁职位中，有 17 个落入与卢布林委员会有联系的共产党手中，在查尔斯·波伦看来，这证实了卢布林政府只不过是苏联的傀儡。莱希称俄国人既不诚实又暴虐，对此大加谴责，但正如先前他警告罗斯福的那样，他向杜鲁门表示雅尔塔协议可以有多种解释。更重要的是，美国政府并没有多大的转圜余地来挑战这个自己签署的协议。约瑟夫·戴维斯对此表示赞同，称雅尔塔协议就他的理解而言，"争议的价值明显都在苏联那一边"。

杜鲁门没有参加雅尔塔会议，他拼命想理解该会议文件的外交辞令，并抱怨说每次阅读那些文件，都会有新的发现。杜鲁门向英国大使哈利法克斯勋爵承认，"我背地里告诉你，我不认为我们会找到办法解决"

波兰问题。他从哈里·霍普金斯提交的有关 1945 年 5 月的克里姆林宫会谈报告中了解到，斯大林考虑不对波兰问题进行公开讨论；俄国人会坚持苏联方面对雅尔塔协议所做的解释。斯大林告诉霍普金斯，美国和英国不可能理解俄罗斯关于波兰的立场，因为这两个国家从来没有面临过入侵，"那种经历的结果是不容易被忘记的"。在另一次会谈中，斯大林听起来更像要求获得战利品的征服者，他告诉霍普金斯，要不是因为红军付出"巨大牺牲"才解放波兰，"没有人会谈起新的波兰"，别说在 1945 年，以后永远也不可能有新波兰。霍普金斯明白斯大林在 16 名波兰人被捕事件上坚决不妥协的意义，向杜鲁门提出建议说，如果三巨头在波茨坦会议上解决不了与波兰相关的重要问题，那就根本没有机会解决了。自斯大林以来的苏联人都坚持在波兰问题上没有谈判余地，他们相信三巨头已经在雅尔塔会议上解决此事，在波茨坦会议上不会再进行讨论。陆军部长亨利·史汀生以其直率的风格表示，美国人不应该在波兰问题上挑起争端，因为"俄国人掌控着局势，99.44% 的规则都是他们说了算"。

杜鲁门在大西洋的旅程中阅读的简报卷宗显示出这个问题的困难性。他们主张德国应该割让上西里西亚、东普鲁士和波美拉尼亚，尽管那些地区居住的"几乎都是"德意志人。然而，奥德河与尼斯河之间的地区应该留给德国。"把该地区割让（给波兰）缺乏历史和种族依据。"杜鲁门的顾问们声称。把那一地区从德国拿走，会严重破坏德国的经济，并可能"引发强烈的民族统一精神。在未来的岁月中，维持奥德河—尼斯河边界极有可能成为欧洲最关键的安全问题"。那些简报仍然警告杜鲁门说，"如果波兰和苏联政府坚持提出要求……我们除了同意割让奥德河以东地区，并没有其他选择"。美国也在雅尔塔会议上答应了"寇松线"，简报建议波茨坦会议上遵守这个承诺。

因此，杜鲁门和丘吉尔都不愿意让波兰在波茨坦会议上成为一个重要问题。杜鲁门在波茨坦只给了伦敦波兰人25分钟的时间，其中大部分都耗在介绍和礼仪上。丘吉尔则完全拒绝与这些人见面。"我对这些残忍的波兰人厌烦透了，"这位首相咆哮道，"我不想看到他们。"在西方高级外交官中，只有安东尼·艾登似乎热心推进这个问题。他反对丘吉尔冷漠处理波兰问题，后来他说自己在波茨坦与苏联对手就该问题进行的讨论是"最艰苦和最令人感到不快的"。艾登明白，"对欧洲毫不了解的"美国领导人不会在波兰问题上投入过多政治资源。但他提出，英国应该进行更大的努力。"我们来自这里（即欧洲），"他指出，"在这个问题上受到瞩目。"然而，"来自这里"并不能防止一些英国高级领导人对尼斯河东西分支的区别产生误解。这两条支流之间的地区面积大约和马萨诸塞州相当，居住着270万土著德意志人，却按照计划毫无争议地给了波兰人。这种争议是1919年关于"寇松线"的A、B变种争议的重现，那条线曾导致波兰、乌克兰和苏联发生冲突。在这两次事件中，英国人和美国人都误解了影响到数百万人生命的东欧地缘、历史和文化背景。

到波茨坦会议召开时，艾登察觉到俄国人如果控制波兰就会过于强大的危险，但他更担心的是波兰吸收那么多德意志人会对波兰造成什么后果。艾登提出，如果新波兰拥有太多的德意志人，这个国家"会给自己的未来留下麻烦"。艾登此时重复了丘吉尔在雅尔塔会议上所做的著名论断，"往波兰鹅的肚子里塞满德意志饲料，让它消化不了而送命，那就太可悲了。"这些话表明，西方领袖在1945年依然从1919—1939年的领土收复主义和种族麻烦的角度思考波兰问题，没有把它当成对抗俄罗斯的马前卒，当时他们还没认为这种对抗是不可避免的。艾登、丘吉尔和其他人对苏联已经多么卖力将奥德河与布格河（Bug River）之间的地区波兰化也一无所知。然而莱希肯定知道。在波茨坦的一次会议上，斯大林让杜鲁门不要对波兰在战后具有多民族特征感到担忧，因为"寇松线"与奥德—尼斯河线之间的区域已经没有德意志人了。"当然没有，"莱希小声向杜鲁门说，"蛮子们把他们全杀了。"

丘吉尔在波茨坦为波兰人做了一次象征性的努力，反对以奥德河作为波兰西部的经济和种族边界。他指出，斯德丁（Stettin）和布列斯劳都没有波兰特征，因此这两个地方都不应该成为波兰的组成部分。他虽然在雅尔塔会议上主张将波兰向西移，此时却提出这样处理意味着"波兰人和俄国人有了食物和燃料，而我们只有嘴巴（要喂）和壁炉（要生火）"。他和杜鲁门都指出，波兰要求得到奥德河—尼斯河线就太过分了，尤其考虑到当地的德意志人如果被赶走，只能去西方受到共同占领的德国，养活这些人的负担就落到英国人和美国人头上。波兰代表提出西部新边界应该为饱受蹂躏的波兰"表现出历史正义"，西方领袖们对这个要求充耳不闻。"我们不想为波兰的报复付出代价。"杜鲁门回答说。

西方的主张最终都没有发挥太大作用。波茨坦会议召开时，俄国人把"寇松线"与奥德河—尼斯河线之间领土的控制权全部移交给了波兰新政府。德语报纸神速消失了，波兰旗帜飘扬在公共建筑上，地名从德语变成波兰语（例如斯德丁改成什切青，布列斯劳改成弗罗茨瓦夫），波兰人占据了以前属于德意志人的房屋。然后俄国人宣布，由于该地区现在受波兰控制，同盟国向德国索取赔偿时，不应涉及这里。因此，西里西亚富饶的煤矿就成了波兰新政府的财源，英国人和美国人无法通过赔偿染指。

美国领导人明白，他们对俄国人制造的既成事实无力阻止。美国驻苏联大使阿福瑞尔·哈里曼指出，在波兰问题上，不管代表美国的是杜鲁门还是罗斯福，结果都是这样。他说，无论谁当总统，"俄国人都不会让步"。他的女儿凯瑟琳·哈里曼·莫蒂默目光敏锐，也了解现实情况。"苏联军队就在那里，我们无能为力。"她回忆说。国务院高级苏联问题专家兼杜鲁门翻译查尔斯·波伦也有同感，他在回忆录中说，"即使罗斯福活着干完第四届任期，欧洲版图也不会发生变化。如果说我们从战时会议和战后与苏联打交道的过程中得到什么教训，那就是苏联会把占据的领土全部吃掉……不管谁是美国总统。"

波茨坦会议期间，波伦相信与复兴的德国相比，美国更担心的应该是战后与苏联发生敌对，美国人对此有着共识。根据这种观点，波兰版图扩大尽管不算理想，但却能削弱德国，德国心脏地带的东普鲁士大部分给了波兰人后，情况更是如此。最有影响的不同观点来自波伦的朋友乔治·凯南，他同意苏联已经实现了掌握波兰的心愿，但他觉得美国没有理由与俄罗斯串通在一起。凯南主张将欧洲的事实分界线承认为势力范围，但拒绝签署任何会使美国同意俄罗斯主导东欧的协议。然而凯南和罗斯福与丘吉尔一样，认为没有必要因为波兰而冒着与俄国人开战的风险，而且他知道，波兰对苏联来说具有更重要的意义，对西方来说却不是这样。

奥德河港口斯德丁的命运显示出，苏联在波兰问题上是多么彻底地让谈判桌向自己这边倾斜。在雅尔塔会议上，莫洛托夫坚持要求将斯德丁划给新波兰，但是西方外交官们不同意，该问题技术上在波茨坦会议上还没有定论。7月31日，波茨坦会议行将结束，莱希在日记中写道，他知道苏联控制斯德丁只不过代表一种"临时管理"，该城市的最终命运还需要进行讨论。然而就在那时，这座城市中 27.5 万德意志居民在俄国人的逼迫下大都已经离开，只剩下 2 万人没走，莱希对此基本上并不知情。就在他写这则日记前两周，苏联举行了一场仪式，正式把斯德丁转交给波兰控制，波兰人把城市所有的新教教堂都改成了天主教教堂。1945 年年初，该城市中只有 3500 名波兰裔居民；一年后，这个数字增加到 10 万人。因此，莱希虽然还相信什切青的未来还没有确定，俄国人和波兰人已经有效消灭了德国城市什切青，取而代之的是波兰城市什切青（Szczecin）。

新的波兰"向西滑动"，作为一个潜在的大国出现在欧洲腹地。该国控制了一经漫长的海岸线，还有相当数量的自然资源，其中包括西里西亚、波美拉尼亚和东普鲁士等以前的德国领土。西方领袖们曾经希望，如果举行自由选举，波兰也可能成为德国和苏联之间的一个强大的缓冲地带。尽管苏联军队支配着波兰，西方或许还能利用借款、金融信贷和贸易来发挥影响。

由于边界问题早在会议召开之前已经得到解决，西方外交官们在波茨坦把注意力转到波兰政府的最终组建上。部分原因出于承认卢布林委员会为新政府的基础，苏联愿意让伦敦的米科瓦伊奇克出任临时政府的两个副总理之一，但他与英国关系紧张，所以不是很能靠得住的西方伙伴。此外，到波茨坦会议召开时，他对本国实现民主未来的可能性基本上失去了信心。很多美国人也是如此。海军上将莱希虽然表面上主张美国应该坚持要求波兰设立民主政府，不过他在 1945 年 5 月底相信，美国人实际上只能希望创造"一个（波兰）独立的表象"。

又一次，争论集中在雅尔塔协议文字的确切含义上，该协议规定在组织战后政府时，伦敦波兰人是卢布林委员会的"首席顾问"，对此如何解释尤其有争议。西方领袖们关注的是"顾问"这个词，他们解释说，这意味着伦敦和卢布林的波兰人在联合组建政府时权利平等。因此，杜鲁门在 4 月确实告诉莫洛托夫说，根据雅尔塔协议，伦敦波兰人在组建新政府时有决定性发言权。杜鲁门提到，雅尔塔会议已经达成协议，"斯大林元帅所能做的只是按照自己的诺言履行协议"。

苏联与之相比，强调的是"首席"这个词，他们声称这意味着西方同意卢布林委员会已经是波兰新政府的基础；正如雅尔塔协议宣称的，伦敦波兰人可以"顾问"，但他们只能按照卢布林委员会确定的条件工作。因此，斯大林回应杜鲁门的话说，总统"对波兰政府的理解，以及对待这个问题的态度，都是很难与克里米亚会议的决定相协调的"。只是为了以防万一，俄罗斯需要一个友好的波兰，而且"苏联人民为了解放波兰而在战场上洒下无数热血以后"，获得了这样的波兰。斯大林还要求了解为什么美国人坚持要求波兰政府实行完全的民主，对希腊却没有这样。俄罗斯外交官指出，法国没有举行选举，法国政党也没有广泛参与政府，西方却承认夏尔·戴高乐为临时政府首脑。因此在俄国人看来，西方对民主的坚持与其说是出自治理原则，不如说是选择性政策，目的是在苏联的西部边界设立一个资本主义的且可能持敌对态度的波兰。

就波兰人而言，他们在 1945 年和 1919 年时一样，对于决定自己命运的问题基本上没有发言权。伦敦波兰人几乎都没有欢庆战争结束，因为他们知道，他们将受到苏联统治，前途叵测。英国承认卢布林委员会是波兰政府的基础，这意味着伦敦的 2000 万英镑的波兰财政资产也要交给波兰。在非共产主义的波兰人看来，英国人以此为扼杀波兰民主的这个进程提供了经济支持。伦敦波兰人也不敢返回波兰，担心会遭到苏联的枪毙，或者被流放到古拉格，确实有成千上万的人已经不知所踪。

英国人最终同意曾在英国军队中作战的波兰人留在英国，或者在英帝国定居。

三巨头确实允许卢布林波兰人亲自在波茨坦的外长会议上阐述自己的立场，但他们的观点很少得到重视。英国外交官亚历山大·卡多根形容来参加会议的波兰人是"一群讨厌鬼，全都是讨厌鬼"。波兰共产党人在广受厌恶的博莱斯瓦夫·贝鲁特（Bolesław Bierut）率领下，7月24日在会议上发言。果然不出所料，贝鲁特对"寇松线"作为波兰和苏联的边界表示满意。波兰共产党人还毫无意外地要求大国给新波兰割让足够的德国土地，以便安置大约400万"寇松线"以东的波兰人，因为他们在本国的新边界内进行重新搬迁。贝鲁特还要求获得较多份额的德国赔偿。丘吉尔特别厌恶贝鲁特，他提出反对说，按照波兰的要求，德国四分之一的耕地要被拿走，而此时新德国还得安置多达900万的德意志人。

艾登、莱希和凯南等强硬派主张，美国和英国与苏联交涉波兰问题时应该立场坚定。杜鲁门曾经表示赞同，4月份在华盛顿与莫洛托夫会面时，他坚持要求苏联按照美国的理解遵守雅尔塔协议。但是杜鲁门逐渐认识到，史汀生一直是正确的：苏联掌握了波兰，美国要想改变这一现实，必须付出高昂代价，并且冒着未来与苏联发生冲突的风险。甚至在波茨坦会议开幕之前，杜鲁门就开始修正4月份的那种强硬立场。他也了解到，自己的强硬对策得不到英国支持，后者在波兰问题上投入的政治资源越来越少。丘吉尔在4月底写信给杜鲁门说，就他理解而言，雅尔塔协议暗示组建新政府，但是不管将来的选举可能显示出波兰民众实际有什么样的想法，波兰共产党都会在这个政府中拥有"显著"地位。

更值得注意的是，尽管雅尔塔会议和波茨坦会议在争论波兰问题时，俄国人都占了上风，不过这些会议并没有按照三巨头在 1945 年所理解的那样来解决波兰问题。波兰问题比波茨坦会议上讨论的其他任何问题都更为加深了西方与苏联之间的猜疑。但不管发生了什么情况，波茨坦会议最终达成的协议解决了《凡尔赛和约》制造出来的难题。最重要的是波兰终于确定了相当合理的政治和种族边界，其政府也不会像 1919 年那样破坏和平。杜鲁门向美国人民发表关于波茨坦会议的讲话时承认，"开诚布公地说，我不喜欢柏林协议的这个条款"。但他指出，三巨头一劳永逸地解决了波兰问题。"在波兰和德国之间"总算有了"一条简短而且更易于防御的边界。它由波兰人确定下来，会形成一个少数民族数量更少的单一民族国家"。因此在杜鲁门看来，这次会议按照他和之前的伍德罗·威尔逊的理解，解决了波兰问题。

大国无视波兰的自由，完全按照自己的意志实现这些目标，在很多人看来是个悲剧，但是考虑到波兰的历史情况，最终结果并非完全出人意料。正如波兰作家、奥斯维辛幸存者塔杜施·博罗夫斯基（Tadeusz Borowski）悲伤地（或许还有点浪漫地）所说，战争开始之前，波兰人的理想家园是"一个平静的角落，和一块燃烧的木头"。他写道，到了 1945 年，它变成"一栋烧成焦土的房屋，和一张 NKVD 的传票"。

第十一章

东亚的前途问题

波茨坦的三巨头和巴黎的三巨头一样，也关注到亚洲，而中国又一次成为重要话题。中国是日本侵略的受害者，如今濒临内战，只要日本一离开，战争就可能会全面爆发，1945年的中国所处的地位比1919年时甚至还要微妙。

1919 年召开巴黎和会时，当时的三巨头主要关心的是解决欧洲事务，不过他们的决定也改变了亚洲历史。巴黎和会上讨论的最困难和最有争议的亚洲问题，与中国东北部省份山东的未来有关。自从 1898 年以后，德国在中国的核心贸易租界区就是山东，中国政府在 1919 年急切想收回山东的控制权。该省居民毫无疑问是中国人，于是它成为伍德罗·威尔逊的民族自决原则的完美试金石。山东是孔子的故乡，拥有石油、黄金、钻石和蓝宝石等珍贵资源，对中国外交官和中国人民来说，具有非常重要的意义。尽管中国没有在战场上与德国作战，不过为了帮助协约国解决后勤问题，并将更多人解放出来走上前线，向西线派出了 14 万劳工。最重要的是中国相信，在山东问题上自己明显拥有正当权利，希望以收回该省作为结束半殖民地屈辱的一个进步。从一切逻辑和公平上说，三巨头将山东归还其合法主人中国都不应该有任何麻烦。

巴黎和会开幕前，中国领导人似乎认为收回山东已是板上钉钉之事。

伍德罗·威尔逊即将启程去巴黎之前，接受西方教育、广受尊敬的中国驻华盛顿公使顾维钧（Wellington Koo）曾与其举行过会谈，离开时确信将对山东实行民族自决，使之归还中国。国务卿罗伯特·蓝辛（Robert Lansing）还向顾保证说，美国想看到山东由中国全权管理。顾对美国领导人非常了解，并熟知美国舆论，所以坚信中国在这两方面都会获得支持。

但是，日本军队实际控制了山东，而且日本领袖不想放手。控制这个省份，是日本在 1915 年 1 月提出的所谓《对华二十一条》的第一部分。日本认为至少能够得到其中一个大国的支持，因为日本曾以英日同盟为部分理由向德国宣战，而且从德国手中夺取山东的不是中国军队，而是日本军队。日本人认定英国会遵守诺言，允许日本占据其攻占的任何德国领土，以之作为日本援助战争的补偿。因此，日本也认为在这个问题上有着自己的依据。此外，美国、法国和英国需要日本支持他们向俄罗斯的布尔什维克施压的计划；那些计划中有一部分要求日本在西伯利亚出兵干涉，该行动已于 1918 年 8 月开始进行。尽管美国人很快对日本人的目的产生怀疑，但他们不想看到日本人撤走自己的军队。

日本还提出，他们曾在 1915 年及 1918 年两次与中国签署协议，即使不让日本完全控制山东，至少也要让日本在山东拥有影响力。最后，三巨头知道，他们已经因为拒绝日本盟友提出的在最终和约里写入种族平等条款的要求而将其惹怒。如果日本彻底失望而归，很可能会拒绝签署和约，或者不加入国际联盟，这对威尔逊及其国际主义思想来说将是一个噩梦。

1919 年 4 月底，三巨头将山东省的控制权授予日本，将威尔逊主义的条款和精神破坏殆尽。尽管威尔逊宣称，自己被1915年的中日协议束缚住了手脚，但他知道，那份文件是日本逼迫中国签署的，只是代表着战争时期赤裸裸的侵略。当时任威尔逊首席军事顾问的塔斯克·布利斯（Tasker Bliss）将军听到关于山东的决定后，为避免自己的名字与这个包含如此丑陋之条款的和约发生联系，考虑进行辞职。美国代表团中的一些低级成员确实辞职了，布利斯、蓝辛和其他少数美国高级顾问试图让威尔逊转变态度，不过虽然这位总统对山东问题感到不舒服，他们还是没能达到目的。

这一决定在中国城市引发一系列反西方和反日暴动，今天称之为"五四运动"。数千名学生走上北京街头，大部分是采用和平的方式抗议，不过在一起案例中，他们烧掉了一位签署"二十一条"的亲日中国外交官的家。抗议者呼吁抵制西方和日本商品，向中国政府施压，要求拒绝《凡尔赛和约》。上海和其他中国城市中的学生和工人很快参加了抗议，他们一直活动到6月，不仅威胁到中日关系，还使日益不受欢迎的中国政府危在旦夕。

生活在法国的中国人包围了中国代表团所住的巴黎酒店，不让代表签署任何牺牲山东或者侮辱中国的和平协议。外交官们没有获得签署最终条约的政府直接命令，于是最后决定不签字。他们拒绝接受条约就是抗辩，让威尔逊以及西方感到刺痛。"五四运动"如今在天安门广场上得到纪念，它象征着很多中国知识分子和政府官员与西方分道扬镳，开始提倡各种中国民族主义。这场运动对共产主义在中国传播特别起到刺激作用，《凡尔赛和约》签订一年后，中国共产党正式成立，其时机绝非巧合。

日本政府控制山东虽然得到西方认可，不过对《凡尔赛和约》也不满意。和约没有写入种族平等条款，刺激了日本人的傲气，英国和美国政府很快对他们所认为的日本的贪婪感到担忧。英国甚至考虑废除 1902 年与日本签订的条约，那是欧洲国家与亚洲国家以平等条件所订的第一个条约。20 世纪 20 年代，日本认识到西方对他们的态度日益消极，将名义上的山东政治管理权归还中国，但对该地区的重要经济资源保持着有效控制，其中包括铁路。两战期间，山东问题以及由它所象征的很多历史问题大大加剧了东亚地区的紧张局势。

波茨坦的三巨头和巴黎的三巨头一样，也关注到亚洲，而中国又一次成为重要话题。中国是日本侵略的受害者，如今濒临内战，只要日本一离开，战争就可能会全面爆发，1945 年的中国所处的地位比 1919 年时甚至还要微妙。在第二次世界大战中丧生的中国人不下于 2,000 万，还有 9,000 万人无家可归，这一数字甚至让所有最恐怖的战争都相形见绌。蒋介石领导的国民党和毛泽东领导的共产党为了对付共同的日本敌人，设法组成了一个松散的联盟，但并非一直维持着，他们彼此厌恶，不下于仇恨日本。

因此，中国依然前途未卜；波茨坦会议对日本做出的决定可能会极大影响到其命运。杜鲁门的顾问约瑟夫·戴维斯准备乘坐伊丽莎白女王号去波茨坦时，路上碰到顾维钧，他也要搭那条船去欧洲。自从 1919 年以来，顾已经成为世界上最具经验的外交官之一，他曾是国际联盟的一位创始外交官；在中国政府中担任过总理、临时总统和外交部长；是中国的第一位联合国代表；曾在英国和法国当过中国大使。

在伊丽莎白号上偶然会面，使得戴维斯和顾有机会就中国的未来交换看法。他们两人都知道，尽管斯大林和毛都是马克思主义的信徒，但是斯大林并不把毛当作盟友。他们中一个人的意识形态以工业无产阶级为基础，另一个人依靠本国农民，虽然有着相同的根源，在很多方面却存在重要差异。戴维斯认为，更值得注意的是让俄罗斯南部的中国保持安全和稳定，符合斯大林的利益，而且他知道俄罗斯不会在乎意识形态，总是以"符合自己的利益为优先考虑"。因此，戴维斯断定苏联可能会支持蒋介石领导的、顾维钧为之服务的国民党政府，而非毛泽东领导的共产主义造反力量。顾的观点与他相似，但他对于斯大林的支持不像戴维斯那样乐观。"是的，"当被问到国民党中国与毛开战时会不会欢迎苏联的支援时，他告诉戴维斯，"但他们的价码会非常高吗？"

戴维斯和顾不知道，斯大林已经于 5 月底在莫斯科向哈里·霍普金斯表示支持蒋介石。这位俄罗斯独裁者说，他倾向于接受一个由蒋领导的统一的中国，形容蒋是"最佳人选""实现中国统一之人"。正是由于这些原因，他曾在 1936 年到 1939 年间支持过蒋介石，派遣苏联顾问帮助国民党军队与日本作战。1941 年，他重新开始援助蒋介石，同时敦促毛泽东与国民党停战，集中力量打击日本。苏联总共训练了 9 万名中国军官，并向国民党提供了飞机、坦克、枪支、火炮和价值数以亿计美元的资金。

1945 年，斯大林想找到能够与之谈判的更为强大而稳定的中国政府。蒋介石能为俄罗斯提供稳定南部边界的最佳机会，毛泽东就没有这个条件。自从 1941 年以来，情况基本上没有发生变化，当时斯大林曾经说过，"逻辑上中国共产党应该比蒋介石更靠近我们"，但只有后者才有可能将中国统一起来。斯大林与霍普金斯会议时，甚至没有提到毛泽东的名字。然而他的确暗示，美国将不得不带头向中国提供经济援助，他还威胁说，只有中国进行一些未指明的"改革"，他才会支持蒋介石。霍普金斯同样告诉杜鲁门，斯大林会不会支持蒋介石，要取决于后者"做出让步的意愿"。顾维钧对俄罗斯要价的怀疑是有充分根据的。

美国官员试图扮演中间人。阿福瑞尔·哈里曼在 7 月初向杜鲁门报告说，为了能与俄罗斯结盟并在与毛泽东的共产党一触即发的内战获得帮助，蒋介石虽不情愿，但会向俄国人的要求让步，让出外蒙古控制权，并将满洲[1]的某些机场、港口和铁路等民用设施长期租借给俄罗斯。哈里曼称这些要求"过分"，但符合雅尔塔协议，只要俄罗斯不干涉美国在中国推行的"门户开放"自由贸易政策，也不违背美国的核心利益。美国人知道，他们在战后仍然需要斯大林帮助稳定亚洲，他们也明白蒋介石的政府基础不够稳固。中苏结成同盟，能够稳定国民党中国，并为该地区提供急需的稳定感。蒋介石和顾维钧显示出想俄国人所提问题的意愿，但是哈里曼注意到，蒋介石不想进行更多让步；蒋介石告诉他，已经做出的让步"与我国人民的传统信念不相符。"蒋介石和顾维钧没有忘记中国在第一次世界大战后丢掉山东的历史教训，他们在 1945 年对可能失去蒙古和满洲的控制权极为警觉，不希望历史重演。

与波兰问题一样，苏联手上牌最多。波茨坦会议召开时，美国和英国领导人都需要——或者认为需要——苏联帮助结束太平洋战争。日本在军事上至少构成两个战略问题。首先，盟军战略家们估计，进攻日本本土可能导致巨大、甚至是史无前例的伤亡。杜鲁门在赶赴波茨坦前两周，刚刚最终批准入侵九州（Kyushu）的计划。这一庞大的战略计划如果付诸实施，需要俄罗斯大力配合，在满洲和朝鲜发动进攻。其次，即使进攻日本本土，对于驻在中国大陆的大约 180 万日军也不能构成直接打击。亨利·史汀生在日记中说，"我们必须小心谨慎，不卷入试图打击驻华日军的任务中。那将是一个可怕的任务，我极其怀疑我国能够忍受得住。"苏联有人力解决这两个问题，尤其是后者，但该国与日本签有互不侵犯条约，1941年到1945年间很符合苏联利益。

让俄国人按照在雅尔塔会议许下的诺言，同意结束该条约，并尽快向日本宣战，是哈里·杜鲁门确定的波茨坦会议首要目标。他知道，日本外交官已经与俄国人进行了联系，希望能让美国降低条件，或者谈判一个交易，日本可能向苏联投降，换取保留一些侵略的中国领土。在其中一个交换条件中，日本人提出将库页岛南部（Sakhalin Island）、旅顺港（Port Arthur）和满洲的一半给俄国人，日本继续占据在亚洲侵略的土地。美国密码专家监听了东京和莫斯科的全部外交通讯，而俄国人也老老实实地将这些讨论报告给了美国人，并且每一次都拒绝了日本人的提议，美国官员开始担心俄国人可能会决定与日本人做交易，将美国人排斥在外。

因此，杜鲁门有充足的理由将俄国人拉入太平洋战争。为了在1945年结束对日战争，他想尽了办法，虽然大部分严肃的战略家都认为这一目标不太合理。在波茨坦会议上，联合参谋部（Combined Chiefs of Staff）估计太平洋战争将在1946年11月15日结束。因此，大多数战略家预测还得进行数月的血战。在这些战略家中，英国将军"哈巴狗"伊斯梅比较乐观，他与其朋友、美国空军五星上将"快乐"亨利·阿诺德打赌2美元，认为日本会在1945年底投降。阿诺德和那些认为战争会持续到1946年甚至1947年的人打赌失败。他寄给伊斯梅一个面值2美元银币，并附上一张纸条说，"感谢上帝，现在我能付给你这些。"当然，波茨坦会议召开期间，极少有人知道会让阿诺德在战争结束后损失2美元的这个秘密。

根据7月21日国务院发给在波茨坦参加会议的詹姆斯·伯恩斯的

媒体总结，美国人民支持杜鲁门将俄国人拉入对日作战的努力。美国舆论存在共识，同意总统要求苏联分担部分打击日本的责任的愿望，哪怕苏联要求恢复 1905 年输给日本的某些东西，也可以进行交换。该报告还暗示，对于普通美国人来说，俄国人加入战争是波茨坦会议上最重要的话题，因为只有它涉及美国人仍然正在进行的殊死战斗。杜鲁门在大西洋航程中得到的一份独立民意调查显示，71.9% 的美国人倾向于让俄罗斯参加对日作战。这位总统的信件中和有数十封表示支持会尽快结束战争的任何行动。一位刚刚结束十二州旅行（twelve—state tour）的阿拉巴马众议员告诉杜鲁门，与他谈过话的美国民众都一致呼吁，"结束这场可怕的战争，尽力拯救每一个小伙子。"因此，杜鲁门说服斯大林在结束血腥的对德战争后尽快参加对日作战时，获得美国媒体和公众的全力支持。

杜鲁门不用担心俄国人参加反日战争的意愿。斯大林和杜鲁门一样迫切想参战。正如戴维斯和顾维钧在"伊丽莎白女王号"上讨论过的，对俄国人来说，参加对日作战，是重获 1904—1905 年的俄日战争后丧失土地的机会，包括库页岛南部、千岛群岛（Kurile Islands）和大连旅顺港（今称旅顺口）——完全都是日本拿出来诱惑苏联进行合作的土地。史汀生认为俄国人可能也会要求控制朝鲜，但杜鲁门认为俄国人提出任何超出 1904 年控制范围的要求都是"虚张声势"。

杜鲁门对朝鲜的猜测似乎是正确的，至少在 1945 年的环境中是这样，但是斯大林确实对东方盯得很紧。1945 年 6 月 28 日，甚至在启程赴波茨坦之前，斯大林就让他的指挥官们以"最机密"的行动开始准备对日作战计划。正如后来的报告所说，"军方指挥官们得到的命令是直接发布的，而且只有口头命令，没有任何书面文件。"斯大林会在波茨坦满足杜鲁门的要求，但他需要让杜鲁门认为，他这样做是一揽子谈判的部分结果，并非只是为了俄罗斯自己的利益。

参加波茨坦会议的西方领袖并非全都认为美国和英国需要俄国人帮助。美国驻苏联军事联络官约翰·迪恩将军认为，波茨坦会议提供了一个扭转局面的"合适"机会。美国实际上第一次有可能拒绝俄罗斯的援助，这与1941年之后为了让红军维持生存和战斗而付出的巨大努力形成鲜明对比。迪恩亲眼见证了苏联遭受的毁灭，认为俄国人战后需要美国人，而非相反，因为俄国人迫切需要资金进行重建。苏联人民在反抗德国的战争中失去的太多，迪恩也担心他们可能不愿意再打一场战争；他注意到，俄罗斯人民对日本没有仇恨。其他美国人开始忧虑俄罗斯在东方获得利益后，会变得过于强大。海军部长詹姆斯·福莱斯特注意到，7月6日召开的国务院、陆军部和海军部会议标志着讨论焦点首次从如何让俄罗斯加入太平洋战争转变成如何阻止他们插手。

但是为时已晚，几乎未经过争论，斯大林就在波茨坦会议初期告诉杜鲁门说，俄罗斯军队将在不晚于8月底进攻满洲。作为交换，他们想立即使用德国商船队，以便把军事资源从欧洲运往亚洲。美国人很快同意了。

杜鲁门不顾英国人的意见，于7月19日保证说，只要斯大林对日宣战，就能平分德国商船队。杜鲁门还同意，立即向亚洲转调20个轰炸机中队，并继续向中国提供军事援助。美国人承诺，不在朝鲜和库页岛采取军事行动，等于默认这些地区成为苏联的势力范围。作为回报，俄国人保证说，他们虽然想在满洲获得优惠贸易条件，但无意占领中国的任何一部分领土，无意干预美国在中国推行的"门户开放"政策。哈里曼大使对后者心存疑虑，但海军上将莱希和杜鲁门总统都形容讨论这些问题的气氛"友好"。就要获得俄罗斯的援助，杜鲁门非常高兴，给留在家里的妻子贝丝写信说，"有些东西我们不会也不能达成一致——但是我已经实现来这里的目的。"

如何结束对日战争，依然是一个激烈争论的问题。同盟国坚持要求德国无条件投降，但是有几位战略家认为，要是坚持对日本提出同样的要求，可能会带来反作用。无论想实施什么样的入侵和军事统治，都会因日本的地理位置而复杂化。在文化上，日本人崇拜天皇，不会接受要求天皇退位的要求。入侵日本本土时，美军肯定会是主力，要是坚持取消半神格化的天皇，可能迫使日本人为了一个丝毫不具有真正的战略或政治意义的抽象目标而战。陆军部长亨利·史汀生和其他人主张，为了结束这场战争，美国应该允许日本保留天皇。大多数美国军方高级官员也持相同看法，他们指出只有天皇签署或批准的投降协议，才能受到日本人尊重。以武力将其赶下台，可能会给占领军带来无政府和难以维持的局面。英国外交大臣欧尼斯特·贝温从第一次世界大战得到直接教训，认为"上一次大战结束后，我们要是没有摧毁恺撒（德国皇帝）制度，结果会好得多；要是我们没有那样做，或许不会发生这次战争"。因此，他主张同盟国应该在天皇的未来地位上保持弹性。

其他官员回想起珍珠港、巴丹半岛（Bataan）、香港和新加坡战役的艰苦历程，坚持日本必须无条件投降。依然极具影响力的前国务卿科德尔·赫尔公开谴责一些向日本做出的让步都是"绥靖"。他使用的话语意味深长，带有美国力量虚弱和开启又一轮冲突的双重历史含义。不管发生什么情况，赫尔、伯恩斯和大多数国务院官员都反对保留天皇。为了摧毁日本的政治体制，并为美国在战后进行全面占领开辟道路，他们愿意付出一切代价。

　　然而，外交官们认识到，他们需要表现出一些弹性。国务院在一份 7 月 21 日从华盛顿发到巴伯尔斯伯格的备忘录中指出，"日本佬必须向我们的条件屈服"，至少必须在表现上接受无条件投降。从历史上看，尤利西斯·S. 格兰特（Ulysses S. Grant）曾在 1865 年迫使罗伯特·E. 李（Robert E. Lee）同意无条件投降，但依然做出一些象征性让步，最终条件是协商而成，并非强制实施。更重要的是，国务院建议美国说话时不应该"含糊其辞"，但要尽快以有利于自己的方式与"莫名其妙、狂热盲从的日本人"实现和平。福莱斯特对此表示同意，提出只要能够挽救更多美国人的生命，不管与天皇达成什么条件都能接受。杜鲁门本人的简报手册支持剥夺天皇的权力，但不废除这一制度，也不对其进行战争罪审判。简报官指出，如果外国势力取消天皇制度，日本人民永远不会接受。简报认为，想办法利用天皇帮助日本从战争转向和平，才是更好的选择。

　　斯大林也支持留有余地的无条件投降，他曾于 5 月份在莫斯科向霍普金斯表露过这一态度。无条件投降提供了"从根本上摧毁日本军事力量和军队"的机会。然而斯大林认识到，如果同盟国在投降条件上一直缺乏弹性，日本很可能像德国一样进行更为顽固的抵抗。霍普金斯告诉杜鲁门，斯大林的看法是"如果我们坚持要求无条件投降，日本佬不会投降，我们将不得不像消灭德国那样消灭他们"。斯大林建议对这个政策进行修改，依然能够在日本投降后实行联合占领。他说，"一旦我们进入日本"，盟军"就能进行工作"。霍普金斯的直接印象是斯大林还没有完全排除让俄军成为战后占领军成员的可能性。

　　到波茨坦会议开幕时，杜鲁门的高级顾问们开始放弃无条件投降的计划。国务院、陆军部和海军部在 4 月底举行的一次关键会议中，部长们表示不想摧毁日本的经济潜力。福莱斯特直截了当地说，他们不想"对那些岛屿实行摩根索计划"。几个星期之后他写道，在美国军队和外交界的高级领袖中，"没有人希望永久压制住日本、奴役其人民或者对这个国家应该拥有什么样的政府试图指手画脚"。福莱斯特断定，确定美国对"无条件投降"究竟有何意图，是"在我国面对的大多数重要问题之一"。他敦促杜鲁门利用即将召开的波茨坦会议，厘清无条件投降的含义，以及它对终结战争所具有的实际含义。

杜鲁门待在巴伯尔斯格伯开会时，一位作者给他写信，极力主张"说明无条件投降的意思"。该作者是田纳西州的一位部长，他呼吁杜鲁门宣布它"不意味着要消灭或奴役日本人民"。《纽约时报》在 5 月 11 日的一篇社论中称无条件投降是"一项没有意义的政策"，会让日本人更为顽抗，不必要地造成更多牺牲。"很多人说我们打赢了这场战争，"另一封写给杜鲁门的信说，"并且问'我们为何而战？'"显然，美国需要更精确地定义无条件投降的含义，并且需要在日本人面临彻底毁灭之前，给他们留出一些投降的途径。

由于距日本和德国千里之外的一次爆炸，关于投降的争论立刻发生了变化。7 月 18 日早上 7 时 30 分，杜鲁门在波茨坦收到一份标有"绝密"的电报，其中写道："今日上午开展行动，尚未确证，但结果似乎令人满意，而且已经超出预计……格罗夫斯博士感到高兴。"第二天，又接到一封电报，表示"格罗夫斯博士极为兴奋，刚刚返回，他相信小男孩和他的大哥一样强壮。他看到亮光从这里一直照到'高地'（Highhold），我从我的农场里就听到了他的惊叫"。"博士"就是莱斯利·格罗夫斯中将，他是曼哈顿计划负责人。陆军部长亨利·史汀生交给这位总统的备忘录语言很直白，证实杜鲁门身为参议员时就曾发现的这一代价高昂的赌博如今已经收到成效。事先商定的代号暗示，可以从 250 英里外的阿拉莫戈多（Alamogordo）看到爆炸，这个距离几乎相当于从华盛顿到史汀生的长岛别墅"高地"，而"惊叫"传到 50 英里之外。美国和英国（通过美国的帮助）已经掌握了原子弹技术，现在拥有了整个人类历史上最具威力的武器。

西方领袖们起初感到安慰和兴奋，他们为这一计划投入的 20 多亿美元终于没有白费。亨利·史汀生注意到，杜鲁门听到这个消息后，"感到极度振奋"，充满了"全新的自信"。而且他理应如此，因为格罗夫斯好像刚刚给了他一堆用之不竭的筹码，可以用于下一轮扑克比赛。史汀生用扑克牌用语告诉杜鲁门，美国有了一手"同花大顺，如何打出去，我们必须不能像个傻瓜"。丘吉尔几乎把原子弹当成神仙下凡，认为它是上天赐予的神奇武器，可以解决英国的所有战略问题。一位外交官记录道，那天他在波茨坦走来走去，像个在外套里面藏了什么宝贝的小男孩。丘吉尔希望原子弹可以补偿英国的债务和堆积如山的全球义务，还可能拯救英国沉沦的大国地位。

7 月 24 日，杜鲁门和丘吉尔带着军事顾问在波茨坦举行会谈，杜鲁门可能就在这次会谈中决定，一旦原子弹具备实用性，就将其投入实战。有了原子弹，不用牺牲成千上万的美国人和日本人去入侵日本本土，就有可能使其无条件投降。有了原子弹，空袭日本城市的行动也可以停止了，那些轰炸已经使无数日本平民丧生，他们大都被美国空军投掷的燃烧弹引发的风暴性大火夺去性命。报复欲显然也起了作用，沃尔特·布朗听到丘吉尔告诉杜鲁门，美国应该使用这一武器进行突然袭击，因为日本人"没有发出任何警告就空袭了珍珠港，残杀你们的小伙子"。

然而除了直接的军事用途，原子弹制造出的问题不比它解决的问题少。伯恩斯认识到，美国不可能有希望一直垄断原子弹技术；他很有预见性地猜到，五年之内俄国人就会拥有自己的原子弹。因此，美国有责任对这种新式武器进行明智地使用。收到格罗夫斯电报的一个星期之后，爆炸当量似乎使杜鲁门彻底感到震惊。7月25日，他在日记中坦承，"我们找到了世界历史上最可怕的武器，它可能是诺亚和他的大方舟之后，幼发拉底河谷时代预言的大火毁灭……希特勒团伙或斯大林没有发现这个原子弹，对世界来说确实是件好事。它好像是有史以来发现的最可怕的东西，但可以发挥最大的效用"。

与大多数军人理解的一样，原子弹并没有差一点解决美国人和英国人面对的全部问题。严肃的战略家们不像丘吉尔那样相信原子弹是终极武器，能使美国和英国拥有全新的战略力量。陆军元帅阿兰·布鲁克7月23日与丘吉尔会面后写道，这位首相认为原子弹让西方对俄罗斯有了新优势，他感觉"被首相的观点完全吓到了"。丘吉尔在会谈中宣布，"我们手上现在有了一些东西，能够打破与俄罗斯的平衡"，并且"使外交均势完全向英国倾斜"。"丘吉尔热情洋溢地说道：'我们现在能够说，要是我们坚持这样或那样做，我们现在就能抹掉莫斯科，然后是斯大林格勒，其后是基辅，其后是古比雪夫、哈尔科夫、塞瓦斯托波尔等等。而现在俄国人在哪里！！！'我想让他控制这种乐观主义……我想唤醒他的梦，而他和往常一样，对此感到不悦。但我战栗不安，感觉他让自己的整个外交观被一次还不靠谱的试验结果所扭曲。"

布鲁克一听到曼哈顿计划就知道，它将永远改变军事战略的本质。此外，一旦俄国人无可避免地建造出他们自己的核武器，就会以牙还牙。他比大多数人都更快认识到，对日战争结束后，原子武器只能当作威慑性武器使用。他们解决不了英国的任何长期战略问题。

　　亨利·史汀生也和布鲁克一样看到这个问题。如果盟军像丘吉尔一度设想的那样使用这种炸弹，将会造成史无前例的伤亡。史汀生告诉杜鲁门说，尽管他支持使用这一武器结束对日战争，但他不想看到美国"比希特勒还残暴"。克莱门特·艾德礼很是赞同。虽然对这种炸弹没有热情，不过艾德礼明白，日军遍布亚洲，盟军必须在军事上找到方法，迫使东京政府命令他们全部投降。只有原子弹有那种可能。否则，他说道，"我们可能不得不跋涉半个亚洲才能把他们赶出来"，这一前景对每一个人来说都是难以接受的。

　　其他在波茨坦获知这一秘密的人很快领会了这种新式武器的重要意义；有些人一想到使用原子弹，心里就有些畏缩。丘吉尔的私人医生莫兰勋爵在日记中写道，听到这个消息后，他感到"极度震惊"，反对盟军使用它："它毫无目的。整个战争期间，事情从来没有像现在这样让我感到黑暗和绝望，并感到未来是那么无可救药。我对科学非常了解，因此我深知这只是刚刚开始，就像 1915 年我待在（比利时）波普林格（Poperinghe）附近森林中的军营时，落在外面的小炸弹。"

　　海军上将莱希一直怀疑这种炸弹的实用性，他同意莫兰的看法，并且担心一旦美国使用原子武器，就会采用"黑暗时代野蛮人司空见惯的道德标准"。伊斯梅将军也表达了自己的忧虑，他写道，自己"一直暗地里幻想科学家们找不到开启这种极度恐怖之屋的钥匙"。尽管全世界很快会欢庆战争结束，但是这个世界不出 30 年就会成为一个更为极度恐怖的地方。面对核武器的威胁，就连和平这个概念似乎也变得岌岌可危。

　　虽然有保留意见，不过原子弹确实提供了一个让人心动不已、几乎是无法抗拒的结束对日战争的机会，而且可以赶在俄国人提出占领部分日本本土岛屿的要求之前结束战争。就像伯恩斯告诉福莱斯特的，它也可能在俄国人抵达大连港并在满洲站稳脚跟之前结束战争。"（他们）一旦到了那时，"伯恩斯提到，"想让他们走就不容易了。"但是，布鲁克和美国陆军参谋长乔治·马歇尔将军都明白，无法用这种炸弹将俄国人赶走。然而，它有可能从一开始就把俄国人挡住。杜鲁门在这方面依然没有把原子弹视为一种反苏手段，就像阿福瑞尔·哈里曼后来回忆的，"总统根本没有那种想法，他的态度是将斯大林当作盟友——不可否认是个难缠的盟友——希望斯大林能投桃报李。"

杜鲁门知道自己没有选择，只能在实战之前就把原子弹的信息告诉斯大林。安东尼·艾登也同意，即使这意味着要把这种武器的一些技术秘密与苏联分享也没有办法。亨利·史汀生积极支持分享原子弹的某些秘密，但要求苏联在其他问题上进行合作来交换。不管用什么方式，向俄国人透露这个秘密都有一些风险。杜鲁门和丘吉尔担心，如果斯大林理解原子弹的意义，他就可能命令俄军加速向满洲推进，赶在日本投降之前控制更多中国领土。他们还担心，要是日本选择向苏联而非美英投降，他们该做何反应。

又一次，杜鲁门本来不需要烦神。自1942年3月之后，得益于秘密警察头目拉夫连季·贝利亚的报复，斯大林已经得知曼哈顿计划。刺探该计划机密的俄国间谍使贝利亚信息畅通；贝利亚对原子弹的了解可能比杜鲁门和伯恩斯还多。波茨坦会议召开时，贝利亚和斯大林已经讨论了如果杜鲁门提到这种炸弹，应该如何回应。他们决定，为了保守苏联间谍的秘密，装作对这个问题一无所知。贝利亚和斯大林非常了解内情，所以当杜鲁门在7月17日在巴伯尔斯伯格的下榻处首次与他们会面并共进午餐时，为什么没有提及原子弹，让他们感到奇怪。

杜鲁门最终决定，要尽可能以若无其事的样子告诉斯大林这一极为重要的历史性消息。7月24日的晚间会议结束时，他走向准备离开会议室的斯大林。斯大林的翻译冲到老板身边进行翻译时，丘吉尔远远站在旁边观看。"美国，"杜鲁门说，"实验了一种杀伤力极其惊人的新炸弹。"按照事前与丘吉尔达成的协议，杜鲁门没有使用"原子"这个词。斯大林的翻译仔细看着这位俄国领袖：这个时刻终于到来了。"他的脸上没有一丝表情。"翻译回忆说。然后斯大林平静回应说，"新炸弹！杀伤力极其惊人！可能对日本人造成致命打击！那就太幸运了。"这位翻译注意到斯大林的目光转向丘吉尔，一直看到丘吉尔露出笑容，然后转向走开。

斯大林的策略奏效。杜鲁门后来说，"我确信他不理解原子弹的意义。"丘吉尔也有同样的反应，几乎用一模一样的话语评论说，"我确信他听到那些话后，根本不了解其中的意义。"莱希对斯大林的反应也观察得非常仔细，他认为这位俄罗斯独裁者"对杜鲁门所说的东西似乎没有任何概念，只是当成另一种武器"。他们错得不能再错了。那天夜里，斯大林命令苏联原子能部加速工作。红军也强化了向满洲边界调动军队的动作，8月6日轰炸广岛后，他们将在那里继续进行两个星期的行动。

斯大林做出这种反应的部分原因可能与杜鲁门宣布的时机有关。杜鲁门透露原子弹信息前不久，刚刚结束了一场争执特别激烈的关于波兰问题的会议，尽管没有证据表明他是有意在该时间点上这样做，也不能证明他在心中把这两件事直接联系在一起。然而两位苏联顾问认为，斯大林并不把这个时机当作巧合。相反，斯大林告诉其中一个人说，这个时间点表明了"一种对我们及我们的安全利益极其不友好的态度"。杜鲁门虽然想尽可能低调，但其中一位顾问却把宣布原子弹研制成功的消息称为"原子讹诈"，目的是逼使俄国人改变对波兰的立场。"他们提高了他们的价码。"莫洛托夫评价说。约瑟夫·戴维斯曾经预言俄国人会有如此反应，警告说他们会"自然而然认为他们被人'利用'打败希特勒之后，又被存心扔进垃圾堆"。

因此，原子弹使结束对日战争问题变得更为复杂。无论公开还是私下里，官员们都在疑惑三巨头何时会发表对日宣言，以及宣言会是什么内容。对于该宣言，已经发生了激烈的争论，在英国和美国高级领导人中，已经传阅了十数种建议和草案。媒体报道歪曲了其中一些讨论；有一个报道暗示，三巨头可能承诺不入侵日本本土，另一份报道则过早透露了美国打算让天皇保留位置的想法。

7 月 19 日，华盛顿的国务院通过秘密电报告诉伯恩斯，是时候"平息"美国媒体的"这些谣言"了，应该宣布同盟国的意图。对于美国和英国发表的任何宣言，杜鲁门都想让苏联知晓，但是他知道，苏联不会签署这样的宣言，因为它没有与日本发生战争。他还想让蒋介石批准该文件，但将宣言千里迢迢发到蒋介石设在重庆附近的野战司令部，然后再进行解码和翻译，任务过于艰巨。尽管为了让蒋介石参与这个宣言而将发表日期推迟了几乎一个星期，但是蒋介石最终没有对其进行认可。

关于日本的波茨坦宣言发表于 7 月 26 日，赶在丘吉尔返回英国监督选举结果出炉之前，此时他还在发挥领导作用。当时在波茨坦参加会议的人很少会想到，这将是他的最后的战时贡献之一。最终文本宣布，"美国、英帝国及中国之庞大陆、海、空部队，业已增强多倍，其由西方调来之军队及空军，即将予日本以最后之打击……不至其停止抵抗不止"，并在此之前予以日本"一机会，以结束此次战事"。宣言还以德国顽抗到底所招致的毁灭对日本进行劝告，并警告说，"现今集中对待日本之力量则较之更为庞大，不可衡量。此种力量当其对付抵抗之纳粹时不得不将德国人民全体之土地、工业及其生活方式摧毁殆尽。"

　　尽管宣言语气严厉，不过在内容上采纳了稳健的建议。宣言没有提及天皇的名字，也没有说到他所代表的制度。它保证日本将对本州、北海道、九州和四国等日本本土岛屿拥有主权，并进一步承诺日本人民"得有和平及生产生活机会"，还明确宣称，"吾人无意奴役日本民族或消灭其国家"，尽管日本军国主义者和战争罪犯肯定要受到起诉。因此，《波茨坦宣言》虽然威胁说，日本如果不投降就会遭到"迅速完全毁灭"，不过为日本投降网开一面。它甚至为保留天皇间接留下了可能性。该宣言是一份政治文件，目标是针对要求严厉处置日本的国内民众，但在同时给了日本人投降而非顽抗的理由。

　　日本人不知道原子弹的消息，把这个宣言视为最后通牒，并予以拒绝。日本外交官还在与苏联人谈判，希望利用苏联获得更好的条件，日本首相说，"除了完全无视（《波茨坦宣言》），别无选择"。同盟国也毫不感到意外，但他们现在可以说，已经给日本指明过道路。日本人拒绝这个宣言后，必须面对格罗夫斯博士的两个男孩的全部威力。杜鲁门之后命令使用原子弹，不过要等到他离开波茨坦，乘船返回美国的时候。当原子弹爆炸并开启人类新历史时，杜鲁门只想待在海上，这样俄国人就没有办法联系到他。

　　在波茨坦会议上争论的问题中，原子弹是唯一一个 1919 年的巴黎和会代表们不熟悉的东西。在波茨坦会议的最后一天，三巨头继续对巴黎和会的代表们应该理解的问题做出决定。事后他们决定，为了接受日本投降，将法属殖民地印度支那按北纬 16 度线划分，中国在这条线以北受降，英国在南部受降。之后如果美国人撤走，印度支那不会再回归法国控制，而是进行国际托管。就在半个地球之外的华盛顿，一位名叫迪安·腊斯克的上校也在他的办公室里对朝鲜做出了类似决定。苏联已经在雅尔塔会议上同意托管，哈里·霍普金斯6月份访问莫斯科的时候，他们又重申这一承诺。与巴黎和会的三巨头所做的一样，波茨坦会议的三巨头在明显极其重要的决定笼罩下，做出了明显不太重要的决定，将对无数人在其后数十年中的生活造成影响。

结　论

　　1919 年，意大利外交部长西德尼·桑尼诺（Sidney Sonnino）愤怒地对着伍德罗·威尔逊吼叫道，"通过一些外交官的活动，在一个屋子里改变世界，有这样的可能性吗？去找巴尔干人试试'十四点'。"和大多数欧洲同时代的外交官一样，桑尼诺对美国人的观点感到恼火，但又因为缺乏美国人推动那些原则的真正实力而倍感挫折。他和其他很多欧洲人同样对当时负责欧洲的食品救济的赫伯特·胡佛（Herbert Hoover）感到生气，因为美国人的理想与行动存在反差。胡佛曾经使成千上万（可能上百万）的欧洲人免于被饿死，但他在 1919 年警告欧洲说，美国人能做和会做的都有限度。尽管美国财富雄厚，而且嘴上很大方，不过胡佛告诉欧洲，美国很快就会退回到大西洋对岸，让欧洲应付自己的无常命运。欧洲人发现有理由批评美国既没有支持自己的理念，也不愿意付出大国应有的代价，虽然美国认为自己已经成了大国。

　　第二次世界大战结束后，理想和行动之间那种同样的鸿沟有可能重现。早在美国参战之前，富兰克林·罗斯福就发表了《大西洋宪章》，这个威尔逊主义的原则宣言得到丘吉尔的同意。整个战争期间，美国将理想主义的言辞和支持欧洲重建的承诺放在一起说。然而战争结束后，哈里·杜鲁门在波茨坦表示美国政府为不会为1945—1946年冬季意大利的食物供应买单，这种话又很像胡佛。他和詹姆斯·伯恩斯也曾宣布，即将提供的援助只是与军事打击日本明确有关的租借援助。然后杜鲁门说，"美国很富有，但美国不能为了帮助别人，一直将自己的资源倾囊而出。"杜鲁门刚到欧洲，伯恩斯听到一位顾问告诉总统，现在是"山姆大叔停止扮演全世界的圣诞老人"的时候了，伯恩斯注意到，"这种话总统想听"。

但是，如果杜鲁门这一代似乎发现自己又一次进退两难，夹在威尔逊的理想主义和不愿以实际行动实行支持的矛盾中时，这种情况在1945年已经发生了急剧变化。从1941年签署《大西洋宪章》到波茨坦会议开幕的短短四年时间里，美国有了很大进步。尽管杜鲁门承认美国能力有限，不过他所领导的这个国家实力远比1919年的时候强大，因此能够将原则变成现实。新的权力手段以布雷顿森林经济协议、联合国和原子弹等形式为美国的话语提供支持，原子弹尤其让美国信心倍增。杜鲁门这位扑克手在1945年掌握的牌，比伍德罗·威尔逊做梦想到的都多。

波茨坦会议象征着美国在30年的时间，对自己及其国际地位了解到何种程度。在两次世界大战之间，孤立主义和威尔逊主义都没有发挥理想作用。这一次，美国人也想尽可能迅速地复员军队，但他们计划在1945年之后的日子里，利用国家力量的其他工具控制或影响海外事务。很快，他们手里的牌就会更多，其中包括北大西洋公约组织军事联盟、马歇尔计划援助带来的连串反应，还有与一个经济超级大国进行贸易所具有的诱惑。（经常自利的）理想依然存在，但美国领导人如今既有硬权力，也有了软权力。

美国领导人在 1945 年主要出于自己的想象，希望利用那种权力重塑欧洲。他们认为，有着开放市场和全球贸易的民主欧洲能为未来的和平与稳定提供必要基础。虽然他们知道，他们的目标并不总是与苏联合拍（或者说在这个问题上，也与英国和法国有分歧），美国官员离开波茨坦时并没有想过未来与俄国人的冲突不可避免，或者有可能发生。杜鲁门后来说，他在波茨坦与斯大林打交道时，看到的是一个"天真的理想主义者"，但是他在这次会议上得到了想要的东西，离开德国时心中充满自信与喜悦。尽管他知道，俄国人会提出更多要求，而且那些要求很可能与美国利益相冲突，但是他认为波茨坦会议至少在那个时候，证明未来的合作还是存在可能的。就像他对自己的新闻秘书所说，"斯大林和我每天晚上相处都很融洽，除了关于保加利亚和罗马尼亚的（外交代表）待遇问题，我们没有什么分歧"。杜鲁门在 7 月 29 日写给妻子贝丝的信中说，"我喜欢斯大林，他是个坦率的人，知道他想要什么，得不到时会妥协。"然后杜鲁门又特别补充说，"他的外交部长不是那么直率。"与参加波茨坦会议的其他领导人一样，杜鲁门依然没有发现，西方和苏联的碰撞在未来不可避免会发展成冲突。

尽管克莱门特·艾德礼和乔治·凯南这些知情人预言，东西方冲突在未来将会增多，不过离开波茨坦的时候，乐观者要比悲观者多。杜鲁门认为，1945 年以后美国与俄罗斯的贸易会有极大发展，德国将作为一个统一的经济与政治体获得重建。詹姆斯·伯恩斯相信，将德国分区进行赔偿，就把赔偿这个可能发生摩擦的问题排除了，从而保证未来会是合作而非冲突。他离开波茨坦时对未来的美苏关系感到乐观，尽管他知道在某些地方依然存在分歧。那个时候，伯恩斯认为美国与英国的关系问题更多，他认为英国领导人对于恢复其帝国更感兴趣，对于必须保证使欧洲大陆获得重建的这个艰巨而昂贵的任务较为冷漠。他还猜测法国、意大利甚或英国会成为难缠的盟友，因为他们和美国的战略目标并不总是重合在一起。他准确预言说，美国在欧洲最亲密和可靠的和平伙伴可能会变成德国，只是这个曾经两次与美国为敌的国家不管用什么办法，能够建立民主政府并构建功能经济模式。

伯恩斯的看法凸显了波茨坦会议的根本意义：它确实按照 1945 年的领袖们所理解的方式，解决了 1914—1945 这个时代的中心问题。那些问题——特别是法德关系、东欧民族构成、波兰边界和德国在新欧洲中的地位等——并没有对 1945 年以后出现的问题造成影响。当然，冷战的动力——两极格局、以超级大国为基础的联盟作用和伴随发生的非洲与亚洲非殖民化浪潮——依然与 1914—1945 年的那段历史有关系，但它们基本上源自另一种力量。丘吉尔在波茨坦把欧洲称为"喷发战争的火山"，不过欧洲并没有爆发第三次世界大战的迹象。这种幸福结局并不完全归功于波茨坦会议上达成的协议，但就是那些协议表明，1945 年的领袖们是在解决过去 30 年间的问题为角度进行考虑的，目的不是为了处理胜利者之间的新冲突。

同时代的人也是这样看待波茨坦会议。多年以后回望时，波茨坦会议被视为冷战的开端，我们必须谨慎看待主要参与者的回忆。当他们撰写回忆录时，他们知道了柏林空运、凯南的所谓长电报、中国内战、朝鲜战争和其他成为冷战的重要事件。与之相比，大多数观察家在 1945 年都把这次会议视为胜利，特别是因为过去 30 年间的问题似乎有了解决之道，尽管那些方案存在一些缺陷。杜鲁门认为未来与苏联的关系会出现问题，但他想避免凡尔赛会议制造出的更大的问题，并且确实避开了。更重要的是，由于德国被分区占领，美国不会陷入1920年代贻害无穷的赔偿循环，而且欧洲最终有了连贯的边界，杜鲁门认为这会促进和平。

大多数非官方观察家们都同意，尽管波茨坦协议的最后文本存在缺陷，但是三巨头达成的结果远较1919年的先辈们理想。1945年时媒体的批评主要不是担心会与苏联萌生敌对，而是害怕法国可能以本国外交官未参与为由不支持该协议。当时大西洋两岸的人们都忧虑，没有法国支持，关于欧洲的长期协议难以坚持。

英国的《经济学人》（*Economist*）和美国的《时代》周刊（*Time*）等媒体机构想让协议更为深入，能够秉持《大西洋宪章》精神，但几乎所有的观察家都认为，相比凡尔赛和会的烂摊子，波茨坦会议是一个巨大进步。他们还认识到，波茨坦会议实现了两个最为重要的直接目标：摧毁德国的力量，并让俄罗斯同意帮助结束对日战争。1945年8月，俄罗斯仍然是盟友，用海军部长詹姆斯·弗莱斯特的话说，斯大林表明自己"不是难以对付的人"。三巨头似乎合作无间，制定出非纳粹化、非军事化和重建德国的联合计划，从而使其永远再也不能威胁到欧洲和平。

德国在一段时间里一直是个问题，强调了三巨头（还有法国）需要维持良好关系。军事占领直到1948年还在继续；波茨坦会议召开时，一些观察家认为占领政府会存在十数年甚至一整代人的时间。哥伦比亚大学心理学家理查德·布里克内尔（Richard Brickner）是国务院和陆军部的顾问，他在1943年出版的畅销书《德国无可救药？》（*Is Germany Incurable?*）中描述了这种普遍存在的心态。布里克内尔在书中指出，德国数百年来都陷于偏执妄想，其观点是古怪扭曲的。他认为，对这个国家进行重新教育，让其正常化，需要花上数代人的时间。纳粹政权的极端恐怖已显现出来，而很多对德国执行占领的官员担心德国人仍然没有接受他们的集体罪行，导致他们认为大国需要通力合作，或者对德国进行重建，或者根据某一方的观点，对德国进行压制，使其永远不再构成威胁。

波茨坦会议没有称为和平会议，符合所有人的利益。不是和平会议，意味着新总统不需要让参议院通过什么条约。尽管杜鲁门面对的反对党力量远比威尔逊小，但他也不愿意和老同事们在参议院就细节问题吵作一团。与英国和苏联领导人一样，他情愿把细节谈判这种沉重的外交工作交给外长委员会去做。从 1945 年 9 月 11 日到 1946 年 12 月 12 日，该委员会与意大利、芬兰、罗马尼亚、匈牙利和保加利亚举行了一系列会议，对条约进行定稿。职业外交官们在遣词用句的问题上耗费了太多时间，让伯恩斯感到丧气，不过超级大国协同工作的能力还是发出了一个积极信号，在莫斯科、伦敦、纽约和巴黎（这次会议更为显著）举行的四次主要会议就是其象征。巴黎会议表明，法国开始接受新欧洲的总体轮廓。

三巨头在波茨坦小心避开对一些关键问题进行讨论，尽管这些问题都没有直接影响到他们的核心利益。他们在进行商讨时，没有提到大屠杀或欧洲犹太人的未来。杜鲁门的简报手册包含有 163 种不同议题的简报，只有一份提到巴勒斯坦，谈到屠杀欧洲犹太人问题的简报则一份也没有。国务院建议杜鲁门对巴勒斯坦问题“只进行原则讨论”，对于英国或苏联可能提出的提议都不要同意。国务院或者想拖延时间，或者不想让美国陷入那一块依然处在美国利益边缘且矛盾重重的世界。

英国特别不想把巴勒斯坦提交到波茨坦会议的谈判桌，阿拉伯人的民族主义和犹太人想回归巴勒斯坦故土的渴望让他们进退维谷，这个难题在战前就已经难以控制，他们不想让外力进行干涉。艾登建议丘吉尔尽可能让犹太复国领袖哈伊姆·魏茨曼（Chaim Weizmann）远离苏联官员，以免让他说服俄国人支持犹太人移民中东。"这种情况只能让我们在决策时面临更多困难，"他警告丘吉尔说，"这个任务已经够艰巨了。"他也不想让阿拉伯官员与俄国人搭上话，他认为，巴勒斯坦只是英国的问题。只要提到犹太人遭受的苦难，就可能使外界注意到英国在该地区的利益。

此外，波茨坦会议召开时，大屠杀的真相还没有完全显现出来。官员们依然还没有把他们看到的极度痛苦只与欧洲犹太人的境况相联系。玛莎·盖尔霍恩的报道和爱德华·R.默罗在达豪集中营进行的广播也都没有使用"犹太人"或"犹太族"等词语。波茨坦会议的很多主要参与者留下的日记、回忆录和文件根本没有提到过集中营，他们也没有把犹太人与其他受战争影响的群体的痛苦区分开来。大多数官员更同情的是德国难民，而非灭绝营中的幸存者。苏联高级领导人虽然对犹太人的困境表示出一些同情，不过非常反对那种认为犹太人或其他阶级的苏联公民遭受的痛苦很有特殊性的想法。

私下里讨论犹太人受到的迫害时，反犹主义和老生常谈依然很有市场，这种情况不只出现在臭名昭著的反犹苏联核心圈里。一位联合国善后救济总署的美国工作人员说，犹太幸存者"苛刻、傲慢、（而且）利用他们在集中营里获得的经验谋利"。数位美国领导人几乎持反犹观点，其中最显著的就是陆军部队亨利·史汀生。乔治·巴顿以反犹而闻名，他把犹太集中营幸存者称为"比牲畜还不如"，一位英国高级官员把纳粹集中营里的犹太受害者称为"长着罪犯脸"。在大多数地方，德国战俘的生活条件远比犹太难民优越，得到的食物也更多，这与巴顿的言论相一致，他声称被征服的德国人"是欧洲唯一剩下的体面人"。三巨头还在波茨坦开会时，杜鲁门的欧洲特使厄尔·哈里森（Earl Harrison）编辑的一份谴责性报告说，"事实证明，我们对待犹太人就和纳粹一样，除了我们没有对他们进行灭绝。"

值得赞扬的是，杜鲁门在 8 月底看到哈里森的报道后，下令进行政策大改变。他要求艾森豪威尔纠正资源分配的不平衡问题，把德国战俘营的补给品转移到难民营中。他还采取关键步骤，命令将犹太人登记为犹太人，而非他们战前的民族。这一步骤承认了冰冷的现实，即有些国家不想让他们的犹太国民挨饿，犹太难民没有自己的国家。在哈里森的敦促下，杜鲁门不顾英国人的意愿，主张立即向巴勒斯坦重新安置 10 万犹太人。哈里森告诉杜鲁门，欧洲犹太人"明确"认为巴勒斯坦是他们的未来家园，这使杜鲁门对犹太复国主义进一步感到同情。

然而，这些问题都没有在波茨坦进行讨论。尽管哈里森报道无疑影响到杜鲁门对于创建以色列国的支持，不过它晚了一个月，没有在波茨坦会议上发挥作用。三巨头从来没有讨论过大屠杀或犹太难民或巴勒斯坦。由于他们的注意力被其他问题所吸引，或者不愿提出巴勒斯坦和犹太问题并不出人意料，但他们显然错过了在这些问题上交换意见的机会，而它们对于欧洲及全世界都极为重要。

与波茨坦会议的中心议题相比，巴勒斯坦和犹太人问题似乎是边缘性的，这次会议最重要的是维持三巨头的友好关系。然而就在这些政治家们返回自己的首都之前，本来基础就薄弱的大联盟开始受到侵蚀。战争期间发生的猜疑和在波兰问题上的分歧肯定会威胁到西方与苏联在未来的合作。但是，美国人和英国人不管多么感到不齿，为了维持合作曾经愿意牺牲波兰，而且战争期间的问题是可以解决的。此外，美国和苏联依然有着共同的战略利益，其中包括最终摧毁日本的军事力量、稳定中国局势和肢解欧洲的帝国。

正如波兰命运所显示的，东欧为波茨坦协议付出了代价。参加波茨坦会议的西方政治家们知道，他们根本无力阻止苏联主宰该地区，除非再开启又一场战争。在这个问题上，他们认识到这个悲剧和他们自己的弱点，但他们也知道，他们对德国的胜利是一场联盟的胜利。俄罗斯作为该联盟的三个主要成员之一，期待用他们承受过的痛苦换取安全。伯恩斯回忆说，东欧对波茨坦感到不满意的地方甚多，但他相信，这次会议"为维持（与苏联）在战争中建立起来的团结建立了基础"，并且"为早日恢复欧洲的稳定提供了基础"。而它一直是比其他任何事务都更为重要的目标。

杜鲁门甚至还没回到美国，风向就开始出现变化。在波茨坦获得秘密的人们都知道，原子弹将永远改变西方与俄罗斯的关系。约瑟夫·戴维斯依然是美国最重要的苏联问题专家之一，他在9月份给杜鲁门提交一份备忘录，内容是关于美国与苏联恶化的关系。他指出，美国使用原子弹打击日本，对苏联的心态造成有害影响。莫洛托夫告诉戴维斯，"我只能依靠劝说；但国务卿伯恩斯有个小小的原子弹"。戴维斯认为原子弹对大国和谐关系在波茨坦会议结束后的数月时间里趋于恶化埋下祸根，政策分歧就没有这样的影响。美国拥有原子弹，使苏联对以前的西方盟友在战争结束的行为感到日益"怀疑和担心"。"他们太经常受到烧杀抢掠，"戴维斯告诉杜鲁门说，以后"他们不会再冒这样的风险了"。斯大林称广岛和长崎爆炸是"超级残忍"，相信美国尽管曾对日本投掷原子弹，但他们的真正目标是俄罗斯。他觉得日本人即使没有受到广岛轰炸，也准备投降了。他相信西方使用这种武器的目的是剥夺掉物理安全，苏联刚刚因此牺牲了 2000 万人。斯大林相信，第三次世界大战已经不可避免。"广岛动摇了整个世界，平衡已被打破，"斯大林警告说，"这是不能阻止的。"

杜鲁门依然把原子弹当作尽可能迅速结束对日战争的手段，但这位美国人也知道，它改变了美国和苏联之间的权力动态。杜鲁门在英国南部海岸短暂停留以会见乔治六世之后，乘坐奥古斯塔号巡洋舰回到美国。当这艘军舰驶入深海时，沃尔特·布朗看到伯恩斯和杜鲁门"重重地敲着波旁酒瓶"，庆祝在波茨坦会议上取得的成功。他们可能也在考虑他们知道就要发生的变化。三天后，奥古斯塔号离弗吉尼亚海岸尚有 700 海里，一位海军军官打断杜鲁门的午餐，给他送来原子弹在广岛成功炸弹的首份报告。

大多数严肃的战略家听到这个消息后都立即认识到，世界历史的新纪元开始了。尽管第二次世界大战的结束并没有为 1914 年的事件引发的问题画上句号，但它确实使欧洲历史和世界历史开始了新篇章。这个章节在那个决定性的一年从萨拉热窝的一个街角开始，而波茨坦会议是最后一段。在这个持续发展的故事的下一章节中，柏林、波兰和南斯拉夫与其说是具有自主性的演员，不如说是超级大国进行对峙的新游戏中的人质。如果说 1945 年在波茨坦会面的人们无法预言未来，那么他们至少知道，他们急切要做的是不让过去再度重演。

致　谢

在波茨坦的一个寒冷、狂风大作的日子，我开始思考这个课题。我那天在这个迷人小镇的宫殿和商铺里游逛，同时等候克里斯蒂安·斯塔切尔贝克（Christian Stachelbeck），他好心地同意让我参观 MGFA，即德国陆军图书馆和档案馆。我一边等候，一边想着可以在波茨坦挑一两本书，于是去了几家书店。出乎意料，我在商店里根本没有看到与 1945 年的那次会议有关的书籍。这使我觉得很不寻常。我在 MGFA 进行了更为深入的发掘，但是几乎还是没有发现什么东西。

那天晚上在波茨坦吃过一顿美妙的晚餐后，我向克里斯蒂安和历史学家阿尼卡·毛姆鲍尔（Annika Mombauer）提到，对于波茨坦会议缺乏任何严肃研究，我感觉惊讶。我们谈起为什么这会激起我的惊奇心。回到家后，我立即有了两个发现：现有的书籍只是复述三巨头间的谈话，而陆军传承与教育中心（AHEC）有着堆积如山的资料，足以支持写出一本更为严肃的著作。因此，我先要感谢克里斯蒂安和阿尼卡，还

278

有 AHEC 杰出的工作人员，其中最显著的是理查德·索默斯（Richard Sommers）和路易斯·阿诺德–弗里德（Louise Arnold–Friend），他们帮我寻找资料。还要感谢斯蒂夫·拜伊（Steve Bye）、加里·约翰逊（Gary Johnson）、马特·道森（Matt Dawson），以及 AHEC 的每一位成员。那个地方是个宝库。

接下来要感谢我的代理商，他们是"作家之家"（Writer's House）的葛里·托马（Geri Thoma）和"基本书局"（Basic Books）的劳拉·赫默特（Lara Heimert），他们看到了这本书的价值，并且在每一个步骤都对我进行鼓励。也感谢罗杰·拉布里（Roger Labrie），他的编辑工作很了不起。我有幸拥有优秀的朋友，他们听到我的想法后，帮助我策划了这本书。他们包括塔米·戴维斯·比德尔（Tami Davis Biddle）、克莱格·奈辛（Craig Nation）、比尔·阿里森（Bill Allison）、比尔·阿斯托（Bill Astore）、保罗·侃（Paul Kan）、弗兰克·琼斯（Frank Jones）、帕萨·马扎姆达尔（Partha Mazumdar）和罗伯·斯提诺（Rob Citino）。每一位好朋友都让这本书更好，罗伯、克莱格和两位比尔都很友善，不吝时间阅读章节和手稿。也要谢谢兰斯·比特罗斯（Lance Betros）和理查德·拉卡门特（Richard Lacquement）的支持，他们分别是美国陆军战争学院（US Army War College）的教务长和院长。吉姆·麦克杜格安（Jim McDougall）、安东尼·库克罗（Anthony Cucolo）少将和与我类似的 AHEC 研究者金格·库克罗（Ginger Cucolo）都为我提供了支持，在此也致以诚挚的感谢。

本书如果没有伯明翰大学的迈克尔·斯奈普（Michael Snape）帮助，内容远不会这么丰富，他帮我获得安东尼·艾登的文件。的确，伯明翰的整个卡德伯里研究图书馆（Cadbury Research Library）都值得感谢，他们对一位时间很少、要看的东西却很多的研究者非常照顾。哈里·杜鲁门总统图书馆准许我在他们那里进行研究，并且使我有机会一窥杜鲁门先生的精彩生活。

我必须也要感谢以下图书馆和档案馆的工作人员对我的帮助：马里兰州帕克大学国家档案二馆（National Archives II in College Park）；国会图书馆手稿部；国家档案馆、帝国战争博物馆和伦敦地区的利德尔·哈特中心军事档案馆（Liddell Hart Centre for Military Archives）；纽约海德公园的富兰克林·斯福总统图书馆；纽约公共图书馆；迪克森大学的瓦尔德内尔—斯帕尔图书馆（Waidner—Spahr Library）；美国陆军战争学院图书馆；以及克莱姆森大学（Clemson University）图书馆特别收藏部。

此外，感谢我的家人：首先是我的父母菲利斯和拉里·内伯格；我的妻子芭芭拉和我的女儿克莱尔与玛亚，她们每天晚上不得不听到一切话题或早或晚都会转向第一次世界大战（对此我感到抱歉，特别是当学校作业紧张的时候）；我的姻亲，从米歇尔开始，还有白里安、贾斯汀和西德尼·洛克莱，感谢他们多年来给我的支持。我愿把本书献给苏珊和约翰·洛克莱，他们是人们梦想到的最好的岳父母。谢谢你们。

© 民主与建设出版社，2019

图书在版编目（CIP）数据

1945：大国博弈下的世界秩序新格局 /（美）迈克尔·内伯格著；宋世锋译 . --
北京：民主与建设出版社，2019.1
ISBN 978-7-5139-2068-1

Ⅰ . ① 1… Ⅱ . ①迈… ②宋… Ⅲ . ①波茨坦会议（1945）Ⅳ . ① D819

中国版本图书馆 CIP 数据核字（2018）第 057428 号

著作权合同登记号：图字 01-2018-2738
POTSDAM: The End of World War Ⅱ and the Remaking of Europe by Michael Neiberg

Copyright © 2015 by Michael Neiberg

Simplified Chinese edition copyright:©2018

by Changsha Senxin Culture Dissmination Limited Company

Published by arrangement with Writers House，LLC

through Bardon-Chinese media Agency

All rights reserved.

1945：大国博弈下的世界秩序新格局
1945:DAGUO BOYI XIA DE SHIJIE ZHIXU XIN GEJU

出 版 人	李声笑
著 者	［美］迈克尔·内伯格
译 者	宋世锋
责任编辑	王 倩
监 制	于向勇 秦 青
选题策划	森欣文化
特约编辑	康晓硕
营销编辑	刘晓晨 刘 迪 初 晨
封面设计	天行健设计
封面图片	视觉中国
出版发行	民主与建设出版社有限责任公司
电 话	（010）59417747 59419778
社 址	北京市海淀区西三环中路 10 号望海楼 E 座 7 层
邮 编	100142
印 刷	三河市兴博印务有限公司
版 次	2019 年 1 月第 1 版
印 次	2019 年 1 月第 1 次印刷
开 本	710 毫米 ×1000 毫米 1/16
印 张	18
字 数	215 千字
书 号	ISBN 978-7-5139-2068-1
定 价	52.00 元

注：如有印、装质量问题，请与出版社联系。

生命，因阅读而美好！

森欣文化